III Congresso do Direito de Língua Portuguesa

III Congresso do Direito de Língua Portuguesa

JUSTIÇA, DESENVOLVIMENTO E CIDADANIA

2014

Jorge Bacelar Gouveia
Henriques José Henriques
Gildo Espada
Francisco Pereira Coutinho
Organização

III CONGRESSO DO DIREITO DE LÍNGUA PORTUGUESA
ORGANIZAÇÃO
Jorge Bacelar Gouveia, Henriques José Henriques, Gildo Espada, Francisco Pereira Coutinho
EDITOR
EDIÇÕES ALMEDINA, S.A.
Rua Fernandes Tomás, nºs 76, 78 e 79
3000-167 Coimbra
Tel.: 239 851 904 · Fax: 239 851 901
www.almedina.net · editora@almedina.net
DESIGN DE CAPA
FBA.
PRÉ-IMPRESSÃO
EDIÇÕES ALMEDINA, S.A.
IMPRESSÃO E ACABAMENTO
DPS - DIGITAL PRINTING SERVICES, LDA

Abril, 2014
DEPÓSITO LEGAL
374662/14

Apesar do cuidado e rigor colocados na elaboração da presente obra, devem os diplomas legais dela constantes ser sempre objeto de confirmação com as publicações oficiais.
Toda a reprodução desta obra, por fotocópia ou outro qualquer processo, sem prévia autorização escrita do Editor, é ilícita e passível de procedimento judicial contra o infrator.

BIBLIOTECA NACIONAL DE PORTUGAL – CATALOGAÇÃO NA PUBLICAÇÃO
CONGRESSO DO DIREITO DE LÍNGUA PORTUGUESA, 3,
Maputo, 2013
Justiça, desenvolvimento e cidadania / III Congresso do Direito de Língua Portuguesa / org. Jorge Bacelar Gouveia... [et al.]
ISBN 978-972-40-5526-8
I – GOUVEIA, Jorge Bacelar, 1966-
CDU 34

NOTA PRÉVIA

É com enorme satisfação que se procede à publicação dos textos das comunicações que foram apresentadas no âmbito do III CONDILP – Congresso do Direito de Língua Portuguesa, o qual teve lugar em Maputo, nos dias 20 e 21 de Março de 2013.

Nesta oportunidade – que traduz o amadurecimento dos trabalhos desenvolvidos no âmbito do Instituto do Direito de Língua Portuguesa (www.idilp.net) – gostaríamos de agradecer a participação de todos os palestrantes, bem como de todos os que patrocinaram esta relevante realização científica.

Lisboa, 15 de Novembro de 2013.

A Comissão Científica do III CONDILP – Congresso do Direito de Língua Portuguesa

Jorge Bacelar Gouveia
Francisco Pereira Coutinho
Henriques José Henriques
Gildo Espada

III Congresso do Direito de Língua Portuguesa

"Justiça, Desenvolvimento e Cidadania"

Auditório do Instituto Superior de Ciências
e Tecnologia de Moçambique

Maputo, 20 e 21 de Março de 2013

PROGRAMA

1º dia – 20 de Março de 2013

08.30 – Recepção dos participantes

09.00 – Cerimónia de Abertura
- *Professor Doutor João Leopoldo da Costa*, Magnífico Reitor do ISCTEM – Instituto Superior de Ciências e Tecnologia de Moçambique
- *Professor Doutor Jorge Bacelar Gouveia*, Presidente do Comité Científico do III CONDILP – Congresso do Direito de Língua Portuguesa e Presidente do IDILP – Instituto do Direito de Língua Portuguesa
- *Professora Doutora Helena Pereira de Melo*, Subdiretora da Faculdade de Direito da Universidade Nova de Lisboa

- Sua Excelência, o Presidente da União dos Advogados de Língua Portuguesa e Bastonário da Ordem dos Advogados de Portugal, *Dr. António Marinho e Pinto*
- Sua Excelência, o Vice-Presidente do Tribunal Supremo de Moçambique, *Conselheiro Adelino Muchanga*

10.00 – Momento Musical: Ivete Mafundza e Valdomiro José

10.30 – Intervalo

10.45 – 1º Painel: "Reformas Penais e Direito da Anti-Discriminação"
- Moderador: *Professor Doutor Jorge Bacelar Gouveia*, Professor Catedrático da Faculdade de Direito da Universidade Nova de Lisboa
- *Professora Doutora Helena Pereira de Melo*, Professora e Subdiretora da Faculdade de Direito da Universidade Nova de Lisboa (Portugal)
- *Mestra Luzia Sebastião*, Juíza Conselheira do Tribunal Constitucional de Angola e Professora da Faculdade de Direito da Universidade Agostinho Neto (Angola)
- **Intervalo**
- *Professora Mestra Elysa Vieira*, Professora Assistente da Faculdade de Direito da Universidade Eduardo Mondlane (Moçambique)
- *Professora Doutora Zamira de Assis*, Professora da Faculdade Mineira de Direito da Pontifícia Universidade Católica de Minas Gerais (Brasil)
- Debate

13.30/15.00 – Intervalo para almoço

15.00 – 2º Painel: "Proteção dos Direitos Sociais e Crise do Estado Social"
- Moderador: *Juiz Conselheiro Adelino Muchanga*, Vice-Presidente do Tribunal Supremo de Moçambique
- *Professor Mestre João Ubisse Nguenha*, Juiz Conselheiro do Conselho Constitucional de Moçambique e Professor Assistente da Escola Superior de Direito do Instituto Superior de Ciências e Tecnologia de Moçambique e da Faculdade de Direito da Universidade Eduardo Mondlane (Moçambique)

- *Professora Doutora Elisa Rangel*, Professora Associada da Faculdade de Direito da Universidade Agostinho Neto (Angola)
- *Professor Doutor Luís Salgado de Matos*, Investigador Principal com Agregação do Instituto de Ciências Sociais da Universidade de Lisboa (Portugal)
- **Intervalo**
- *Professora Mestra Yi Wa Jiang*, Professora Assistente da Faculdade de Direito da Universidade de Macau (Macau)
- *Professor Doutor José João Abrantes*, Professor Associado com Agregação da Faculdade de Direito da Universidade Nova de Lisboa (Portugal)
- *Professor Mestre Duarte Casimiro*, Professor Assistente da Faculdade de Direito da Universidade Eduardo Mondlane (Moçambique)
- Debate

17.00 – Lançamento do nº 1 da REDILP – *Revista do Direito de Língua Portuguesa*

17.30 – Apresentação de artigos de alunos sobre os temas do III CONDILP (*call for papers*)
Coordenação:
- *Professor Mestre Henriques José Henriques*, Professor e Director da Escola Superior de Direito do Instituto Superior de Ciências e Tecnologia de Moçambique
- *Professora Doutora Helena Pereira de Melo*, Professora e Subdiretora da Faculdade de Direito da Universidade Nova de Lisboa
- *Professor Doutor Francisco Pereira Coutinho*, Vice-Presidente do IDILP – Instituto do Direito de Língua Portuguesa

2º dia – 21 de Março de 2013

9.00 – 3º Painel: "Reformas Processuais Civis e Resolução Alternativa de Litígios"
- Moderador: *Dr. Gilberto Correia*, Bastonário da Ordem dos Advogados de Moçambique
- *Conselheiro Cláudio Ximenes*, Presidente do Tribunal de Recurso de Timor-Leste (Timor-Leste)

- *Dr. António Marinho e Pinto*, Bastonário da Ordem dos Advogados de Portugal (Portugal)
- *Dr. Hermenegildo Cachimbombo*, Bastonário da Ordem dos Advogados de Angola (Angola)
- *Professor Doutor Fernando Horta Tavares*, Professor da Pontifícia Universidade Católica de Minas Gerais (Brasil)
- *Professor Doutor Vítor Pereira das Neves*, Professor Auxiliar da Faculdade de Direito da Universidade Nova de Lisboa (Portugal)
- *Dr. Fernando Tonim*, Presidente do ILMAI – Instituto de Mediação e Arbitragem Internacional e Advogado (São Tomé e Príncipe)
- *Dr. Abdul Carimo Issá*, Director da UTREL – Unidade Técnica para a Reforma Legislativa (Moçambique)
- Debate

11.00 – Intervalo

11.15 – 4º Painel: "Direito dos Recursos Naturais: risco ou oportunidade?"
- Moderador: *Professor Doutor Benjamim Alfredo*, Professor Auxiliar da Faculdade de Economia da Universidade Eduardo Mondlane e da Escola Superior de Direito do Instituto Superior de Ciências e Tecnologia de Moçambique
- *Professor Doutor Carlos Feijó*, Professor Catedrático da Faculdade de Direito da Universidade Agostinho Neto (Angola)
- *Professor Carlos Manuel Serra*, Professor da Escola Superior de Direito do Instituto Superior de Ciências e Tecnologia de Moçambique (Moçambique)
- *Professor Doutor Francisco Pereira Coutinho*, Professor Auxiliar do Instituto Superior de Ciências Sociais e Política da Universidade Técnica de Lisboa e Professor Convidado da Faculdade de Direito da Universidade Nova de Lisboa (Portugal)
- *Professor Mestre Gildo Espada*, Professor e Director-Adjunto da Escola Superior de Direito do Instituto Superior de Ciências e Tecnologia de Moçambique (Moçambique)
- Debate

13.00/14.30 – Intervalo para almoço

14.30 – 5º Painel: "Ensino do Direito e Profissões Forenses no contexto do Processo de Bolonha"
- Moderador: *Dr. Luís Filipe Sacramento*, Juiz Conselheiro Jubilado do Tribunal Supremo de Moçambique
- *Professor Mestre Carlos Teixeira*, Decano e Professor Associado da Faculdade de Direito da Universidade Agostinho Neto (Angola)
- *Professor Doutor José Levi Mello do Amaral Júnior*, Professor Associado da Faculdade de Direito da Universidade de São Paulo (Brasil)
- *Professora Doutora Ana Cristina Nogueira da Silva*, Professora Auxiliar da Faculdade de Direito da Universidade Nova de Lisboa (Portugal)
- Debate

17.00 – Intervalo

17.30 – Conferência Geral de Encerramento
- Moderador: *Professor Doutor Jorge Bacelar Gouveia*, Professor Catedrático da Faculdade de Direito da Universidade Nova de Lisboa
- Conferencista: *Professor Doutor Carlos Feijó*, Professor Catedrático da Faculdade de Direito da Universidade Agostinho Neto (Angola): "O Investimento Estrangeiro e Direito de Língua Portuguesa: abertura ou protecionismo?"

18.00 – Cerimónia de Encerramento
- *Professor Doutor João Leopoldo da Costa*, Magnífico Reitor do ISCTEM – Instituto Superior de Ciências e Tecnologia de Moçambique
- *Professor Doutor Jorge Bacelar Gouveia*, Professor Catedrático da Faculdade de Direito da Universidade Nova de Lisboa
- Sua Excelência, *Dr. Luís Filipe Sacramento*, Juiz Conselheiro Jubilado do Tribunal Supremo de Moçambique
- Sua Excelência, *Drª Benvinda Levi*, Ministra da Justiça

Creditação: 2 ECTS

Organização: IDILP – Instituto do Direito de Língua Portuguesa (www.idilp.net); ISCTEM – Instituto Superior de Ciências e Tecnologia de Moçambique (www.isctem.ac.mz); FDUNL – Faculdade de Direito da Universidade Nova de Lisboa (www.fd.unl.pt)

Local: Auditório Principal do ISCTEM – Rua 1394 – Zona FACIM, 322 – Maputo
Tel.: +258 21312014/5 | Fax: +258 21312993 | E-mail: secretaria@isctem.ac.mz

Comité Científico: Professor Doutor Jorge Bacelar Gouveia (jbg@fd.unl.pt); Professor Mestre Henriques José Henriques (henriquesjhenriques@gmail.com); Professor Mestre Gildo Espada (gildoespada@gmail.com); Professor Doutor Francisco Pereira Coutinho (fpcoutinho@hotmail.com)

Secretariado Técnico: Drª Isabel Falcão (ifalcao@fd.unl.pt)

Participação: 15 euros, 500 meticais

Inscrições: as inscrições devem ser enviadas ao cuidado do Dr. Gildo Espada, até 5 de Março de 2013: gildoespada@gmail.com

Apoios: CPLP – Comunidade dos Países de Língua Portuguesa (www.cplp.org); Fundação Portugal-África; CEDIS – Centro de Investigação & Desenvolvimento em Direito e Sociedade (www.cedis.fd.unl.pt)

III Congresso do Direito de Língua Portuguesa

"Justiça, Desenvolvimento e Cidadania"

CALL FOR PAPERS

O Comité Científico do **CONDILP – Congresso do Direito de Língua Portuguesa** deliberou promover a realização de um **III Congresso** para os dias 20 e 21 de março de 2013, que terá lugar no Auditório do Instituto Superior de Ciências e Tecnologias de Moçambique, em Maputo.

Neste III Congresso, será abordado o tema geral "Justiça, Desenvolvimento e Cidadania".

De acordo com o programa provisório que se junta, convidam-se todos os Investigadores do Direito de Língua Portuguesa a apresentar Comunicações, com um máximo de 15 000 palavras (letra *times new roman*, tamanho 12 a espaço e meio; tamanho 10 para notas, a espaço 1), no âmbito dos seguintes temas:

- "Reformas penais e direito da anti-discriminação";
- "Reformas processuais civis e resolução alternativa de litígios";
- "Proteção dos direitos sociais e crise do Estado social";
- "Direito dos recursos naturais: risco ou oportunidade?".

O prazo para a candidatura à apresentação de Comunicações termina a 15 de março de 2013, as quais devem ser enviadas para o Professor Henriques José Henriques do ISCTEM (henriquesjhenriques@gmail.com). O Comité Científico selecionará as Comunicações que serão objeto de apresentação pública e/ou objeto de publicação.

Lisboa, 3 de fevereiro de 2013.

Prof. Doutor JORGE BACELAR GOUVEIA
Presidente do Comité Científico do III Congresso do Direito de Língua Portuguesa

CONDILP - Congresso do Direito de Língua Portuguesa

APRESENTAÇÃO

1. O **IDILP** é uma associação de juristas lusófonos que, tendo por objetivo geral promover a aproximação entre as Ordens Jurídicas dos Países de Língua Portuguesa, tem sublinhado a preocupação específica de manter abertos, com regularidade, espaços de diálogo científico entre todos os juristas de língua portuguesa, académicos e profissionais do foro.

Fundado em 2009 e tendo como objeto geral a divulgação, o estudo e a investigação do Direito de Língua Portuguesa, o IDILP, para prossecução dos seus fins, desenvolve, de entre outras, as seguintes atividades:

a) Realização de colóquios, seminários, cursos, pós-graduações e congressos;
b) Elaboração de estudos e pareceres sobre os ramos do Direito a cujo estudo e divulgação se dedica;
c) Edição de revistas e outras publicações, com ou sem caráter periódico;
d) Estabelecimento de contactos com associações estrangeiras.

2. Uma das mais relevantes actividades que o IDILP tem desenvolvido tem sido a regular organização do **CONDILP – Congresso do Direito de Língua Portuguesa**, o qual se destina a discutir, comparativamente, temas do Direito de Língua Portuguesa, Direito Público e Direito Privado.

O lugar da organização do **CONDILP** é rotativo, percorrendo os diversos países e territórios de língua portuguesa, agregando juristas de diferentes perfis profissionais e privilegiando a ligação às Faculdades de Direito.

Abertura do III CONDILP[1]

JORGE BACELAR GOUVEIA[2]

Muito bom dia a todos, as minhas saudações.

Em nome do Comité Científico do III Congresso do Direito de Língua Portuguesa, gostaria de dirigir uma saudação a todos os presentes e, permitam-me, naturalmente, frisar as diferentes autoridades aqui presentes, de Moçambique e de outros países de língua portuguesa; saudar também os palestrantes, já praticamente todos chegaram, e também os congressistas, em grande número, e os colegas universitários de Moçambique no âmbito do Direito, além de muitos alunos que eu vejo aqui, que costumo ver sempre nesta sala, aliás habitualmente sempre uma sala cheia aqui no ISCTEM; e cumprimentar os órgãos de comunicação social que difundem em massa esta nossa mensagem.

Nesta ocasião protocolar, deixo-vos três breves palavras em relação a este III CONDILP: uma palavra de agradecimento; uma palavra de explicação; e uma palavra de desejo.

Primeiro, uma palavra de agradecimento a diferentes instituições que permitiram a realização deste III Congresso do Direito de Língua Portuguesa.

Claro que a primeira instituição que eu quero agradecer é o ISCTEM, universidade onde tenho vindo a trabalhar como coordenador de um pro-

---

[1] Vídeo disponível em vimeo.com/66490770.
[2] Professor Catedrático da Faculdade de Direito da Universidade Nova de Lisboa e Presidente do Comité Científico do III CONDILP.

grama de Doutoramento conjunto com a Nova de Direito de Lisboa e fiquei muito feliz quando o seu Reitor e o ISCTEM, como instituição, aceitaram acolher este III Congresso aqui, em Maputo. Muito obrigado, seu Reitor, por este acolhimento nesta bela cidade e neste belo país.

Também uma palavra particular ao seu Reitor do ISCTEM, com quem tenho vindo a ter uma relação profissional de alguns anos a esta parte e, de facto, vejo nele excelentes qualidades de liderança. Isso percebi logo em poucos minutos, mas também de persistência, de paciência, de vontade de avançar com as coisas e sabemos bem que nestes programas de cooperação entre países, que envolvem muitas pessoas, pessoas de diferentes países, às vezes de diferentes perfis profissionais, não é fácil levar por diante projetos de cooperação e projetos com uma certa magnitude. Felizmente que no que à Nova de Direito diz respeito, no programa de doutoramento e no âmbito de outras iniciativas jurídicas, o Senhor Reitor, o Professor Leopoldo da Costa, tem sido exemplar no ativismo e no dinamismo que tem colocado na realização e na execução desses projetos. Fica aqui um público agradecimento por essa ajuda e por essa sua vontade de fazer as coisas.

Depois também uma palavra ao Comité Científico do Congresso de que eu sou modestamente o Presidente, particularmente a três outros Colegas que comigo arcaram com as responsabilidades – que imaginam não serem leves... – de levar por diante esta iniciativa: refiro o Professor Henriques José Henriques e o Professor Gil de Espada, Diretor e Diretor-adjunto, respetivamente, da Escola Superior de Direito do ISCTEM, que têm sido incansáveis na preparação deste Congresso, aqui o meu público agradecimento pela sua ajuda e pelo seu empenho; e também gostaria de aqui incluir, porque também faz parte do Comité Científico, o Professor Francisco Pereira Coutinho, que também nos ajudou na realização desse Congresso.

Igualmente permitam-me, nesta ocasião, deixar uma palavra de agradecimento à Faculdade de Direito da Universidade Nova de Lisboa, que em grande medida também viabilizou este Congresso, uma vez que patrocinou as viagens dos Professores portugueses para se deslocarem aqui a Maputo. Portanto, deixo aqui uma palavra pública de agradecimento à Senhora Diretora, que inicialmente era para estar aqui mas que, por razões de saúde, não pode estar, a Professora Teresa Pizarro Beleza; e também deixo um público agradecimento à Subdiretora aqui presente, a

Professora Helena Melo, pela ajuda que deu, conjuntamente com a Diretora, para que a Nova de Direito pudesse apoiar este Congresso.

Ainda gostaria de deixar uma palavra de agradecimento a várias instituições por terem patrocinado o III CONDILP, ou institucionalmente ou materialmente: a Fundação Portugal-África, na pessoa do Dr. Mário Soares, que teve ocasião de nos ajudar com algum financiamento para esta iniciativa; e também a CPLP, que também já referi, através do seu Secretário Executivo, que é um ilustre moçambicano.

Agora, uma palavra de explicação deste Congresso. Muito poderão perguntar, se é o terceiro, já deve ter havido o primeiro e o segundo. Claro, nós não começamos as coisas pelo número três, começamos as coisas pelo número um. De facto, já houve dois Congressos anteriores, o primeiro foi em Lisboa, em 2009, e o segundo foi em Luanda, em 2011. A ideia é sempre que possível fazer Congressos anuais que possam circular, que possam rodar por vários países de língua portuguesa. Assim temos cumprido esse programa, este é o terceiro feito num terceiro país depois de Portugal e de Angola.

A conceção destes Congressos é muito interessante, é estudar comparativamente o Direitos dos vários países de língua portuguesa (incluindo também Macau, que não sendo um país mas um território integrado na República Popular da China), partilhando entre todos as perspetivas ou o modo como cada ordem jurídica trata certo assunto, certo tema, certo painel. É nossa intenção em cada painel haver um representante de cada país; porém, às vezes isso não é possível porque alongaria muito as discussões; assim, ter pelo menos quatro ou cinco pessoas que possam dar alguma consistência a uma análise comparativa que seja significativa do ponto de vista do número de países envolvidos nessa análise comparativa. Em cada painel, haverá sempre pessoas de diferentes países que falarão sobre o mesmo tema, mas falarão da perspetiva do seu país ou às vezes também podem fazer comentários sobre os outros países ou tentar perceber semelhanças e diferenças entre o seu país e os outros países de língua portuguesa.

Os temas têm vindo a mudar. Os temas deste III Congresso são diferentes dos que tivemos ocasião de abordar no primeiro e no segundo Congresso. Para este III Congresso, julgámos que seria importante abordar cinco temas e não quatro como costuma ser. O primeiro tema, já a seguir a esta cerimónia, diz respeito às "Reformas penais e ao Direito da anti-discriminação". Penso que hoje é um tema essencial a questão da reforma dos códigos penais, sobretudo nos países africanos, não tanto no Brasil ou em Portugal porque em Portugal e no Brasil os Códigos são mais recentes. É o único painel apenas constituído por mulheres palestrantes, portanto fica aqui essa nota curiosa.

O segundo painel, logo à tarde, é um painel mais de Direito Público Constitucional e tem por tema "Proteção dos Direitos Sociais e Crise do Estado Social". Eu espero não exportar para Moçambique a crise portuguesa: não é o meu objetivo, mas nós todos temos a ideia de que há uma certa crise do Estado Social e que a crise não é só uma crise europeia, é uma crise que tem vários contornos em vários países. Claro que às vezes pode haver um fenómeno de mimetismo, mas a crise tem certas *nuances* e pode ser vista de várias perspetivas. Decerto que o problema da crise do Estado Social esconde um outro problema mais sério, que é algum neoliberalismo que pretende desmantelar o Estado Social. Penso que esse é o grande problema, mas aqui estamos para discutir também o lugar do Estado Social e o lugar – que deveria ter e não tem – da proteção dos direitos sociais, que são essenciais numa sociedade desenvolvida e sobretudo numa sociedade que seja mais assimétrica do ponto de vista dos seus recursos. Este será o tema da tarde.

Amanhã temos três painéis, amanhã será o dia mais compacto. O primeiro será o tratamento da questão de se procurar que a justiça seja mais célere através da resolução alternativa de litígios, sobretudo pelo recurso à arbitragem. Não escondo que esse caminho nem sempre será um caminho equilibrado porque às vezes esse caminho comporta algumas injustiças e é um caminho que o Estado deve sempre garantir, que é a Justiça Estadual. Portanto, é preciso discutir, calibrar essa opção entre a Justiça do Estado e a Justiça Alternativa e, sobretudo, fazer reformas necessárias para que, sobretudo em matéria de processo civil, as coisas andem mais depressa. Isso é um tema em vários países de língua portuguesa, também é um tema agora em Portugal, como sabem, sobretudo o processo executivo e na ação de despejo. Penso que será um momento interessante na discussão.

Ainda amanhã de manhã, ao fim da manhã, teremos um outro painel "Direito dos Recursos Naturais: risco ou oportunidade?" e que se justifica pela descoberta recente em vários países de novos recursos naturais. Ainda ontem, num jantar oferecido pelo novo Doutor em Direito, se discutiu muito isso. De facto, há aqui uma nova área do Direito para os países de língua portuguesa, para a energia. E Angola e o Brasil estão muito à frente nessa matéria porque, de todos os nossos países, são os dois países que mais recursos naturais têm e que mais desenvolveram o Direito dos Recursos Naturais. Timor-Leste também tem, como sabem, o petróleo, e não é pouco, mas noutros países, como é Moçambique, de repente descobriram-se novos recursos naturais e muito importantes. Penso que é uma área que nós devemos aprofundar, aprender uns com os outros, e ver quais são as várias perspetivas de construção legislativa e doutrinária desse novo ramo do Direito.

Amanhã à tarde será o último painel sobre "O ensino do Direito e profissões forenses no contexto do Processo de Bolonha". Penso que é um tema muito importante, embora um tema mais ligado ao ensino. Porquê? Porque na Europa, recentemente, houve um processo de reforma do ensino superior que também atingiu o ensino do Direito, chamado Processo de Bolonha, que toma o nome da Declaração de Bolonha que estabeleceu novas regras comuns a todos os países da União Europeia. Isto, na prática, no que respeita ao Direito, teve várias consequências, umas más e outras boas, talvez mais as más que as boas: redução dos cursos, simplificação e até, às vezes, banalização dos mestrados, embora penso que pode ter outras coisas boas. Mas o problema não é só português, no contexto europeu; o problema é que depois se comunica aos países africanos de língua portuguesa e até ao próprio Brasil, até porque o Brasil está hoje numa grande interação com a Europa e com Portugal, particularmente em matéria de mestrados e doutoramentos. Sei que, muito particularmente em Moçambique, houve recentemente uma reforma e uma contra-reforma em matéria do ensino do Direito. Será interessante dedicarmos algum tempo a essa matéria. Talvez este tema justificasse um outro congresso só para isso, só para o ensino do Direito e o impacto da reforma de Bolonha, direto em Portugal e indireto nesses países, até no que respeita ao acesso às profissões jurídicas, sobretudo o acesso à advocacia, o acesso a ser juiz ou a ser procurador.

Esta é a explicação dos cinco temas. As pessoas escolhidas foram escolhidas por nós conforme aquilo que sabem sobre o assunto e também conforme a sua disponibilidade. Não houve aqui qualquer tipo de discriminação: são pessoas de diferentes perfis, professores universitários, ou advogados, ou juízes, procuradores. Posso, em geral, assegurar a excelente qualidade dos palestrantes nos diversos painéis e, acreditem, vão ser momentos importantes de estudo, de compreensão, de debate em relação aos diferentes temas.

Estes cinco painéis podem ser reunidos sob uma ideia geral, que o senhor Reitor referiu como lema do Congresso: "Justiça, Desenvolvimento e Cidadania". No fundo, três ideias básicas que é necessário que o Direito possa desenvolver: ser justo, permitir o desenvolvimento económico e social e propiciar a participação democrática de todos os cidadãos como titulares ativos da soberania. Estas três ideias ressaltam dos cinco painéis e são três valores fundamentais de uma ordem jurídica pós-moderna, contemporânea e avançada.

Uma última palavra, para não me alongar, uma palavra de desejo. Sabemos hoje que o nosso contexto é um contexto globalizado, mais do que nunca, globalização que agora julgo que seja irreversível. Há uns anos atrás, julgávamos que isto era uma moda que ia passar, mas a moda não passou, a moda veio para ficar e a globalização é hoje estruturalmente irreversível e é uma globalização que mostra, às vezes, um lado menos simpático. A Europa que o diga. Mas é preciso enfrentar essas dificuldades e, precisamente, uma das vias para enfrentar essas dificuldades é a união dos países a partir daquilo que têm de comum. Os nossos países têm de comum muita coisa. Claro que têm de comum a língua portuguesa e não é o facto de o acordo estar em vigor nuns países e não estar noutros que nos vem estragar a festa. O acordo ortográfico não estraga a festa de ninguém. A língua é sempre a língua. Eu já escrevo segundo as regras do acordo de 1990, haverá outros que não escrevem, mas isso é algo de acidental e que não perturba a união que nós podemos obter por falarmos e por escrevermos a mesma língua, a língua portuguesa.

Mas por detrás da língua, como símbolo, há quatro coisas que nos unem e que não podemos nunca esquecer:

- *uma mesma axiologia*, um mesmo conjunto de valores, os valores humanistas em geral que nos unem e com os quais nos identificamos;
- *uma mesma cultura*, de tradições, de hábitos de vida, de modos de ver o mundo, até de mundividências, não obstante algumas diferenças que existam entre nós;
- *uma mesma história*, que também existe, história que é feita de momentos bons e momentos maus, momentos assimétricos de opres-

são, de colonialismo, mas também de libertação, porque muitos dos colonialistas não se identificavam com Portugal, mas apenas com uma parte de Portugal, uma parte muito pequena de Portugal; e finalmente
- *um mesmo Direito*, que é aquilo que nos interessa aqui mais, porque somos juristas, de um modo geral. E sabemos que no Direito existem muitas semelhanças, até mais no Direito Privado do que no Direito Público – eu sou, como sabem, mais ligado ao Direito Público, ao Direito Constitucional – e, portanto, penso que há todas as razões para aprofundarmos esta perspetiva comum que nos é dada por um instrumento de comunicação que é a língua, mas depois língua essa que designa e conceitua valores e princípios de ramos do Direito que nos são comuns.

A terminar, uma referência a este Instituto do Direito de Língua Portuguesa, IDILP, que é uma associação privada de juristas de língua portuguesa e que serve como uma plataforma que permite unir todos os juristas de língua portuguesa.

Eu tenho sido presidente dessa associação, criei essa associação com alguns amigos juristas de língua portuguesa. Fico muito feliz porque essa associação saiu do papel e é uma realidade. Aqui estamos no terceiro Congresso a oito mil quilómetros de distância de Lisboa, que é a sede dessa associação. Portanto, é uma associação viva, que pretende até, agora, desenvolver-se mais, com diversas iniciativas, como é o caso deste congresso, com cursos, formação específica de juristas, publicação de livros, monografias, etc.

E precisamente como manifestação dessa atividade do Instituto do Direito de Língua Portuguesa, trago-vos o primeiro número de uma revista que este Instituto vai lançar aqui, logo à tarde, mas fica feito já aqui o pré-lançamento, da Revista do Direito de Língua Portuguesa. A capa até ficou bastante bonita: esta revista pretende ser um periódico científico do Direito de Língua Portuguesa, reunindo semestralmente artigos de todos os países de língua portuguesa, portanto, os cinco africanos, Brasil, Portugal, Timor Leste e também o território de Macau. Arrancámos com um conjunto de artigos muito bons cujo índice consta na parte de trás. Este é mais um contributo para a lusofonia jurídica e sinto-me muito orgulhoso de poder propiciar esta revista, como Diretor, agradecendo também aos meus colegas diretores-adjuntos desta revista, Professores José João Abrantes, Cristina Nogueira da Silva e Francisco Pereira Coutinho, o facto de comigo iniciarem esta viagem, uma viagem em que todos podem participar, mandando os vossos artigos.

É uma revista que tem *referee*: os artigos têm de ser certificados depois, por um árbitro independente, mas penso que está no bom caminho de termos uma revista indexada, conforme hoje as mais intensas exigências da publicação de revistas científicas periódicas.

Muito obrigado pela vossa vinda e desejo-vos, obviamente, um excelente Congresso.

A Reforma Penal e o Direito da Anti Discriminação

Luzia Bebiana de Almeida Sebastião[1]

RESUMO: Em Angola ainda vigora o Código Penal Português de 1886 que já se encontra desajustado da realidade social, económica, política, do ideário que enforma a sociedade angolana e da maior complexidade do fenómeno criminal dos nossos dias e diferentes formas de lhe fazer frente. A entrada em vigor em 2010 da Constituição da República de Angola – a CRA – veio trazer a consolidação das estruturas da democracia e com ela o reforço dos direitos, liberdades e garantias fundamentais das pessoas, particularmente no que respeita à Dignidade da Pessoa Humana e à igualdade que funcionam como princípios estruturantes da organização constitucional.

---

[1] Angolana, casada, natural de Luanda. É mestre (2002) e doutoranda em Ciências Jurídico-Criminais, pela Faculdade de Direito da Universidade de Coimbra, possui pós-graduação em: Direitos Humanos(1991), pela Faculdade de Direito da Universidade de Lund, Reino da Suécia; Procuremment and Contract Manegement Administration, pelo International Law Institute of Washington DC(1992), Direito Penal Económico e Europeu, pela Faculdade de Direito da Universidade de Coimbra (2000). Licenciada em Direito pela Faculdade de Direito da Universidade Agostinho Neto (1985). Exerceu Advocacia (1991 a 2008) e exerce actualmente a função de Juiz Conselheiro do Tribunal Constitucional da República de Angola. É professora Auxiliar na Faculdade de Direito da Universidade de Coimbra, Coordenadora do Departamento de Investigação e Ensino (DEI) de Ciências Jurídico-Criminais da Faculdade de Direito da Universidade Agostinho Neto. Colaboradora Permanente da Revista Portuguesa de Ciência Criminal, Membro da Comissão Técnica para a elaboração do Novo Código Penal da República de Angola. É autora e coautora de publicações científicas, textos de apoio, artigos de revista e relatórios apresentados em Angola e no Exterior.

Por estas razões justifica-se uma reforma penal. Foram consagrados princípios de Direito Penal Constitucional, Princípios Constitucionais influentes em matéria penal, como os relativos ao tipo de Estado e respectivos fins e presidem ao catálogo de direitos fundamentais, os designados Direitos, Liberdades e Garantias das pessoas e os direitos económicos, sociais e culturais. A afirmação do tipo de Estado tem reflexos ao nível do Direito Penal e, consequentemente na determinação dos valores – bens jurídicos – que são objecto de tutela do Direito Penal. Estes, devido à natureza pluralista e secularizada do Estado, só podem ser aqueles valores cuja ofensa configure um dano social e reclame a intervenção do Direito Penal e consequente *ius puniendi* do Estado. Daqui que a reforma penal deva ter em conta o conceito de bem jurídico cuja qualificação deve assentar num juízo de Dignidade Penal e ser Carente de Tutela Penal. Dentre esses bens jurídicos estão a Dignidade da Pessoa Humana e a igualdade que justificam a eleição de um Direito da anti-discriminação uma vez que a Constituição não tolera diferenciações que assentem em motivos constitucionalmente impróprios.

PALAVRAS-CHAVE: Reforma Penal. Constituição. Bens Jurídicos Dignidade Humana. Igualdade. Discriminação.

ABSTRACTS: The current Penal Code of the Republic of Angola is in effect, the old Portuguese Penal Code of 1886. However, after 37 years of independence it is quite clear that this Code is no longer in line with the modern Angolan context or the complex nature of criminality/crime the Country is facing today. Moreover, the enactment in 2010 of the new Angolan Constitution, the CRA, has served to consolidate the democratic nature of the Republic. This has been achieved by widening the range of individual liberties and fundamental rights, particularly in the areas of discrimination, equality and human dignity. The Penal Code is the defender par excelence, of the aforementioned rights; hence the necessity for Penal Reform/reform of the Penal Code.

KEYWORDS: Penal reform. Constitution. Principles/Interests. Human dignity. Equality. Discrimination.

A Reforma Penal e o Direito da Anti Discriminação

Os diplomas legislativos no geral e, os do Direito Penal em particular, são geralmente preenchidos com correntes e/ou escolas jus – filosóficas em voga num determinado contexto sócio-cultural e temporal que têm maior acuidade e prevalecem sobre as demais, uma vez que cada homem e, consequentemente cada sociedade, é produto da sua cultura aferida num determinado espaço temporal.

O Código Penal ainda em vigor na República de Angola é o Código Penal Português de 1886 que não é mais do que o Código Penal Português de 1852, Reformado em 1884. As reformas penais posteriores, em particular as que foram introduzidas pelo Decreto-Lei nº 39.688, de 5 de Junho de 1954 e pelo Decreto nº 184/72 que apenas entrou em vigor em Angola em 1974, depois do 25 de Abril, não foram suficientes para impedir o desfasamento tanto da parte geral como particularmente da parte especial desse Código de 1886. O Código Penal em vigor está desajustado do actual contexto social, económico e político, do ideário que enforma a sociedade angolana e da maior complexidade do fenómeno criminal dos nossos dias e respectivas formas de lhe fazer frente.[2] Embora a independência de Angola tenha feito publicar todo um conjunto de diplomas que revogaram parcelas significativas da parte especial, a verdade é que o Código manteve-se, no essencial, o mesmo, tanto na caracterização dogmática como na sua estrutura filosófica e formal.

Passados 36 anos de independência, os bens jurídicos tutelados pelo Código de 1886, não coincidirão integralmente com os interesses que a comunidade de cidadãos angolanos deseja ver hoje penalmente tutelados. Acresce que como referiu a Professora Tereza Beleza em comentário ao Anteprojecto de Código Penal de Cabo Verde, "O Código Penal de um país, há-de, por força, reflectir os valores fundamentais da sociedade que o vai aplicar."[3] Como última nota sobre a necessidade não só de uma reforma profunda mas, de um Código Penal Novo, está a entrada em vigor da Constituição da República de Angola, a CRA, promulgada e publicada em 5 de Fevereiro de 2010. Esta Constituição alargou conside-

---

[2] In Relatório ao Anteprojecto de Código Penal da República de Angola, pp. 225, Revista da Faculdade de Direito da Universidade Agostinho Neto, nº 8, Edição Faculdade de Direito da Universidade Agostinho Neto, Dezembro de 2007. O referido Anteprojecto foi preparado por uma Comissão de Docentes da Faculdade de Direito daquela Universidade coordenada pelo Professor Titular Orlando Ferreira Rodrigues e integrou o Professor Titular Vasco Grandão Ramos e a Professora Auxiliar, Mestre Luzia Bebiana de Almeida Sebastião.

[3] In "Reformas Penais em Cabo Verde", da autoria do Sr. Dr. Jorge Fonseca, V. I, IPC, Praia, 2001.

ravelmente o leque de bens jurídicos que integram o designado Direito Penal Primário dado que, como se pode ler no seu preâmbulo procura respeitar " a vida, a igualdade, a diversidade e a dignidade das pessoas...". Para além disso, recebeu na ordem jurídica angolana, os princípios da Carta da Organização das Nações Unidas, da Carta da União Africana nº 1 do Artigo 12º e, em geral o Direito Internacional geral ou comum que integra os tratados e acordos internacionais, regularmente aprovados ou ratificados após publicação oficial e entrada em vigor na ordem jurídica internacional nº 2 do artigo 13º do Ante-projecto de Código Penal[4] está já a ser feita acolhendo as garantias estabelecidas na Declaração Universal dos Direitos do Homem – DUDH – e no Pacto Internacional dos Direitos Civis e Políticos – PIDCP – bem como nas convenções regionais sobre Direitos do Homem.[5]

Pretendo nesta abordagem trazer as ideias que presidiram à elaboração da proposta de ante-projecto de Código Penal, particularmente, as concepções dogmáticas a ela subjacentes e as soluções encontradas para acolher a temática Direito da Anti-Discriminação.

I. A Constituição da República de Angola – CRA e o Direito Penal

I.1. Os Princípios Constitucionais que Influenciam o Direito Penal

A Constituição da República de Angola consagrou como princípios fundamentais da sua estrutura dentre outros os seguintes: a dignidade da

---

[4] O texto a que nos referimos na nota 1, é de Junho de 2007; por conseguinte, anterior à aprovação da Constituição de 2010. Contudo, a discussão em torno de uma nova Constituição da República de Angola remonta a 2004, com a elaboração, pela Comissão Constitucional da então Assembleia Nacional, de um primeiro texto publicado, para efeitos de discussão pública em Janeiro de 2004. O referido texto foi, em muitos aspectos, recuperado e serviu de trabalhos preparatórios, para a Comissão Constitucional que preparou o texto da Constituição de 2010. Por isso que muitos dos valores defendidos no texto de 2004 foram recolhidos pelo Ante--Projecto de Código Penal, actualmente ainda em discussão.

[5] Recomendações de Toledo para um processo penal justo, in *Revista Portuguesa de Ciência Criminal*, Aequitas Editorial Noticias, Ano 4, 3º, Julho-Setembro, 1994, p. 437.

pessoa humana, artigo 1º; o Estado de Direito e a democracia fundada na soberania popular, o pluralismo de expressão e de organização política, bem como a democracia representativa e participativa, artigo 2º; o primado da Constituição e da legalidade, artigo 6º.

Interessa-me, contudo, trazer à consideração aqueles que influenciam o direito penal. Segui, para o efeito, Conceição Cunha que, na linha de Pallazo e Nuvolene[6] distingue entre «princípios de Direito Penal constitucional», «princípios constitucionais influentes em matéria penal» e «normas constitucionais com reflexos penais».[7] Destes tratarei apenas dos dois primeiros.

I.1.1. Princípios de Direito Penal Constitucional

Sobre os princípios de Direito Penal constitucional – destaco o princípio da legalidade da intervenção penal, tratado no texto constitucional como garantia dos direitos e das liberdades fundamentais, no artigo 65º relativo à aplicação da lei criminal. Este princípio com os seus corolários – o princípio da tipicidade, da retroactividade da lei mais favorável, da proibição do recurso à analogia e da jurisdicionalidade; o princípio da humanidade das penas com a proibição da pena de morte, da tortura e dos trabalhos força-

---

[6] C. FRANCESCO PALLAZO, *Valores Constitucionais e Direito Penal*, Universidade de Florença, Editor Sérgio António Fabris, 1989; PIETRO NUVOLONE, "La Problemática Penale dela Costituzione", in *Aspetti del Diritto Costituzionale, Scritti in Onore di Costantino Mortati*, Serie V, nº 25, Universitá di Roma, Facoltà di Scienza Politiche, Roma, Publicação dell'Instituto di Studi Giuridici, Guiffrè Ditore, *apud* Maria da Conceição Ferreira da Cunha, *Constituição e Crime*, pp. 118 e ss. Já MANUEL COBO DEL ROSAL e TOMÁS VIVES ANTÓN, *Derecho Penal – Parte General*, 5ª edición corregida, aumentada y actualizada, Tirant lo Blanche, Valência, 1999, pp. 67-99, destaca entre o que designa princípios constitucionais do Direito Penal, o princípio da legalidade, o princípio da proibição de excesso ou da proporcionalidade em sentido amplo e outros princípios embora também constitucionais, como o princípio *"ne bis in idem"*, o princípio da igualdade, da presunção de inocência e da humanidade das penas.

[7] Para mais desenvolvimentos veja-se SEBASTIÃO, Luzia Bebiana de Almeida, in *Liber Discipulorum para JORGE DE FIGUEIREDO DIAS*, Coimbra Editora, 2003, pp. 15 a 51, pp. 20, 21 e nota 21.

dos e tratamentos cruéis desumanos e degradantes, das penas perpétuas ou de duração indeterminada artigos 59º, 60º e 66º respectivamente e ainda o princípio da culpa, todos eles constituindo princípios que se impõem ao direito penal, incidem directamente sobre ele, com o objectivo de oferecer protecção ao indivíduo contra o arbítrio estadual. Os princípios referidos são a expressão da vinculação da relação entre o indivíduo e o Estado no domínio penal[8], e são a expressão do entendimento dos direitos fundamentais enquanto direitos de defesa face ao Estado.[9]

I.1.2. Princípios constitucionais influentes em matéria penal

Quanto aos princípios constitucionais influentes em matéria penal é importante referir o seguinte: sempre que se procura saber que princípios constitucionais influenciam a matéria penal, está-se a pretender saber se, afirmados os princípios de Direito Penal constitucional, os

---

[8] MANUEL COBO DEL ROSAL e TOMÁS S. VIVES ANTÓN, *Derecho Penal*, p. 49. MARIA DA CONCEIÇÃO FERREIRA DA CUNHA, *Constituição e Crime*, p. 119, e bibliografia assinalada a propósito.

[9] AMÉRICO TAIPA DE CARVALHO, "Condicionalidade Sócio-cultural do Direito Penal", in *Boletim da Faculdade de Direito da Universidade de Coimbra*, Vol. LVIII, 1982, pp. 1080-1082, onde o autor caracteriza o séc. XVIII como o século da viragem na história do pensamento, da cultura e da sociedade em geral e destacou o princípio da prioridade do indivíduo frente ao Estado como princípio fundamental do que designou *novo ideário filosófico-político* (itálico do autor). Segundo esse ideário, é consagrada «a razão humana como fonte e critério únicos da verdade e da justiça» e, os indivíduos por natureza titulares de um leque de direitos que o Estado deve formalmente reconhecer. Este ideário reflectiu-se, como não podia deixar de ser no direito penal e, consequentemente numa política criminal que assentou nos seguinte: i) o fundamento do direito de punir passou a residir no «contrato social», pelo qual os cidadãos delegam no Estado o direito de punir, na medida em que isso se mostre necessário para a defesa da liberdade e dos seus direitos individuais; ii) a defesa restrita da sociedade seria o critério de determinação dos delitos e das penas; iii) os crimes e as penas deveriam constar de lei prévia e claramente descrita, cabendo ao juiz apenas a sua rígida interpretação literal, só assim se garantiria a defesa da liberdade e da igualdade de todos os cidadãos; finalmente iv) a autonomia da razão e do poder político face à lei divina e ao poder religioso, o que conduziria à exclusão de delitos de natureza religiosa e à negação da influência do direito canônico na legislação criminal.

cidadãos ficarão suficientemente protegidos face ao poder punitivo do Estado e, se este se verá suficientemente legitimado apenas pelo cumprimento dos ditos princípios. A resposta negativa a esta questão, vem de se considerar que por um lado, continua a ser o poder penal estadual a determinar quais os factos a criminalizar[10], como o facto de a matéria penal ser reserva de lei do Parlamento, também não assegurar e constituir suficiente garantia, pois a intervenção penal representa sempre uma restrição a direitos fundamentais, especialmente direitos como a dignidade e a liberdade eles também com eminente dignidade constitucional. Daqui que se procure limitar o poder criminalizador do Estado na Constituição enquanto instrumento fundamental da ordem jurídica.[11] Neste sentido Figueiredo Dias reconhece existir na Constituição, valores que embora não ordenados sob forma de sistema são valores constitucionais que mesmo «lacunosos, fragmentários e insusceptíveis de se erigirem em sistema... presidem à Constituição ou dela resultam».[12]

É esta, a garantia que a Constituição oferece, que dá o sentido de unidade para toda a ordem jurídica e permite a ligação harmoniosa entre ela e o «universo valorativo penal».[13] Pois, se por um lado, o Estado se subor-

---

[10] MARIA DA CONCEIÇÃO FERREIRA DA CUNHA, *Constituição e Crime*, p. 120.

[11] *Apud* MARIA DA CONCEIÇÃO FERREIRA DA CUNHA, *Constituição e Crime*, p. 121, nota 337, RUS GONZÁLEZ (relator), Seminário sobre «Bem Jurídico Y Reforma da la Parte Especial», Siracussa, 15-18 Octubre 1981, *Anuário de Derecho Penal y Ciencias Penales*, Tomo XXXV, Fasc. III, 1981, pp. 717-718. Para mais desenvolvimentos LUZIA BEBIANA DE ALMEIDA SEBASTIÃO, "O Anteprojecto de Código Penal (Parte Geral) e a Nova Realidade Constitucional na República de Angola (uma proposta de trabalho), *in LIBER DISCIPULORUM PARA JORGE DE FIGUEIREDO DIAS*, Coimbra Editora, 2003, p. 23 e nota 28.

[12] JORGE DE FIGUEIREDO DIAS, "Para uma dogmática do direito penal secundário", in *Direito Penal Económico e Europeu, Textos Doutrinários*, Vol. I, Coimbra Editora, 1998, pp. 36-74, p. 58, nota 82.

[13] É verdade que há autores que como JOSÉ DE FARIA COSTA, em *O Perigo em Direito Penal*, Coimbra Editora, 1992, pp. 253 e ss., nota 91, p. 271 referem uma «autonomia dependente em que se perfila a ordem jurídico-penal» e, consideram que «é jurídico – penalmente consistente permitir que o legislador ordinário eleve à categoria de bem jurídico-penal bens ou valores, que em princípio, não estariam diretamente protegidos pelo direito constitucional». Argumento contrariado por GOMES CANOTILHO e VITAL MOREIRA, *Constituição Anotada*, 3ª Edição, p. 151 quando defendem que «o interesse cuja salvaguarda se invoca para restringir um

dina à Constituição, nº 2, do Artigo 6º da CRA, se os actos do Estado só são válidos se conformes à Constituição, nº 3, do referido artigo, se as restrições aos direitos liberdades e garantias, bem como a limitação e suspensão do seu exercício, só pode ser estabelecida pela Constituição, Artigo 58º da CRA, atendendo que a criminalização representa sempre uma restrição, uma limitação de direitos, somos a concordar com Figueiredo Dias, quando defende que *"entre a ordem axiológica constitucional e a ordem legal dos bens jurídicos tem de verificar-se uma qualquer relação de mútua referência, que não é de «identidade» nem de «recíproca cobertura», mas de «analogia material» fundada numa essencial correspondência de sentido; correspondência que deriva de a ordem axiológica constitucional constituir o quadro abstracto de referência e, ao mesmo tempo, «o critério regulador da actividade punitiva do Estado»*[14].

Deste modo, a matéria penal é influenciada pela constituição e os princípios influentes em matéria penal são os que consagram o tipo de Estado e respectivos fins e, os que presidem ao catálogo de direitos fundamentais tanto na dimensão do Estado de Direito, os designados (*Rechtsstaatprinzip*) direitos, liberdades e garantias das pessoas, como os que referem a dimensão social do Estado (*Sozialstaatprinzip*) os direitos sociais, económicos e culturais, sem se esquecer os que, mesmo não escritos estão implícitos na constituição comunitária, de acordo com a perspectiva da Constituição em sentido material.[15]

I.1.2.1. A consagração do tipo de Estado e seus fins

A República de Angola afirma-se como um Estado Democrático de Direito. Esta afirmação sobre o tipo de Estado, há-de encontrar os seus reflexos ao nível do Direito Penal. Com efeito, o Estado de Direito Demo-

---

direito, liberdade e garantia» tenha de ter no texto constitucional expressão suficiente e adequada.

[14] FIGUEIREDO DIAS, "Os novos rumos da Política Criminal", in *Revista da Ordem dos Advogados*, Lisboa, Ano 43, 1976, pp. 15-16, "Para uma Dogmática", p. 58; FIGUEIREDO DIAS e COSTA ANDRADE, *Direito Penal – Questões Fundamentais – A Doutrina Geral do Crime*, Universidade de Coimbra, Faculdade de Direito, 1996, p. 57. "O comportamento criminal e sua definição", in *Temas Básicos da Doutrina Penal*, Coimbra Editora, 2001, pp. 47-48, os itálicos são do autor.

[15] MARIA DA CONCEIÇÃO FERREIRA DA CUNHA, *Constituição e Crime*, p. 124.

crático está preocupado em instituir o pluralismo e a tolerância em combinação com um desenvolvimento digno da pessoa humana; ainda referindo Figueiredo Dias, o Estado democrático guia-se " por considerações axiológicas de justiça", quer promover a realização das condições sociais, culturais e económicas para um livre desenvolvimento da personalidade de cada homem.[16]

Esta concepção de Estado influi, naturalmente, sobre a determinação dos valores a serem protegidos pelo Direito Penal, e que abarcarão o domínio económico, social e cultural.[17] Assim, a concepção de homem que domina é a que tem em conta tanto o desenvolvimento da sua personalidade enquanto indivíduo como, a sua actuação, no contexto de uma comunidade, ou seja, enquanto fenómeno social.[18] Pode-se pelo que fica exposto compreender que a função do Direito Penal, depende também dos fins que o Estado se propõe, e estes, do tipo de Estado que constitucionalmente se consagre. Por isso, não me repugna compartilhar a opinião daqueles autores que estabelecem uma íntima relação entre as mudanças constitucionais e a necessidade de reforma penal.[19] Brícola, por exemplo, assume a Constituição como fundamento do Direito Penal. Designou «princípios do direito penal constitucional» à parte em que a Constituição Italiana dedica às normas sobre matéria penal.[20]

Reafirmada a necessidade da relação entre a concepção de Estado e o Direito Penal, importa salientar as consequências práticas que daqui derivam.

Em primeiro lugar, dos princípios da liberdade e da tolerância, ou seja, de uma máxima liberdade individual compatível com uma máxima tolerância de vida em comum decorre que o Direito Penal não está vocacionado para tutelar valores puramente morais, religiosos ou ideológicos,

---

[16] FIGUEIREDO DIAS, "Direito Penal e Estado de Direito Material", in *Revista de Direito Penal, Forense*, Rio de Janeiro, 1982, p. 39. É claro que este livre desenvolvimento inclui para além da liberdade de ser, a criação de condições para se poder ser, daqui a tarefa do Estado na promoção dessas condições.

[17] FIGUEIREDO DIAS, *Para uma Dogmática*, p. 14.

[18] FIGUEIREDO DIAS, "Direito Penal e Estado de Direito Material", p. 45.

[19] MARIA DA CONCEIÇÃO FERREIRA DA CUNHA, *Constituição e Crime*, p. 133.

[20] BRICOLA, in *Novíssimo Digesto Italiano*, XIX, 1973, pp. 14 e ss., e QC, 1980, nº 1, p. 226, *apud* ANABELA MIRANDA RODRIGUES, p. 286, nota 322.

cuja violação não configure um verdadeiro dano social e, consequentemente, a lesão de um bem jurídico-penal.[21]

Em segundo lugar, ao princípio da liberdade ligado ao do respeito pela dignidade da pessoa humana está subjacente a ideia de homem, mas de um qualquer homem, independentemente das suas convicções e modo de vida. Assim, não serão as simples convicções morais e ideológicas, desacompanhadas de quaisquer efeitos danosos para outros bens considerados básicos – bens jurídico-penais constitucionalmente consagrados que constituirão razão de intervenção do Direito Penal e consequentemente do «*ius puniendi*» estadual.

Em terceiro lugar a tolerância, sobretudo quando relacionada com a questão moral e ideológica, reclama do Estado um afastamento, em matéria de regulamentação jurídica, desde que a convivência social não mostre imprescindível a sua intervenção.[22]

Em quarto lugar e ligado ao princípio da tolerância reafirma-se no Estado de direito material, o princípio do «consenso» sobre os factos a criminalizar. Este princípio "postula a redução do Direito criminal ao núcleo irredutível – se bem que historicamente variável – dos valores ou interesses que contam com o apoio generalizado da comunidade.[23] O respeito por este princípio depende de o conceito de bem jurídico

---

[21] MANUEL COBO DEL ROSAL e TOMÁS S. VIVES ANTÓN, *Derecho Penal*, p. 36; FIGUEIREDO DIAS e MANUEL DA COSTA ANDRADE, *Direito Penal*, p. 64; FIGUEIREDO DIAS, "Lei Criminal e Controlo da Criminalidade", in *Revista da Ordem dos Advogados*, Ano 36, 1976, pp. 78 e ss., CLAUS ROXIN, "Sentido e Limites da Pena estatal", in *Problemas Fundamentais de Direito Penal*, 3ª edição, Colecção Veja Universidade, Lisboa, 1998, p. 30; ANABELA MIRANDA RODRIGUES, *A Determinação da Medida da Pena Privativa de Liberdade*, Coimbra Editora, 1995, p. 237, a propósito da secularização do Direito Penal. «No direito penal, designadamente, o tempo presente é de secularização. O que significa – pela negativa – a proibição da intervenção do direito penal ao serviço de finalidades transcendentes e moralistas ou que visam proteger uma qualquer *Weltanschauung e – pela positiva – que ele seja preordenado à proteção de bens jurídicos*».

[22] CLAUS ROXIN, "Sentido e limites", pp. 28-30.

[23] FIGUEIREDO DIAS e MANUEL DA COSTA ANDRADE, *Criminologia – o Homem Delinquente e a Sociedade Criminógena*, Coimbra Editora, 1984, p. 406.

estar ancorado na Constituição material, já que esta exprime o consenso da comunidade.[24]

Duas considerações fundamentais resultam do que ficou dito: actualmente, qualquer reforma penal deve ter em conta o conceito de bem jurídico; contudo, não se trata de um conceito abstracto, mas daquele que mediatizado pela concreta Constituição, seja capaz de por si só delimitar a área de uma legítima criminalização. Por outro lado, num Estado de direito material, fica afastada a punição de simples condutas imorais, quando ligadas a elas não estiverem em causa, as condições essências de uma vida em comunidade.[25]

II. A Protecção de Bens Jurídicos como Função do Direito Penal

O conteúdo do Direito Penal só tem legitimidade se for pré-ordenado à protecção de bens jurídicos e, neste sentido, o princípio jurídico-constitucional da necessidade é relevante para se definir o que é crime. Porém, o problema da legitimação do Direito Penal é o problema da determinação do que é o bem jurídico e, sobre que bens jurídicos deve a tutela penal incidir. É pois importante fazer apelo à teoria do bem jurídico, desde logo porque não se está a tratar de um direito que vise a protecção de valores transcendentais mas de um Direito Penal que garanta ao indivíduo em sociedade as condições mínimas de convivência em liberdade. Por isso que o conceito de bem jurídico a utilizar deva ser científica e suficientemente elaborado, para servir de padrão crítico do sistema jurídico-penal.

A história do bem jurídico é bastante ilustrativa das dificuldades enfrentadas.[26] Contudo, a partir do referente liberal do bem jurídico, pode-

---

[24] MARIA DA CONCEIÇÃO FERREIRA DA CUNHA, *Constituição e Crime*, p. 138. Outras considerações sobre o princípio e outros autores que a ele se referem, nota 383.

[25] Dentre outros também AMÉRICO TAIPA DE CARVALHO, *Condicionalidade*, p. 1123.

[26] Veja-se a propósito, FIGUEIREDO DIAS, "Os Novos Rumos da Política Criminal", in *Revista da Ordem dos Advogados*, Lisboa, Ano 43, 1976, pp. 13 e ss.; JOSÉ DE FARIA COSTA, "O Perigo em Direito Penal", 1990, p. 183, nota 5; MANUEL DA COSTA ANDRADE, "Consentimento e Acordo em Direito Penal", Coimbra, 1990, pp. 42 e ss., MARIA DA CONCEIÇÃO FERREIRA DA CUNHA, "Constituição e Crime", pp. 8 e ss.; ENZO MUSCO, "Bene Giuridico e Tutela Dell Onore", in *Recolta*

-se encontrar uma concepção funcionalista da legitimação do *jus puniendi* e afirmar a sua validade.[27] Simplesmente, o conceito político-criminal de bem jurídico, não se mostra só por si suficiente, para legitimar essa intervenção. Ele reclama duas importantes categorias a *Dignidade Penal* e a *Carência de Tutela Penal*.

II.1. As Categorias dignidade penal e carência de tutela penal

Foram as ideias sobre a *dignidade penal* e a *carência de tutela penal* que deram início à caminhada para a legitimação da tutela penal. Foram, segundo Volk, referidas por tratadistas do séc. XIX. Nos anos 30 do séc. XX e a partir dos anos 50, 60 Sax, Gallas e Sauer deram-lhes destaque e elas passaram a "constituir um dos *tópicos* nucleares do discurso político-criminal valendo como referência permanente da própria elaboração dogmática".[28]

Estudadas no contexto do pensamento penal teleológico funcional e, entendidas a partir dos pressupostos do novo paradigma do direito penal sustentado na Alemanha por Claus Roxin e em Portugal, dentre outros, por Figueiredo Dias, têm sido objecto de discussão bastante controversa na doutrina. Com efeito, Anabela Rodrigues defende existir já consenso na doutrina, quanto à necessidade de na definição de bem jurídico estar presente a ideia de essencialidade do bem para a existência humana em comunidade.[29] Dizia que o referido paradigma pode no essencial ser resu-

---

di Diritto Penale, Milano Dott. A Guiffré Editore, 1974, pp. 59-62; DÁRIO SANTAMARIA, "Per Una Storia del Bene Guiridico", in *Studi Senesi,* LXXVI (III Série, XIII), Fascicolo 1. Siena. Circolo Guiridico Dell'Universitá – 1964, pp. 301-307.

[27] ANABELA MIRANDA RODRIGUES, "A Determinação...", p. 276.

[28] MANUEL DA COSTA ANDRADE, "A Dignidade Penal e a Carência de Tutela Penal", in *Revista Portuguesa de Ciência Criminal,* Ano 2, Fasc. 2, Aequitas, Editorial Notícias, 1992, p. 175. Itálicos nossos. Também ANABELA MIRANDA RODRIGUES em *A Determinação...,* p. 279.

[29] ANABELA MIRANDA RODRIGUES, "A Determinação...", p. 280, nota 311. Com a definição das duas categorias fica acentuado o carácter fragmentário do Direito Penal, no sentido de que só tutela «bens essenciais» à vida do homem em comunidade, e dentre esses, só as formas «mais danosas», «mais intoleráveis» de ataques a esses bens. Ressalvada que fica a posição daqueles autores que como JOSÉ

mido no seguinte: "i) O direito penal só pode intervir para assegurar a protecção necessária e eficaz, dos bens jurídicos fundamentais, indispensáveis ao livre desenvolvimento da sociedade democraticamente organizada; ii) A ameaça, aplicação e execução da pena só pode ter como finalidade a reafirmação contrafáctica da validade das normas, o restabelecimento da paz jurídica e da confiança nas normas, bem como a (re)socialização do condenado; iii) A culpa deve, em todo o caso, subsistir como pressuposto irrenunciável e como limite inultrapassável da pena".[30]

II.1.1. A dignidade penal

"Expressão de um juízo qualificado de intolerabilidade social, assente na valoração ético-social de uma conduta, na perspectiva da sua criminalização e punibilidade"[31] a *dignidade penal,* há-de ser vista tanto de uma perspectiva transistemática como jurídico-sistemática. Da perspectiva transistemática, a dignidade penal torna eficaz o mandamento constitucional segundo o qual apenas os bens jurídicos de eminente *dignidade de tutela (Schutzwürdigkeit)* merecem protecção penal. Desta perspectiva o princípio dá cobertura ao princípio constitucional da proporcionalidade.[32] O emitir-se um juízo de dignidade penal, significa de um ponto de vista axiológico-teleológico que, de uma perspectiva material, por um lado, o bem jurídico em causa é digno de tutela e, por outro que, a conduta é potencialmente gravosa e socialmente danosa e representa uma lesão ou um perigo de lesão para o bem jurídico.[33] Quanto à perspectiva

---

DE FARIA COSTA, *Tentativa e Dolo Eventual,* Coimbra, 1987, pp. 18-19, não deixam de ressaltar que mesmo dentre essas condutas intoleráveis, algumas há que não são abarcadas pelo Direito Penal.

[30] MANUEL DA COSTA ANDRADE, *Dignidade Penal,* pp. 178-180. Também ANABELA MIRANDA RODRIGUES, "A Determinação...", p. 218 que reafirma a necessidade de recurso a uma determinada concepção de Estado constitucionalmente consagrada para que se possa falar em *dignidade penal.* A concepção parte dos autores Alemães como resultado do facto e o bem jurídico se mostrar incapaz de diretamente legitimar a intervenção penal do legislador ordinário. O itálico é meu.

[31] MANUEL DA COSTA ANDRADE, *Dignidade Penal,* p. 184, itálicos do autor.
[32] MANUEL DA COSTA ANDRADE, *Dignidade Penal,* p. 184, itálicos do autor.
[33] MANUEL DA COSTA ANDRADE, *Dignidade Penal,* p. 184.

jurídico-sistemática a "dignidade penal, mediatiza e actualiza o postulado segundo o qual, o ilícito penal se distingue e se singulariza face às demais manifestações de ilícito, conhecidas da experiência jurídica".[34]

Com efeito, o nº 1, do artigo 57º da Constituição da República de Angola, a CRA consagra que as restrições aos direitos liberdades e garantias só podem ocorrer nos casos expressamente previstos na Constituição e devem limitar-se ao necessário, proporcional e razoável para salvaguardar outros direitos e interesses também constitucionalmente protegidos. A intervenção penal representa sempre uma restrição de direitos, por isso que com essa definição está a CRA a aceitar o critério de necessidade social da intervenção penal, sendo através desse princípio possível uma melhor concretização dos bens jurídicos a tutelar.[35] É esse critério da necessidade que, segundo Figueiredo Dias, vincula «a congruência ou analogia substancial entre a ordem axiológica constitucional e a ordem legal dos bens jurídicos protegidos pelo direito penal».[36]

Significa que fora da ordem axiológica constitucional e, da sua natureza fragmentária mas, independentemente disso, fora dessa ordem, a intervenção penal também não pode impor qualquer criminalização em função de um concreto bem jurídico.[37] Assim, sempre que o legislador penal ordinário desrespeita o vínculo a que está submetido por virtude desse artigo 57º da Constituição da República de Angola, a CRA – que consagra a proporcionalidade e a necessidade da intervenção penal – O Tribunal Constitucional tem legitimidade para controlar e declarar a inconstitucionalidade da intervenção.[38]

---

[34] MANUEL DA COSTA ANDRADE, *Dignidade Penal*, p. 184.
[35] ANABELA MIRANDA RODRIGUES, "A determinação...", p. 287.
[36] FIGUEIREDO DIAS, *Direito Penal Secundário*, p. 265; "Novos Rumos", p. 11; *Direito Penal Português. As Consequências Jurídicas do Crime*, 1ª edição, Editorial Notícias, Lisboa, 1993, pp. 72 e 84.
[37] ANABELA MIRANDA RODRIGUES, "A Determinação...", p. 288, nota 324.
[38] Solução também perfilhada pela doutrina portuguesa, veja-se FIGUEIREDO DIAS, "A propôs de Beccaria et de la politique criminelle portugaise actuelle", in *International Congress Cesare Beccaria and modern criminal policy*, Milano, 1990, pp. 218 e ss., pp. 223-224. Ainda da doutrina portuguesa, GOMES CANOTILHO, *Direito Constitucional e Teoria da Constituição*, 3ª edição, Almedina, 1999, p. 429, refere-se ao princípio da proibição de excesso previsto no nº 2 do artigo 18º da Constituição da República Portuguesa, como um subprincípio densificador do

Devido à consagração do princípio da necessidade como legitimador da intervenção penal, Costa Andrade considera duvidosa a "existência de imperativos absolutos de criminalização de raiz constitucional"[39], mas já admite existirem imperativos relativos de criminalização. Figueiredo Dias, em sentido contrário não reconhece na Constituição Portuguesa a existência de imperativos relativos de criminalização e, na mesma linha Anabela Rodrigues também não vê na Constituição Portuguesa a existência nem de imperativos absolutos nem de imperativos relativos de criminalização.[40] Entre a doutrina Alemã, Roxin também não reconhece

Estado de direito democrátido, que em matéria de leis restritivas de direitos liberdades e garantias impõem a exigência da proporcionalidade e da adequação. Assim, pela exigência da necessidade deve evitar-se a adopção de medidas restritivas, que embora adequadas se mostrem desnecessárias para se atingirem os fins de proteção visados tanto pela Constituição como pela lei. Sempre que for possível escolher um meio igualmente eficaz mas menos coactivo, deverá ser esse o desejável. Quanto à proporcionalidade, que em sentido restrito quer dizer «princípio da justa medida», significa, que uma "lei restritiva mesmo quando adequada e necessária, pode ser inconstitucional, quando adopte «cargas coactivas» de direitos liberdades e garantias «desmedidas», «desajustadas», «excessivas» ou «desproporcionadas» em relação aos resultados obtidos". No mesmo sentido GOMES CANOTILHO e VITAL MOREIRA, *Constituição Anotada*, pp. 148 a 154, p. 148. Em Itália e ainda segundo ANABELA MIRANDA RODRIGUES, BRICOLA, em o *Novissimo Digesto Italiano*, XIX, 1973, pp. 18 e ss., defende o controlo da constitucionalidade da intervenção penal apenas nos casos de « manifesta irrazoabilidade da decisão legislativa»; já FIANDACA em *Diritto penale in transformazione*, pp. 148 e ss., também segundo ANABELA MIRANDA RODRIGUES, defende o controlo constitucional aos casos de «manifesta desproporção». SAX, W., "Grundsätze der Strafrechtspfleger", in K. A. Bertthermann/H. C. Niperdey/U. Scheuner, *Die Grundrechte – Handbuch der Theorie und Praxis der Grundrechte*, III, 2, 1959, pp. 909 e ss. Para este autor, ultrapassa os limites do direito penal, o criminalizar «condutas *merecedoras* de pena mas que não *carecem* de pena». Por outro lado, reafirma que nesses casos « a declaração de punição constitui um golpe no vazio porque abrange criminalidade ideal e *inconstitucional* por violação da dignidade humana».

[39] MANUEL DA COSTA ANDRADE, "O Novo Código Penal e a Moderna Criminologia", in *Jornadas de Direito Criminal. O Novo Código Penal Português e Legislação Complementar*, I, Lisboa, CEJ, 1983, p. 227 e nota 34.

[40] FIGUEIREDO DIAS, *A Propós de Beccaria*, p. 225, para além de não reconhecer imposições relativas de criminalização decorrentes de bem jurídico ancorada na Constituição Portuguesa defende que «nos casos extremos» em que o legislador

a vigência de qualquer mandato constitucional de punição que vá para além do artigo 26º do IGG.[41]

Talvez um pouco na linha do que diz Conceição Cunha[42] a Constituição não determina a forma de concessão da protecção. Já que, como diz Stern "todas as formas de actuação do Estado estão ao serviço da protecção".[43] Porém, em alguns casos a Constituição excepcionalmente, impõem expressamente que a protecção seja concedida através da tutela penal. Assim, só quando o Direito Penal se apresente como *imprescindível*, ou seja, naqueles casos em que outros meios não se mostrem suficientes, o Direito Penal deve intervir, atendendo à sua função de *ultima ratio*.

Terá sido este o suporte que presidiu à elaboração do texto do artigo 64º da Constituição da República de Angola, CRA.[44] Parece haver aqui

---

ordinário «subvertesse» a ordem axiológica constitucional, «sempre se perfilaria a sanção política que por excelência deve merecer».

[41] CLAUS ROXIN, *Derecho Penal*, 2ª Ed. Civitas, 1999, p. 64. Aquele dispositivo estabelece que "las acciones que sean idóneas para y ejecutadas con la intención de perturbar la convivência pacífica de los pueblos, y especialmente de preparar la ejecución de uma guerra de agressión, son inconstitucionales. Y deben ser castigadas penalmente". Contudo, acrescenta que quando se trate de ponderar entre bem comum e liberdade individual, assim como quando se pretende delimitar liberdades individuais em conflito, deixa-se ao legislador margens de decisão muito mais amplas do que zonas de vinculação. O prudente critério do legislador é que decide, se quer proteger o bem jurídico, jurídico – penalmente ou se com meios do direito civil ou se do direito público. De resto, têm prioridade as possibilidades de recurso a meios extra-penais desde que se mostrem suficientemente eficazes. Tradução nossa.

[42] MARIA DA CONCEIÇÃO FERREIRA DA CUNHA, "Constituição e Crime...", p. 294 e nota 822.

[43] STERN, *StaatRechts – Das Staatrecht der Bundesrepublik Deustschland, Allgemein Lehren der Grundrechte*, Band III/1, München, C. H. Beck'sche Verlagsbuchhandlung, 1988, p. 950, apud MARIA DA CONCEIÇÃO FERREIRA DA CUNHA, *Constituição e Crime*, p. 294, nota 822.

[44] Artigo 61º da CRA
"Crimes Hediondos e Violentos
São imprescritíveis e insusceptíveis de amnistia e liberdade provisória, mediante a aplicação de medidas de coação processual:
   a) o genocídio e os crimes contra a humanidade previstos na lei;
   b) os crimes como tal previstos na lei."
Infelizmente, o texto aprovado na Constituição de 2010, não acolheu a versão que constava do Anteprojecto de 2004 e que no meu entender era menos vago e impre-

uma imposição absoluta ou expressa de criminalização. Com efeito, actualmente a Constituição apresenta-se com uma dupla face: por um lado, contém, os princípios fundamentais de defesa do indivíduo face ao poder estadual e, por outro, está preocupada com a defesa do indivíduo e da sociedade em geral. Ora, para os direitos individuais e os bens sociais sejam devidamente tutelados, não basta que o Estado se abstenha de os perturbar, importa também, que haja uma protecção em face de ataques de terceiros. Isto impõe uma actuação do Estado, no sentido da protecção desses valores. Deixa assim o Estado de ser visto como inimigo, para passar a ser um auxiliar do desenvolvimento dos direitos fundamentais e sociais. Como diz Conceição Cunha[45] "deixam de ser sempre e só direitos contra o Estado para serem também, direitos através do Estado".

Legítimo será perguntar, se uma vez afirmada essa necessidade de criminalização, se toda a criminalização constitucional legítima seria obrigatória. No caso angolano, permito-me responder que sim, para efeitos do previsto no artigo 61º[46] da CRA. Alcançada a paz e estando em curso o processo de construção democrática, parece não restarem dúvidas de que incumbe ao Estado a obrigação de proteger e garantir uma vida com dignidade. Reafirmo, por conseguinte que só é digno de pena o compor-

---

ciso. Constava do artigo 71º que também tinha como epígrafe "Crimes Hediondos e Violentos" e previa:

"São imprescritíveis, incaucionáveis e insusceptíveis de amnistia os seguintes crimes:

a) O genocídio e demais crimes contra a humanidade previstos na lei Penal Internacional;
b) O terrorismo;
c) Os crimes militares a definir por lei;
d) A prática de tortura e da escravatura;
e) O tráfico ilícito organizado de drogas e estupefacientes;
f) O tráfico, o abuso e a exploração sexual de menores,
g) Os crimes dolosos e violentos de que resulte a morte.

[45] MARIA DA CONCEIÇÃO FERREIRA DA CUNHA, *Constituição e Crime...*, pp. 273-274. Também GOMES CANOTILHO e VITAL MOREIRA, *Constituição Anotada*, pp. 32-33, p. 76, pp. 98 e ss. JOSÉ CARLOS VIRIRA DE ANDRADE, "Os Direitos Fundamentais na Constituição Portuguesa de 1976", Livraria Almedina, Coimbra, 1983, pp. 43 e ss., GOMES CANOTILHO, *Direito Constitucional e Teoria...*, pp. 383 e 384.

[46] Artigo 61º.

tamento que mereça desaprovação ético-social, porque se mostra apto a pôr em perigo ou a prejudicar gravemente as relações sociais que se estabelecem numa dada comunidade juridicamente organizada.[47] Fica aqui subjacente a ideia de danosidade social do comportamento, ou seja, a ideia de que os instrumentos penais só devem intervir "ali onde se verifiquem lesões insuportáveis das condições comunitárias essenciais de livre realização e desenvolvimento da personalidade de cada homem"[48].

II.1.1.2. A carência de tutela penal

Uma vez afirmada a dignidade penal da conduta, esta não se mostra suficiente para que, em definitivo, se decida a questão da criminalização. É necessária uma legitimação positiva, ou seja, é necessário fazer recurso a decisões e matéria de *técnica de tutela (Schultztechnik)*. É a este propósito que a categoria *carência de tutela penal* entra a operar.[49]

Vista de um plano transistemático no sentido da racionalidade e legitimação do discurso da descriminalização, a categoria *carência de tutela penal*, é a expressão do princípio da *subsidiariedade* e de *ultima ratio* do direito penal.[50]

A carência de tutela penal, significa, «que a tutela penal é também *adequada* e *necessária (geeignet* und *erforderlich)* para a prevenção da danosidade social, e que a intervenção do direito penal no caso concreto *não desencadeie efeitos secundários, desproporcionais lesivos*».[51] Assim, a partir de um juízo de *necessidade* um *(Erforderlichkeit)* entende-se, por um lado, que a intervenção penal só deve acontecer naqueles casos em que não haja

---

[47] OTTO, *Grundkurs Strafrecht, Allgemeiner Teil,* Berlim, Walter de Gruyter, 1982, p. 11, *apud* MANUEL DA COSTA ANDRADE, *Dignidade Penal,* p. 185, nota 35, e demais referencias ali feitas.

[48] FIGUEIREDO DIAS, *Os Novos Rumos...,* p. 13.

[49] Entre outros, MANUEL DA COSTA ANDRADE, *Dignidade Penal...,* p. 186. Itálicos do autor.

[50] MANUEL DA COSTA ANDRADE, *Dignidade Penal...,* p. 186. ANABELA MIRANDA RODRIGUES, *A Determinação,* pp. 289-295; MARIA DA CONCEIÇÃO FERREIRA DA CUNHA, *Constituição e Crime...,* pp. 272 e ss.

[51] MANUEL DA COSTA ANDRADE, *Dignidade Penal...,* p. 186 e bibliografia referenciada em nota 38. Itálicos do autor.

uma alternativa eficaz, por parte de outras áreas não penais. Por outro lado, é importante, que a tutela seja assegurada, de preferência, sem «custos desmesurados no que toca a sacrifícios de outros bens jurídicos, máxime a liberdade» exprimindo-se nisto o juízo de *idoneidade*.[52]

Sendo, a acabada de referir, a realidade constitucional e os pressupostos filosóficos, de política criminal e dogmáticos em que assenta a elaboração do Novo Código Penal, interessará agora verificar em que medida estas ideias casam com a protecção do direito à igualdade e, consequentemente, como é que o Novo Código Penal consagrou a protecção desse direito.

III. O Princípio da Igualdade: artigos 1º e 23º da Constituição da República de Angola

III.1. A dimensão da igualdade na Constituição[53]

A igualdade é tratada no artigo 1º da Constituição da República de Angola como principio fundamental quando se consagra como objectivo fundamental da República de Angola a construção de "uma sociedade livre, justa, democrática, solidária, de paz, igualdade e progresso social". É também tratada como direito fundamental, no nº 1, do artigo 23º que estabelece a igualdade de todos perante a Constituição e a lei.[54]

---

[52] MANUEL DA COSTA ANDRADE, *Dignidade Penal...*, p. 186. Itálicos do autor.
[53] Seguiremos de perto as anotações feitas ao Artigo 13º da Constituição da República Portuguesa, que constituíram referência dogmática e doutrinária na elaboração dos trabalhos preparatórios da Constituição da República de Angola – CRA.
[54] "Artigo 1º da CRA.
(República de Angola)
"Angola é uma República soberana e independente, baseada na dignidade da pessoa humana e na vontade do povo angolano, que tem como objetivo fundamental a construção de uma sociedade livre, justa, democrática, solidária, de paz, igualdade e progresso social.
Artigo 23º
(Princípio da igualdade)
1. Todos são iguais perante a Constituição e a lei.

O princípio da igualdade é, na Constituição angolana, um dos princípios estruturantes do seu sistema global e procura fazer uma conjugação dialéctica das dimensões liberal, democrática e social inerentes ao conceito de Estado de direito democrático e social.

Pelas referidas dimensões, o princípio impõe a igualdade na aplicação do direito, que fica assegurada pelo carácter tendencial de a lei ser de aplicação universal e pela imposição de uma proibição de que sejam feitas diferenciações entre cidadãos, com base em condições de natureza subjectiva. Garante também a igualdade de participação na vida política da colectividade, no acesso aos cargos políticos e nas funções políticas. Defende a eliminação das desigualdades de facto e a busca de uma igualdade material nos planos económico, social e cultural.

Assim densificado, o princípio realiza-se como um direito subjectivo específico, autónomo e como direito, liberdade e garantia de natureza defensiva, porque visa assegurar aos cidadãos a protecção contra formas de actuação de entidades púbicas ou dotadas de poderes públicos que imponham tratamento desigual sem motivo justificado.[55]

A base Constitucional do princípio da igualdade é a igual dignidade social, corolário da igual dignidade humana de todas as pessoas que, afinal consubstancia a "validade cívica" de todos os cidadãos, independentemente da sua inserção económica, social, cultural e política, proibindo desde logo formas de tratamento ou de consideração social discriminatórias. Trata-se de um princípio que disciplina não só as relações entre o cidadão e o Estado ou entidades equiparadas, mas também constitui uma regra do estatuto social dos cidadãos, de conformação social e da posição de cada cidadão na colectividade.[56] Disciplina ainda, em certos domínios e, sobretudo, por aplicação directa dos direitos fundamentais, nas rela-

---

2. Ninguém pode ser prejudicado, privilegiado, privado de qualquer direito ou isento de qualquer dever em razão da sua ascendência, sexo, raça, etnia, cor, deficiência, língua, local de nascimento, religião, convicções políticas, ideológicas ou filosóficas, grau de instrução, condição económica ou social ou profissão."

[55] GOMES CANOTILHO e VITAL MOREIRA, "Constituição da República Portuguesa Anotada", V.I., Edição/Reimpressa, Coimbra Editora, 2007, pp. 336, 337.

[56] GOMES CANOTILHO e VITAL MOREIRA, "Constituição da República Portuguesa...", Edição, 2007, p. 338.

ções privadas (nº 1 do artigo 28º da CRA)[57] e, em matéria de proibição da discriminação impõe-se às entidades privadas nos casos de abuso de direito, quando o estatuto da igualdade jurídica é perturbada por regulações jurídico-civis como contratos de escravatura, contratos de amputação de órgãos, discriminações étnicas.[58]

---

[57] Em posição não tanto condizente VIEIRA DE ANDRADE, José Carlos, "Os Direitos Fundamentais na Constituição Portuguesa de 1976", 4ª Edição, Almedina, Maio de 2010, pp. 260, 261, para quem o princípio da igualdade, quando se trate de *proibição de arbítrio* ou *imperativo de racionalidade de actuação* (itálicos do autor), não é aplicável nas relações privadas, uma vez que sendo o homem um ser racional, ele não é, contudo, perfeito nem a ética médica pode pretender que o seja. "A liberdade do homem individual inclui necessariamente uma margem de arbítrio" e de liberdade emocional. Daqui que, segundo o autor, não se possa de forma rígida, impor a cada indivíduo que trate os seus semelhantes com estrita igualdade, fundamentando sempre e juridicamente os seus actos e agindo sempre com a preocupação de justificar as suas atitudes com valores socialmente iguais ou maiores. Nas relações privadas, deve, pelo acima referido, permitir-se, tolerar-se uma certa margem de espontaneidade e "até mesmo de arbitrariedade". Entende ainda este autor, a este respeito que "estender aos indivíduos a aplicação do princípio constitucional da igualdade [se afigura], em princípio, impróprio, absurdo e insuportável", pois a liberdade deve prevalecer sobre a igualdade, em virtude de constituir um limite imanente desta. Ainda NOVAIS, Jorge Reis, "Direitos Fundamentais – Trunfos contra a maioria", Coimbra Editora, 2006, pp. 95 a 101, pp. 98, 99, 100, defende que, nas relações entre privados a exigência da igualdade não vale como imposição constitucional diretamente dirigida. Para este autor, só ao Estado e seus órgãos é exigível, por legislação, uma actuação permanente no sentido da garantia e promoção da igualdade. Porém, enquanto o Estado não o fizer, os particulares têm apenas um dever geral de respeito que, não os limita directa e juridicamente. Ou seja, consoante as circunstâncias e contextos em que sejam exigíveis dos órgãos do Estado determinadas medidas de prevenção, proteção ou repressão contra comportamentos que ofendam a igualdade, se o Estado impõe legislativamente, em nome desse princípio, determinados deveres de comportamento aos particulares nas suas relações privadas, nascem daí direitos subjectivos que podem ser invocados nessas relações. Porém, este enquadramento dogmático é diferente do que resulta de uma oponibilidade direta a outros particulares do direito constitucional a um tratamento igual, não discriminatório ou não arbitrário.

[58] GOMES CANOTILHO e VITAL MOREIRA, "Constituição da República Portuguesa...", Edição, 2007, p. 338. Agora, no mesmo sentido VIEIRA DE ANDRADE, José Carlos, "Os Direitos Fundamentais...", citado, p. 262, para quem, em matéria de *proibição de discriminação* (itálicos do autor) e é nesse sentido que no presente texto

O conteúdo do princípio da igualdade tem-se vindo a alargar e, neste sentido o âmbito de protecção tem procurado alcançar as dimensões, proibição de arbítrio, proibição da discriminação e obrigação de diferenciação.

A proibição de discriminação prevista no nº 2, do artigo 23º da CRA, não significa, necessariamente, a exigência de uma igualdade absoluta, nem a proibição da diferenciação de tratamento. Este nº 2 indica o conjunto de factores discriminatórios ilegítimos ou seja, sempre que a discriminação se baseie, na ascendência, no sexo, na raça, na etnia, na cor, na deficiência, na língua, no local de nascimento, na religião, nas convicções políticas, ideológicas ou filosóficas, no grau de instrução, na condição económica ou social ou na profissão.

O que se pretende defender é que as medidas de diferenciação sejam materialmente fundamentadas tanto do ponto de vista da segurança jurídica, da proporcionalidade, da justiça e da solidariedade e não assentem em qualquer motivo constitucionalmente impróprio. As diferenciações de tratamento quando a elas houver lugar, reclamam uma justificação material, devendo o fim e os critérios do tratamento desigual estar em conformidade com a Constituição. Deve haver uma correspondência entre a solução de desigualdade encontrada e o parâmetro de justiça que lhe dá fundamento material. Estes parâmetros não são muitas vezes deduzidos de modo autónomo do princípio da igualdade. Eles encontram a sua fundamentação em outras normas constitucionais como a referência aos direitos fundamentais, ao princípio da dignidade da pessoa humana e ao princípio da socialidade.[59]

É a dimensão do princípio da igualdade e sua densificação que nos transportam para o direito da anti-discriminação, ou seja, porque a constituição afirma a igualdade, não tolera as diferenciações que se baseiem em motivos constitucionalmente impróprios. E nos casos em que essas diferenciações possam representar um perigo ou lesar direitos fundamentais,

---

nos pretendemos dirigir, o princípio da igualdade deve ser aplicado mesmo entre iguais, sempre que a discriminação atingir intoleravelmente a *dignidade humana* da pessoa discriminada, particularmente quando isso representar uma violação dos seus direitos de personalidade.

[59] GOMES CANOTILHO e VITAL MOREIRA "Constituição da República Portuguesa..." Edição 2007, pp. 339, 340, 341. Também, VIEIRA DE ANDRADE, José Carlos, "Os Direitos Fundamentais..." citado, pp. 263, 264.

máxime, a dignidade da pessoa humana, o meio de prevenir a efectivação da lesão ou a colocação em perigo desses direitos, é o direito penal e a sua função subsidiária e de *ultima ratio* de tutela de bens jurídicos. Com efeito, a realização dos direitos fundamentais das pessoas é tarefa do Estado através de actuações prestativas de protecção. Esta tarefa não pode ser cumprida apenas " através da organização, de oferecimento de condições de exercício de liberdades, da concretização de políticas de melhoramento do ensino, do ambiente ou da saúde (embora passe por tudo isso), mas é um dever que implica também a protecção dos bens e valores constitucionais face a ataques de entidades públicas, privadas (nº 1, do artigo 28º da CRA) e pessoas singulares. Esse dever de protecção face a agressões impõe-se ao legislador para que este crie sistemas preventivos e sancionatórios (na medida em que a sanção seja necessária para a prevenção) dessas agressões. Um dos sistemas preventivos de que o Estado dispõe, o sistema preventivo mais «forte», é o sistema penal".[60]

IV. A Reforma Penal e a Consagração da Não Discriminação

A proposta de reforma do Código Penal, da República de Angola assentou numa concepção sociológica do direito colocado ao serviço do homem e da sociedade e na concepção ético-axiológica do Direito penal que defende os seguintes princípios: da legalidade e da jurisdicionalidade – estes, historicamente irreversíveis, da afirmação da dimensão axiológica do bem jurídico – o objecto da tutela penal, fundamentação da pena á culpa ético-pessoal do infractor e consideração da política criminal como *ultima ratio da política social.*[61]

Esta concepção defende o princípio democrático como o fundamento legitimador do Estado, por isso que a função do Direito Penal será a protecção dos valores fundamentais da vida em sociedade que possibilitem o livre desenvolvimento e realização ética da pessoa humana (dimensão

---

[60] MARIA DA CONCEIÇÃO FERREIRA DA CUNHA, *Constituição e Crime*, p. 287. LUZIA BEBIANA SEBASTIÃO, *O Anteprojecto de Código Penal*, in LIBER DISCIPULORUM, p. 36.

[61] AMÉRICO TAIPA DE CARVALHO, *Condicionalidade...*, p. 1122; LUZIA BEBIANA SEBASTIÃO, *O Anteprojecto de Código Penal*, in LIBER DISCIPULORUM, pp. 39, 40.

axiológica) do Direito Penal.[62] Nestes termos a intervenção do Direito Penal só se mostra legítima se sanções de outra natureza não forem suficientes para a defesa e promoção dos referidos valores (dimensão pragmática ou de eficácia). Logo, só um bem jurídico que responda a essa dupla exigência pode ser qualificado como bem jurídico-penal. O critério para se definir que bem jurídico é merecedor de tutela penal é axiológico-normativo e busca na Constituição democrática o «esquema de referência e o critério orientador do legislador ordinário na determinação dos valores cuja violação deverá ser criminalizada».[63] A culpa, que constitui o limite e o fundamento do poder de punir do Estado, fundamenta-se já não num determinismo absoluto, num livre arbítrio, mas numa liberdade ético-existencial[64] em atenção à dignidade da pessoa humana.

A partir da função do Direito Penal e da função (fim) da pena, que é afinal a prevenção criminal, estabelece-se a relação entre culpa e prevenção[65] e procura-se saber do ponto de vista das exigências de política criminal, que prevenção considerar em primeiro lugar, se a prevenção especial ou de «ressocialização» ou se, a prevenção geral, negativa de intimidação, ou de dissuasão ou se a prevenção positiva de integração.[66]

Consideradas as linhas de orientação acima referidas interessa agora ver em que medida foi, a tutela do bem jurídico igualdade e consequente proibição da discriminação, acolhida pelo Ante-projecto de Novo Código Penal.

IV.1. O Ante-projecto de Novo Código Penal e o bem jurídico igualdade

Pressupostas as considerações sobre o Estado de direito material, social e democrático, as proposições de política criminal hão-de ser

---

[62] Já referido FIGUEIREDO DIAS, *Direito Penal e Estado de Direito Material*, pp. 42-43.

[63] AMÉRICO TAIPA DE CARVALHO, *Condicionalidade...*, p. 1125, especialmente notas 163 e 164.

[64] FIGUEIREDO DIAS, *Liberdade e Culpa...*, pp. 118 e ss.

[65] CLAUS ROXIN, *Culpabilidad y Prevencion en Derecho Penal*, tradução de Muñoz Conde, Reus, S.A., Madrid, 1981, pp. 24, e ss.

[66] AMÉRICO TAIPA DE CARVALHO, *Condicionalidade*, p. 1128.

encontradas no quadro dos valores "integrantes do consenso comunitário mediadas pela Constituição democrática do Estado"[67].

Como primeira proposição e a que interessa para a questão que estamos a tratar, devemos dizer que: todo o Direito Penal é segundo a sua função, um direito de tutela subsidiária de bens jurídicos. Esta proposição, como já foi referido, radica na ideia de que o Estado é a instância legítima para assegurar as condições necessárias para a vida em comunidade e para a realização de cada pessoa nessa comunidade. Porém, já não se lhe reconhece legitimidade para promover ou impor a cada cidadão uma qualquer ideologia ou uma qualquer moral.[68] Acresce que esta proposição assenta num modelo de organização comunitária em que o Estado deve abster-se de se imiscuir na vida, nos direitos e nas liberdades das pessoas, senão quando for absolutamente indispensável, ou seja como *ultima ratio*, em atenção ao pluralismo democrático e a secularização do direito.[69]

Trata-se de uma visão funcional do Direito Penal entendido enquanto unidade de aspectos ônticos e axiológicos, em que o bem jurídico, se apresenta como transcendente ao sistema jurídico-penal, mas imanente ao sistema jurídico-constitucional, porque só assim ele pode do ponto de vista político-criminal apresentar-se como conceito útil.[70] Resultam daqui duas importantes consequências práticas quais sejam: a) o desenvolvimento de um programa de descriminalização segundo o qual todas aquelas condutas que não violem um bem jurídico claramente individualizado, por mais pecaminosa politicamente nociva ou imoral e, aquelas que mesmo violando um bem jurídico possam ser eficazmente controladas, por meios não penais, devem ser afastadas dos quadros do Direito

---

[67] FIGUEIREDO DIAS, *Os Novos Rumos*, p. 5. Mais desenvolvimentos sobre os modelos de Política Criminal, FIGUEIREDO DIAS, *Direito Penal Português – As Consequências Jurídicas do Crimes*, Notícias Editorial, 1993, pp. 56 e ss.

[68] FIGUEIREDO DIAS, "Oportunidade e Sentido da Revisão", in *Jornadas de Direito Penal – Revisão do Código Penal*, Vol. I, Lisboa, 1998, p. 30.

[69] FIGUEIREDO DIAS, *Oportunidade e Sentido*, p. 30. No mesmo sentido, ORDEIG GIM-BERNARD, "Tiene Futuro la Dogmátia Juridico-penal?", in *Problemas Actuales de Derecho Penal y Procesal*, Salamanca, 1971, p. 93; CLAUS ROXIN, "El desarrollo de la politica criminal desde el Projecto Alternativo", in *Doctrina Penal*, 2, 1979, pp. 507 e ss.

[70] FIGUEIREDO DIAS, *Os Novos Rumos*, p. 17.

Penal;[71] b) a partir daqui estabelece-se uma distinção material com importantes reflexos ao nível dogmático e sistemático, em que partindo da lesão de bens jurídicos ancorados na Constituição, se distingue entre a lesão de bens jurídicos que estão relacionados com o desenvolvimento da personalidade de cada homem enquanto tal e, que integram o designado direito penal clássico ou de justiça e, os que respeitantes aos direitos económicos, culturais e sociais fazem parte do chamado direito penal secundário administrativo ou extravagante.[72]

É o conceito de bem jurídico que traça os limites ao legislador ordinário sobre o que deve tutelar em matéria jurídico-penal. Afirmamos que a dignidade humana, consagrada no artigo 2º da CRA constitui, para além de um princípio constitucional estruturante que o legislador ordinário não pode deixar de considerar, a pedra de toque de toda a organização e sistematização do Direito Penal.

A integridade física e psíquica, o tratamento com igualdade, a honra, o bom nome e a reputação, encerram o núcleo essencial da pessoa humana e são eles que tornam a pessoa humana digna, pelo simples facto de o ser. Por isso, os ordenamentos jurídicos, dentro da autonomia da soberania legislativa criam normas penais no Código penal ou em legislação avulsa, para tutelar o conteúdo dessa dignidade e, em consequência, prevenir as manifestações de violação ofensivas e intoleráveis desse conteúdo. Só nestes casos, a integridade física e psíquica, o tratamento desigual, a ofensa ao bom nome, configuram bens jurídicos. Mesmo os sentimentos, como o ódio o desprezo em razão da etnia, raça, cor, sexo, só por si, não configuram bens jurídico-penais. Porém, quando são utilizados para constituir ameaça, para incitar à violência e criar medo sobre as pessoas já deve merecer a constituição em bem jurídico-penal, pois é tarefa do Estado assegurar aos cidadãos uma vida em sociedade, livre de medo e de temor. Daqui que qualquer protecção de sentimentos que vá para além disso, não pode ser função do Direito Penal. A sociedade moderna é multicultural, por isso, a tolerância frente à concepção do mundo, diferente da própria, é uma condição de existência. O não se gostar de alguém, por ter raça diferente ou ser de uma outra etnia, só por si, não configura a

---

[71] Figueiredo Dias, *Lei Criminal*, p. 69.

[72] Figueiredo Dias, "Para uma Dogmática do Direito Penal Secundário", in *Direito Penal Económico e Europeu*, pp. 36-74, pp. 36 e 58.

lesão de um bem jurídico-penal. Porém, quando esse sentimento é acompanhado de actos que ponham em causa a liberdade e a segurança da vida em comunidade, esse sentimento torna-se um bem jurídico – penal, ou seja, com dignidade penal, susceptível do juízo qualificado de intolerabilidade social, a que nos referimos a propósito da categoria dignidade penal e, consequentemente, carente de tutela penal.

É com base neste entendimento e em resposta ao nº 2, do artigo 23º da CRA, que o Ante-projecto de Código Penal contemplou os seguintes artigos: alínea c) do Artigo 135º (Homicídio em razão dos motivos, ódio racial, religioso, político, tribal ou regional e nós acrescentamos, étnico); Artigo 165º (Escravidão); Artigo 197º (discriminação); Artigo 365º (incitamento à discriminação); Artigo 367º (genocídio); Artigo (Crimes de Lesa humanidade); Artigo 370º (outros crimes de lesa humanidade).

> "**Artigo 135º (Homicídio qualificado em razão dos motivos)**
> Se o homicídio for cometido em razão dos seguintes motivos:
> a) avidez, prazer de matar, excitação ou satisfação de instinto sexual;
> b) pagamento, recompensa, promessa, ou qualquer motivo fútil ou torpe
> **c) ódio racial, religioso, político, tribal ou regional;**
> d) para preparar, executar ou encobrir um outro crime;
> e) para facilitar a fuga ou assegurar a impunidade do agente do crime;
> f) actuando o agente com frieza de ânimo ou reflexão ponderada sobre os motivos e contra – motivos ou ter persistido na intenção de matar por mais de 24 horas, é punido com pena de prisão de 15 a 25 anos."

Embora o bem jurídico que a proposta pretende apresentar seja, nesta norma, o bem vida, previsto no artigo 30º da CRA com a consequente proibição da pena de morte, consagrada na secção relativa às garantias, artigo 59º da CRA, considero haver aqui também uma tutela do bem jurídico igualdade, vista como a igualdade entre todos os cidadãos do mundo[73], enquanto valor, que a CRA reconhece, como já referido, nos artigos 1º e 23º. O facto é merecedor de grande censurabilidade em virtude de o agente não reconhecer na vítima pessoa com dignidade, titu-

---

[73] No dizer de Maria João Antunes, em comentário ao artigo 240º do Código Penal Português, in *Comentário Coninbricense*, dirigido por Jorge de Figueiredo Dias, Parte Especial, Tomo II, p. 575.

lar de direitos de interlocutor numa sociedade democrática e pluralista, como a que se está a construir em Angola.

Artigo 165º inserido no Título I dos Crimes contra as pessoas e no Capítulo III relativo aos crimes contra a liberdade das pessoas
(Escravidão e Servidão)
1. Quem reduzir outra pessoa ao estado de indivíduo sobre quem se exerçam, no todo ou em parte, os poderes inerentes ao direito de propriedade, é punido com pena de prisão de 7 a 15 anos;
2. Comete o mesmo crime e é punido com a mesma pena quem alienar, ceder, adquirir ou se apoderar de uma pessoa com o propósito de a manter no estado ou condição descrito no número anterior.
3. Comete, ainda o crime de escravidão e é punido com pena de prisão de 1 a 5 anos quem comprar ou vender criança menor de 14 anos para adopção ou, para o mesmo fim, intermediar negócio ou transacção igual ou similar.
4. Quem traficar pessoas, recrutando-as, transportando-as ou alojando-as, mediante violências ou ameaças de produzir um mal de importância significativa, ardil ou outra manobra fraudulenta ou aproveitando-se da existência de relação de dependência ou de uma situação de particular vulnerabilidade da vítima, com o propósito de explorar o seu trabalho ou de perseguir outras formas de exploração é punido com a pena de 2 a 8 anos de prisão.

O bem jurídico é uma vez mais e, em primeira linha, a dignidade da pessoa humana, num segundo plano a igualdade, e finalmente a liberdade. Com efeito, o reduzir-se uma pessoa humana à condição de "objecto", de "coisa", significa e implica a "negação da raiz de todas as expressões da personalidade humana... que é a dignidade humana".[74] A escravidão [servidão], é a destruição da dignidade ou personalidade humana o que representa um tratamento desigual a todos os títulos e, consequentemente discriminatório. Embora este tipo legal esteja proposto para constar do Capítulo relativo aos crimes contra a liberdade das pessoas, estou mais de acordo em considerar como o fez Taipa de Carvalho[75] que, o reconduzir o bem jurídico tutelado neste tipo de ilícito escravidão/servidão, exclusivamente à liberdade " equivaleria a esvaziar de conteúdo prático" o referido

---

[74] Taipa de Carvalho, Américo, comentário ao artigo 159º, Código Penal Português, in *Comentário Coninbricense*, V. I, p. 422.

[75] Taipa de Carvalho, Américo, comentário ao artigo 159º, do já citado comentário Coninbricense, p. 423.

tipo legal e a atribuir-lhe uma função meramente simbólica, dado que as diversas manifestações da liberdade humana como (a liberdade de decisão, de acção, de movimento, sexual, religiosa, política, ideológica, etc.) estão tuteladas em diversos tipos de crime contra a liberdade.

O **Artigo 197º** está inserido no Título I dos Crimes Contra as Pessoas e no Capítulo VI dos Crimes contra a Dignidade das Pessoas.
(Discriminação)
"1. Quem, por causa do sexo, raça, etnia, cor, local de nascimento, crença ou religião, orientação sexual, convicções políticas ou ideológicas, condição ou origem social:

a) recusar contrato ou emprego, recusar ou condicionar o fornecimento de bens ou serviços ou impedir ou condicionar o exercício de actividade económica de outra pessoa; ou

b) punir ou despedir trabalhador é punido com pena de prisão até 2 anos ou com a de multa até 240 dias.

2. A mesma pena é aplicada a quem recusar ou condicionar contrato ou fornecimento de bens ou serviços ou impedir ou condicionar o exercício de actividade económica a uma pessoa colectiva por causa do sexo, raça, etnia, cor, local de nascimento, crença ou religião, orientação sexual, convicções políticas ou ideológicas, condição ou origem social dos seus membros ou dos titulares dos seus órgãos sociais.

A abordagem desta disposição é correcta, ousada e actual. Falta-lhe apenas uma questão que me parece ser fundamental. Não encerra as recomendações dos instrumentos e procedimentos de protecção dos direitos humanos, em particular sobre os portadores do VIH/SIDA, constantes dos traços comuns do catálogo dos Direitos Humanos e no ordenamento jurídico, quando se conjuga a CRA e a legislação ordinária vigente.

O catálogo dos direitos humanos estão incorporados na Constituição sob a veste de direitos, liberdades e garantias. Apesar de, em boa tese, estes serem mais restritos que aqueles, isso não prejudica a sua protecção efectiva.

O conteúdo desta norma do artigo 197º do anteprojecto tem subjacente a protecção jurídico-penal da norma do artigo 23º da CRA que é, por si só, a guardiã do conteúdo da dignidade da pessoa humana. Esta norma pressupõe: o respeito pelas integridades física e psíquica, o princípio da igualdade, a honra, bom nome e reputação que encerram o núcleo essencial da pessoa humana.

É neste sentido que o Ordenamento jurídico angolano consagrou em legislação avulsa, embora o Ante-projecto de Código Penal, também o faça nos artigos 190º (Contágio de doença sexualmente transmissível) e 191º (Contágio de doença grave),[76] na Lei nº 8/04 sobre VIH/SIDA, nos artigos 5º (Direitos das pessoas infectadas), 6º (Direitos das pessoas privadas de liberdade), 7º (direitos do trabalhador), 12º (confidencialidade) 13º (violação de segredo profissional)[77], a inexigibilidade de testes compulsivos e a exigibilidade de confidencialidade. Assim, é fundamental que no conteúdo desta disposição do artigo 197º, seja acrescida a "seropositividade ou condição imunodeficiente" assegurando que, por razões idênticas, estas até mais graves, os agentes sejam responsabilizados crimi-

---

[76] Artigo 190º do Ante-projecto de Código Penal "1: Quem, sabendo que é portador de doença, viral ou bacteriana, sexualmente transmissível susceptível de pôr em perigo a vida, mantiver relações sexuais com outra pessoa sem previamente a informar desse facto é punido com pena de prisão até 3 anos ou com a multa até 360 dias; 2. Se a vítima for contaminada ou infectada, a pena é de prisão de 2 a 5 anos; 3. Se o agente tiver agido com intenção de contaminar a vítima, sem o conseguir, a pena é de prisão de 2 a 8 anos; 4. Se o agente tiver agido com a intenção de contaminar a vítima e efetivamente a contaminar, a pena é de prisão de 3 a 10 anos; 5. O procedimento criminal depende de queixa.
Artigo 191º "1. Quem, com a intenção de transmitir doença grave de que padece, praticar acto susceptível de contagiar outra pessoa é punido com a pena de prisão até 3 anos ou com a de multa até 360 dias; 2. Se a doença se transmitir, a pena é de prisão de 1 a 5 anos".

[77] Nos termos das disposições conjugadas dos artigos acima referidos, toda a pessoa infectada pelo HIV/SIDA tem direito a: assistência sanitária pública gratuita, informação sobre a evolução da doença, *inserção na comunidade e acesso ao sistema de educação sem discriminação*; trabalho, emprego e formação profissional; a não exigibilidade de apresentação de resultado de teste de VIH/SIDA, no processo de candidatura ao emprego, financiamento bancário ou ingresso nos órgãos de defesa e segurança; privacidade da sua vida, livre circulação e permanência em locais públicos; Se as pessoas portadores estiverem privadas de liberdade *não devem ser submetidas a testes obrigatórios*; se for trabalhador a sua situação laboral não pode ser prejudicada devido ao seu estado serológico; as instituições profissionais de saúde e outras que conheçam o atendam pessoas infectadas são obrigadas a manter confidencialidade e segredo profissional, sendo a violação do segredo sobre a situação de seropositividade de um cidadão punida nos termos do artigo 290º do Código Penal (de 1886 ainda em vigor).

nalmente. Só assim o Princípio da igualdade ínsito na Constituição terá plena protecção jurídico-penal.

Os artigos seguintes vêm inseridos no Título VI dos **Crimes contra a Paz e a Comunidade Internacional**

Artigo 365º (Incitamento à discriminação)

"1. Quem, em reunião, lugar público ou através de qualquer meio de divulgação ou comunicação com o público, incitar ao ódio contra uma pessoa ou grupo de pessoas por causa da raça, origem étnica, cor, nacionalidade, religião ou orientação sexual, com o propósito de os discriminar, é punido com pena de prisão de 6 meses a 6 anos.

2. Na mesma pena incorre quem, em reunião ou lugar públicos ou por qualquer meio de divulgação ou de comunicação com o público, incitar a actos de violência contra uma pessoa ou grupo de pessoas por causa da sua raça, origem, étnica, cor, nacionalidade, religião ou orientação sexual.

3. Se os factos descritos nos números anteriores forem cometidos através de um sistema informático, conforme define o artigo 233º, a pena é de prisão de 1 a 6 anos.

4. Quem fundar, dirigir ou fazer parte de uma organização instituída para incitar à discriminação ou que reiterada e publicamente incite à discriminação, ao ódio e à violência contra uma pessoa ou grupo de pessoas, por causa da sua raça, origem étnica, cor, nacionalidade, religião ou orientação sexual é punido com pena de prisão de 2 a 8 anos.

5. Na mesma pena incorre quem participar nas actividades da organização a que se refere o número anterior a que se refere o número anterior ou que a financiar ou, por qualquer outra forma, lhe der apoio ou prestar assistência.

Artigo 367º (Genocídio)

"1. Quem, no âmbito de uma actuação concertada e com a intenção de exterminar ou destruir parcialmente um grupo nacional, étnico, racial ou religioso:

a) matar voluntariamente qualquer membro do grupo, o submeter a tratamentos desumanos cruéis ou degradantes e, em geral, ofender gravemente a sua integridade física e mental;

b) sujeitar o grupo a condição de vida e de existência capazes de causar a sua destruição total ou parcial;

c) impuser medidas destinadas a impedir a procriação e os nascimentos dentro do grupo; ou

d) transferir à força, menores de 18 anos, pertencentes ao grupo, para qualquer outro grupo, é punido com pena de prisão de 5 a 25 anos.

2. O incitamento público e reiterado ao ódio contra um grupo nacional, étnico, racial ou religioso com o propósito de o destruir, total ou parcialmente, é punido com pena de prisão de 3 a 10 anos.

Artigo 368º (Crimes de lesa humanidade)
"Que, no quadro de um ataque generalizado ou sistemático contra uma população ou no contexto de um conflito armado, internacional ou interno, ou durante a ocupação militar de um Estado, território ou parte de território, cometer contra pessoa protegida os seguintes factos:
 a) homicídio doloso;
 b) extermínio;
 c) escravidão;
 d) prisão o outra forma de privação de liberdade física grave, em violação de normas e princípios de direito internacional;
 e) ultraje à dignidade das pessoas mediante, nomeadamente, o uso da tortura e de outros tratamentos cruéis desumanos e degradantes;
 f) violação, escravidão sexual, prostituição, gravidez e esterilização;
 g) perseguição por motivos políticos, raciais, étnicos, culturais ou por razões de nacionalidade, género, religião ou de orientação sexual;
 h) desaparecimento forçado;
 i) submissão de uma ou mais pessoas a mutilações físicas ou qualquer tipo de experiência médica ou científica que não sejam determinadas por tratamento médico, dentário ou hospitalar nem efectuados no interesse dessas pessoas e que causem a morte ou ponham seriamente em perigo as suas vidas ou saúde;
 j) a deslocação de uma população por razões relacionadas com o conflito armado, salvo se for ordenada e efectuada por razões militares imperiosas é punido com pena de prisão de 3 a 20 anos, se pena mais grave não for aplicável por força de outra disposição penal.

Artigo 369º (Definições relativas ao conteúdo dos conceitos aplicados no artigo 368º)
Artigo 370º (Outros crimes de lesa humanidade)
" É punido com a pena prevista no artigo 368º quem praticar qualquer outro acto ou omissão qualificados como crime contra a humanidade pelo direito dos tratados e convenções internacionais recebidos na ordem jurídica angolana".

Em todas as disposições referidas nesses artigos 365º, 367º, 368º e 370º procura-se uma vez mais tutelar o bem jurídico dignidade da pessoa humana e, num segundo plano, o direito à igualdade. O artigo 370º reveste particular interesse porque embora o bem jurídico a tutelar seja a dignidade da pessoa humana e assim também o direito a igualdade, o tipo objectivo são os tipos legais de crime contra a humanidade previstos nos Tratados e Convenções Internacionais recebidos na Ordem Jurídica Angolana, seguindo-se uma técnica de remissão.

É verdade que a redação pode sugerir uma espécie de saco sem fundo, susceptível de ofender o princípio da Legalidade da intervenção penal, uma vez que não resulta muito preciso, se a expressão "recebidos na ordem jurídica angolana" se dirige ao presente ou, se ao futuro, o que poderia representar a criminalização de condutas futuras não previstas em nenhum Tratado ou Convenção. Considero ser de seguir aqui, um entendimento restritivo no sentido da actualidade, ou seja, ser feita a leitura da expressão "recebido" no sentido de ratificados até ao momento da publicação do Novo Código Penal.

Conclusão

Concluo a dizer que, o Ante-Projecto de Código Penal, constitui, no essencial, a reforma que se impunha na legislação penal. Com efeito, feitas as considerações acima sobre os fundamentos doutrinais e dogmáticos em que a proposta assentou, onde se estabeleceu a relação entre a Constituição e o Direito Penal e os princípios em que essa relação assenta, destacando-se os relativos ao tipo de Estado e respectivos fins, estou convencida de que a proposta está a responder, no essencial, à conformidade constitucional vertida na Constituição de 2010, a CRA. Na verdade, a reforma está a procurar atender à tutela de bens jurídicos que constituem valores estruturantes da Constituição, como a Dignidade da Pessoa Humana, artigo 1º e a igualdade, artigo 23º. Tomou em consideração e acolheu os princípios constantes dos instrumentos internacionais, em especial os relativos aos direitos humanos, de que Angola é parte, que representam um avanço e um progresso significativo, relativamente ao Código de 1886, quais sejam a Declaração Universal dos Direitos do Homem, DUDH, a Carta Africana dos Direitos do Homem e dos Povos, CADHP, o Pacto Internacional dos Direitos Civis e Políticos, PIDCP e demais Convenções sobre todas as formas de Discriminação. Em consequência, seguiu-se uma técnica de tutela que visou abranger a maior dimensão possível do princípio da igualdade, ou seja, as diferentes formas em que essa igualdade poderia ser ofendida ou posta em perigo de modo intolerável. Veja-se o homicídio praticado por ódio racial, religioso, político, tribal, regional, e étnico; a escravidão/servidão, pela recondução de uma pessoa humana à condição de coisa o que afecta a sua dignidade e, em consequência a sujeita a um tratamento desigual; a discriminação só por si, com repercussão ao nível laborar e da celebração de contratos com pessoas singulares ou colectivas, motivadas pelos factores sexo, raça, etnia, cor, local de nascimento, crença, religião, orientação sexual, convicções políticas ou ideológicas, condição ou origem social; o incentivo à discriminação pelos mesmos factores, realizado em público, através de meios de comunicação e divulgação com o público e por sistema informático; a criação de organização para incitar à discriminação, a participação em actividades que incentivem à discriminação, o financiamento, apoio, prestação de assistência à organização criada para incentivar a discriminação; de particular nota é a discriminação por virtude de se ser seropositivo ou portador de HIV/SIDA.

Relativamente a esta questão, o ante-projecto de Código Penal como já referido, não contém nenhuma disposição que expressamente refira a discriminação por essa razão. Assim é fundamental que no conteúdo da disposição do artigo 197º do ante-projecto de Código Penal seja expressamente acrescida a "seropositividade ou condição imunodeficiente" assegurando assim que por razões idênticas, estas até mais graves, os agentes sejam responsabilizados criminalmente. Só assim o Princípio da igualdade ínsito na Constituição terá plena protecção jurídico-penal. O Genocídio em que o tipo objectivo é no essencial (e sob várias formas incluindo o incitar publicamente a tais práticas) que levem a exterminar ou a destruir parcialmente um grupo nacional em razão da sua etnia, raça, ou religião; o crime de lesa humanidade em que o tipo objectivo é o ataque generalizado contra população no quadro de um conflito armado interno, no sentido de nacional, ou também internacional; ataque sistematizado contra população durante ocupação militar de um Estado, território, parte de território e, nesse contexto a prática dos actos previstos no corpo do artigo 368º. Os outros crimes de lesa humanidade como já acima referido, visam abranger aquelas condutas descritas em Tratados e Convenções Internacionais de que Angola seja parte, procurando-se, sem pretensão de esgotar, abarcar o máximo possível de situações em que a discriminação pode ocorrer.

Violência contra a Mulher: do discurso legal à prática social O estado da questão no Brasil

ZAMIRA DE ASSIS[1]

RESUMO: No texto que segue procurou-se abordar o estado da questão da violência praticada contra a mulher no espaço doméstico ou ambiente doméstico no Brasil. A violência contra a mulher é um fenômeno multifacetário, difuso e possui matizes variadas, por vezes sutil e oculta em representações sociais simbólicas que, no caso brasileiro, aparece amalgamada nas diversas culturas vigentes em um país com regionalidades bem acentuadas. O fio condutor da exposição foram dados estatísticos paradoxais de progresso social, político, educacional e produtivo de um lado e, de outro, expressivo patamar de mulheres vítimas de violência doméstica. O acento ficou por conta da Lei Federal nº 11.340/2006, cognominada Lei Maria da Penha que inaugurou um marco de ações políticas com a previsão da criação de mecanismos de atendimento integral – Jurídico, Social e da Saúde – às mulheres brasileiras vítimas de violência doméstica, denominado Pacto Nacional de Enfrentamento à Violência contra a Mulher.

PALAVRAS-CHAVE: Mulher – Violência – Violência Doméstica – Lei Maria da Penha

---

[1] Doutora em Direito pela Pontifícia Universidade Católica de Minas Gerais. Professora de Direito Civil (Família, Sucessões e Contratos) dos cursos de Direito da Faculdade de Direito da PUC Minas. Vice-Presidente do Instituto de Investigação Científica Constituição e Processo.

1. Introdução

"*A igualdade de gênero está no coração do desenvolvimento*" – é como se encerra o prefácio do "Relatório sobre o Desenvolvimento Mundial 2012", documento produzido pelo Banco Mundial. Foi esta a primeira vez que a pesquisa teve como foco a igualdade de gênero. De acordo com esse documento hoje, "*há mais meninas e mulheres alfabetizadas do que nunca, e em um terço dos países em desenvolvimento, há mais meninas na escola do que meninos. As mulheres hoje representam mais de 40% da força de trabalho mundial. Além disso, as mulheres vivem mais do que os homens em todas as regiões do mundo*".

No Brasil as pesquisas feitas pelo Instituto Brasileiro de Pesquisas e Estatísticas (IBGE) constatam que entre os anos e 2003 e 2011 houve significativo crescimento no nível de participação das mulheres no mercado de trabalho, como também consolidação no crescimento da escolaridade feminina com reflexos em diversos setores da atividade econômica[2].

Tomando em conta essas assertivas, por sinal recorrentes em inúmeras pesquisas realizadas por entidades públicas e privadas de outros países, é de se questionar o que justifica escrever um artigo tratando da temática da violência contra a mulher. A resposta é paradoxalmente consentânea com as afirmações do Grupo Banco Mundial: a violência contra a mulher em pleno século XXI é uma realidade, e assume percentuais significativos em todas as partes do mundo. E o que causa mais perplexidade é que essa violência ocorre, na maioria dos casos no interior da família ou círculo de relações parentais, o chamado espaço doméstico.

Declarações, convenções, pactos e acordos na ordem internacional, e ações legislativas, administrativas e judiciárias na ordem interna de diversos países proclamam urgência na erradicação dessa forma específica de violência contra a mulher e por mais de uma razão, dentre as quais se destaca a principal: a violência contra a mulher constitui inadmissível violação dos direitos humanos.

Por esse ponto de partida, desde meados do século vinte importantes organizações internacionais têm destacado em sua estrutura órgãos espe-

---

[2] IBGE, Diretoria de Pesquisas, Coordenação de Trabalho e Rendimento, Pesquisa Mensal de Emprego 2003-2011.

cíficos para atuar em defesa da mulher em várias frentes: social, política, educacional e jurídica.

Com efeito, a Organização dos Estados Americanos (OEA) criou em 1928 a Comissão Interamericana de Mulheres (CIM), durante a sexta Conferência Internacional Americana, realizada em Havana, Cuba. De acordo com o capítulo II do Estatuto da CIM, sua finalidade é *promover e proteger os direitos da mulher, bem como apoiar os Estados membros em seus esforços por assegurar-lhe pleno acesso aos direitos civis, políticos, econômicos, sociais e culturais, permitindo que mulheres e homens participem em condições de igualdade em todos os âmbitos da vida em sociedade, a fim de que desfrutem total e igualitariamente dos benefícios do desenvolvimento, bem como dividam a responsabilidade do futuro*".

Em 2010 a Organização das Nações Unidas (ONU) cria a Entidade das Nações Unidas para a Igualdade de Gênero e o Empoderamento das Mulheres pela fusão de quatro organizações já então existentes na própria ONU: a Divisão da ONU pelo Avanço das Mulheres, o Instituto Internacional de Pesquisa e Treinamento pelo Avanço das Mulheres, o Escritório da Assessoria Especial para Questões de Gênero e o Avanço das Mulheres, e o Fundo de Desenvolvimento das Nações Unidas para as Mulheres.

No âmbito da Comunidade dos Países de Língua Portuguesa (CPLP), o Conselho de Ministros da Comunidade dos Países de Língua Portuguesa (CPLP), reunido em Maputo, na sua XVII Reunião Ordinária, no dia 19 de Julho de 2012 manifestou *a sua convicção de que não pode haver desenvolvimento sustentável sem efetiva Igualdade de Gênero e Empoderamento das Mulheres, no pleno gozo dos seus direitos civis, políticos, econômicos, culturais e sociais, incluindo os direitos sexuais e reprodutivos*, e decidiu *apelar para que seja oficialmente instituído o Secretariado Técnico Permanente para a Igualdade de Gênero, enquanto mecanismo destinado a assegurar o acompanhamento das Reuniões de Ministras(os) responsáveis pela área da igualdade*.

Essas e outras iniciativas em defesa dos direitos das mulheres resultam de movimentos sociais ainda em curso, movimentos que, segundo alguns estudiosos começa a ter visibilidade a partir do século XX em prol do sufragismo, que ficou conhecido como a primeira onda do movimento feminista (LOURO:1997). A primeira conquista das mulheres terá sido então, no campo político[3].

A segunda onda teria se desenvolvido na década de 60 quando se iniciam os "estudos da mulher", ou seja, as construções teóricas acerca da condição e situação do 'ser mulher' expressos em obras que ainda são referenciais dos ideais a serem alcançados[4].

Pode-se afirmar, a partir do estado da questão da violência contra a mulher no Brasil, como se pretende apontar mais adiante, que a próxima onda está a se desenvolver neste século a partir do tímido, porém paulatino empoderamento das mulheres, de molde a disparar ações políticas efetivas de erradicação da violência contra as mulheres. Esse estágio, no entanto, está apenas começando, haja vista as desigualdades de gênero ainda latentes e, em especial, a prática da violência contra as mulheres a demandar um conjunto de ações afirmativas em constante revisão.

O propósito deste texto é ser uma narrativa sobre o estado da questão da violência contra a mulher no Brasil, sobre o que indicam as pesquisas especializadas acerca de como e onde essa violência acontece, e sobre as ações dos poderes públicos brasileiros para erradicação desse mal, visando a, de um lado, servir como divulgação dos avanços no enfrentamento da violência contra a mulher e, de outro lado, apontar o quanto ainda está por alcançar.

2. O Status da Mulher no Brasil em Números. Um Pouco de Demografia

O Censo brasileiro realizado em 2010 constatou que nas 27 (vinte e sete) unidades federativas onde se distribuem 5.565 (cinco mil, quinhentos e sessenta e cinco) municípios, encontra-se cerca de cento e noventa

---

[3] No Brasil, o sufrágio feminino foi introduzido apenas depois da Revolução de 1930, no Código Eleitoral de 1932; em 1934 a Constituição reconheceu explicitamente às mulheres o direito e o dever de votar.

[4] Algumas obras hoje clássicas citadas por LOURO são: Le deuxième sexe, de Simone Beauvoir (1949), The feminine mystíque, de Betty Friedman (1963), Sexual politics, de Kate Millett (1969).

e quatro milhões de pessoas (precisamente: 193.946.886)[5]. Desses, 49% são homens e 51% mulheres. Há, no Brasil 94,3 homens para cada 100 mulheres. Na faixa dos 15 aos 69 anos, considerada faixa da população economicamente ativa, encontram-se que 45,4% da população. Essa é também a faixa de pessoas que, na idade adulta, constituem família e desenvolvem relações pessoais.

Institutos de pesquisa estimam ainda que no Brasil, as mulheres representam 38% dos profissionais da área médica, 36% da área jurídica (advogadas, juízas e promotoras de justiça) e na arquitetura, 53,5% dos profissionais são mulheres.

No que diz respeito a ocupação do espaço político, segundo o Tribunal Superior Eleitoral (TSE[6]), em 2000 as mulheres integravam 50,48% do eleitorado nacional, o que equivale a 55.437.428 de eleitoras no universo global de 109.826.263 votantes. Esse percentual, no entanto, é diametralmente oposto no que respeita à representatividade das mulheres nas instâncias decisórias: nas eleições de 2010 apenas 12,9% das cadeiras nas Assembleias Legislativas nos Estados Federados foram ocupadas por mulheres, enquanto no Parlamento em nível nacional, 8,5% das vagas na Câmara dos Deputados, 9,8% no Senado e 7,4% dos governos estaduais (Executivo dos entes no plano federativo).

Segundo a Secretaria Nacional de Políticas para as Mulheres a baixa participação de mulheres em espaços de poder deve-se ao limitado acesso feminino à esfera pública[7], somado a fatores culturais diversos, como a

---

[5] A organização político-administrativa da República Federativa do Brasil compreende a União, o Distrito Federal (unidade autônoma onde tem sede o Governo Federal com seus poderes Executivo, Legislativo e Judiciário), os Estados (unidades de maior hierarquia dentro da organização político administrativa do Brasil, em cuja capital tem sede o governo Estadual. Os Estados organizam-se e regem-se por leis próprias, observados os princípios da Constituição Federal; subdividem-se em municípios.), e os Municípios (unidades autônomas de menor hierarquia dentro da organização político administrativa do Brasil. Os Municípios são regidos por leis orgânicas e sediam o Governo Municipal denominado Prefeitura do Município).

[6] Fonte: portal do Tribunal Superior Eleitoral – Brasil www.tse.jus.br

[7] Em 1997, foram introduzidas no ordenamento jurídico brasileiro medidas destinadas a promover a participação política das mulheres. Trata-se do mecanismo de reserva de vagas para mulheres nas listas de candidaturas elaboradas pelos partidos inserido na Lei 9504/97 (Art. 10 (...) § 3º Do número de vagas resultantes das

divisão sexual do trabalho, a "dupla jornada", ou seja, o não compartilhamento de tarefas domésticas e familiares e também ao preconceito de gênero.

O Instituto Brasileiro de Geografia e Estatísticas (IBGE) apurou pelo recente Censo Nacional Demográfico (2010) que o rendimento médio mensal dos homens com Carteira Profissional de Trabalho é 30% maior do que o das mulheres. Paradoxalmente, as mulheres têm, em média, mais anos de estudo do que os homens, porém, o IBGE constatou que mulheres com 12 ou mais anos de estudo, em média, recebem 58% do rendimento concedido aos homens[8].

Na esfera do Poder Judiciário, pesquisa realizada pela cientista política Maria Tereza Sadek, divulgada pela Agência Patrícia Galvão[9] indica que até o final dos anos 1960, apenas 2,3% dos magistrados brasileiros eram do sexo feminino. Em 1990, as mulheres já eram 11% e, em 2012, elas já representavam 30% da magistratura brasileira.

Ainda de acordo com estudo publicado em 2009 pela Defensoria Pública da União, as mulheres já são maioria nos Estados Federados do Pará, Paraná, Roraima e Tocantins. Na Defensoria Pública organizada nos Estados que compõem a Federação brasileira, a presença feminina é maior nos Estados da Bahia, Rio Grande do Sul, Rio de Janeiro, Rio Grande do Norte e Paraná. Em números gerais, 50,1% dos defensores públicos nos Estados são do sexo masculino, enquanto os da União Federal somam 65,4%.

No Ministério Público da União Federal (MPU), os números também são animadores. Dos 623 integrantes do Ministério Público Federal (MPF), 42,37% são mulheres. No Ministério Público Federal do Traba-

---

regras previstas neste artigo, cada partido ou coligação deverá reservar o mínimo de trinta por cento e o máximo de setenta por cento para candidaturas de cada sexo). Posteriormente, a Lei 12.034/09 alterou a redação deste dispositivo, reforçando seu conteúdo ao tornar o preenchimento das vagas de mulheres obrigatório, ficando assim redigido: Art. 10, § 3º Do número de vagas resultante das regras previstas neste artigo, cada partido ou coligação preencherá o mínimo de 30% (trinta por cento) e o máximo de 70% (setenta por cento) para candidaturas de cada sexo.

[8] Fonte: SÍNTESE DOS INDICADORES SOCIAIS: Uma análise das condições de vida da população brasileira. Estudos & Pesquisas. Informação Demográfica e Socioeconômica. nº 27.

[9] Fonte: www.agenciapatriciagalvao.org.br em 25.02.2012.

lho (MPT), elas representam 49,37% dos 725 procuradores. Surpreendentemente, uma das duas subdivisões do MPU que têm mulheres no cargo mais alto é o Ministério Público Militar (MPM). Embora só 36,98% dos membros do MPM sejam do sexo feminino, Cláudia Márcia Ramalho Moreira Luz é a quarta mulher seguida a assumir o cargo de procuradora-geral junto à Justiça Militar. No Ministério Público do Distrito Federal e Territórios (MPDFT), a procuradora-geral de Justiça é Eunice Pereira Carvalhido.

Se até o começo do século XXI não havia mulheres entre os onze ministros (juízes) do Supremo Tribunal Federal (STF), hoje há duas. Dos sete ministros (juízes) titulares do Tribunal Superior Eleitoral (TSE), dois são mulheres.

Dos 757.086 profissionais inscritos na Ordem dos Advogados do Brasil (OAB) 44,43% (343.943) são mulheres, e 55,57% (413.143) homens[10].

Em que pese os indicadores ora apresentados apontarem para uma crescente visibilidade da mulher brasileira na esfera pública galgando a passos largos os caminhos abertos para o pleno exercício da cidadania, outro dado estatístico aponta para um grave fator de violação de direitos, e é o que diz respeito à violência praticada contra a mulher.

Pesquisa realizada por Júlio Jacobo Waiselfisz para o Centro Brasileiro de Estudos Latino-americanos (CEBELA)[11] revelou que *nos 30 anos decorridos entre 1980 e 2010 foram assassinadas no país acima de 92 mil mulheres, 43,7 mil só na última década. O número de mortes nesse período passou de 1.353 para 4.465, o que representa um aumento de 230%, mais que triplicando o quantitativo de mulheres vítimas de assassinato no país.*

A pesquisa revelou ainda que em 68% dos casos o local dos incidentes que levaram as mulheres à morte é a sua residência ou habitação, e em 42,5% dos casos o agressor é pessoa da íntima convivência da vítima. Sendo que:

> os pais aparecem como os agressores quase exclusivos até os 9 anos de idade das mulheres, e na faixa dos 10 aos 14 anos, como os principais responsáveis pelas agressões. Nas idades iniciais, até os 4 anos, destaca-se sensivelmente a mãe. A partir dos 10 anos, prepondera a figura paterna como responsável

---

[10] Fonte: Quadro de Advogados disponível em www.oab.org.br
[11] www.facso.org.br

pela agressão. Esse papel paterno vai sendo substituído progressivamente pelo cônjuge e/ou namorado (ou os respectivos ex), que preponderam sensivelmente a partir dos 20 anos da mulher, até os 59. A partir dos 60 anos, são os filhos que assumem o lugar de destaque nessa violência contra a mulher.

Em rasa constatação, a violência impera exatamente no ambiente que as regras legais e as convenções sociais mais arraigadas reservam para o exercício de algum poder feminino – o lar. Esse mesmo ambiente onde foram e são ainda criadas as representações sociais de uma suposta inferioridade feminina, e onde foram cultivados os argumentos biológicos e culturais da desigualdade, tornou-se o foco das ações sociais, políticas e legislativas contra a opressão da mulher, no Brasil, a partir da ratificação de Convenções Internacionais promulgadas na ordem interna, e na reformulação das leis internas como se apontará na seqüência.

3. O Brasil e a Proteção da Mulher no Plano das mais Importantes Organizações Internacionais

A Declaração Universal dos Direitos Humanos de 1948 constitui-se em referencial histórico no reconhecimento da igualdade entre todos os homens e seu preâmbulo considera expressamente a existência de igualdade entre homens e mulheres. Este instrumento de proteção, contudo, não foi suficiente para garantir direitos e exercício de direitos igualmente para as mulheres, historicamente marginalizadas pela dominação masculina. Foi portanto necessário forjar uma igualdade substantiva, disparada nas várias direções em que se encontrassem práticas sociais e legais de subjugação da mulher.

Na órbita internacional, movida por movimentos feministas ao longo de décadas, várias Convenções Internacionais foram elaboradas às quais o Brasil aderiu. Com efeito, desde 1938 o Brasil é signatário da Convenção Internacional para a Repressão do Tráfico de Mulheres e de Crianças, a primeira, assinada em Genebra a 30 de setembro de 1921 e emendada pelo protocolo assinado em Lake Success (NY) a 12 de novembro de 1947, seguindo-se o Protocolo de Emenda promulgado em 1955, e o Protocolo Adicional à Convenção Internacional contra o Crime Organizado Transnacional relativo à Prevenção, Repressão e Punição do Tráfico de Pessoas, em especial Mulheres e Crianças, assinado na 55ª sessão da Assembleia-Geral das Nações Unidas em Nova York a 15 de novembro de 2000.

Para impedir que a celebração ou a dissolução do matrimônio entre nacionais ou estrangeiros ou a mudança de nacionalidade do marido durante o matrimônio afetassem a nacionalidade da mulher, no ano de 1938 foi promulgada a Convenção Interamericana sobre a Nacionalidade da Mulher, assinada na 7ª Conferência Internacional Americana da OEA em Montevidéu a 26 de dezembro de 1933 e, em 1969 foi promulgada a Convenção Internacional sobre a Nacionalidade da Mulher Casada, assinada na 11ª sessão da Assembleia-Geral das Nações Unidas em Nova York a 20 de fevereiro de 1957.

A concessão de direitos políticos às mulheres foram expressos na Convenção Interamericana sobre a Concessão dos Direitos Políticos à Mulher firmada em Bogotá a 2 de maio de 1948 e promulgada no Brasil em 19.04.1950 pelo Decreto 28.011. Da mesma forma, reconhecendo que toda pessoa tem o direito de tomar parte na direção dos assuntos públicos de seu país, seja diretamente, seja por intermédio de representantes livremente escolhidos, ter acesso em condições de igualdade à funções públicas de seu país, e desejando conceder a homens e mulheres igualdade no gozo e exercício dos direitos políticos, de conformidade com a Carta das Nações Unidas e com as disposições da Declaração Universal dos Direitos do Homem, em 1963 foi promulgada no Brasil, pelo Decreto 52.476 de 12.09.63 a Convenção sobre os Direitos Políticos da Mulher.

No âmbito da Organização Internacional do Trabalho o Brasil aderiu à Convenção nº 45 acerca do emprego de mulheres no trabalhos subterrâneos das minas, à Convenção nº 89 sobre o trabalho noturno das mulheres na indústria, à Convenção nº 100 sobre a igualdade de remuneração de homens e mulheres trabalhadores por trabalho de igual valor, à Convenção nº 103 sobre o amparo à maternidade da mulher trabalhadora e à Convenção nº 111 concernente à discriminação em matéria de emprego e profissão.

De todos esses instrumentos, no entanto, o documento mais importante de defesa dos direitos da mulher é a Convenção sobre a Eliminação de Todas as Formas de Discriminação contra a Mulher – CEDAW[12] e, nos países que compõe a Organização dos Estados Americanos (OEA), a Convenção Interamericana para prevenir, punir e erradicar a violência contra a mulher, também denominado de Convenção de Belém do Pará, isto porque, é a partir desses dois documentos que a temática da violência contra a mulher emerge nas agendas dos organismos internacionais e dos órgãos internos de diversos países, pois é quando é quebrado o silêncio do local privilegiado onde a violência se manifesta de forma mais latente: o ambiente doméstico.

Estas são algumas das significativas conquistas para garantia da proteção e igualdade de direitos às mulheres, entretanto, até então uma importante dimensão ainda escapava a essa proteção. A violência contra as mulheres é um fenômeno multifacetário, sendo o ambiente doméstico ou espaço doméstico apenas uma dessas faces, talvez a mais refratária delas por dispor de uma certa blindagem histórica e culturalmente construída.

A seguir apontamos o ingresso desses dois instrumentos no país para destacar, na sequência uma das medidas internas de maior repercussão no combate à violência contra a mulher no Brasil, qual seja, a Lei Maria da Penha (Lei Federal nº 11.340/2006).

3.1. Convenção sobre a eliminação de todas as formas de discriminação contra a mulher – lei internacional dos direitos das mulheres

Em 1967, foi aprovada pela Assembleia Geral das Nações Unidas a Declaração sobre a Eliminação da Discriminação contra as Mulheres, adotada e aberta à assinatura, ratificação e adesão pela Resolução 34/180, da Assembléia Geral das Nações Unidas, de 18 de dezembro de 1979. Em seu bojo foi reconhecido que, para alcançar a plena igualdade entre o homem e a mulher, necessário se faz modificar o papel tradicional tanto do homem, como da mulher na sociedade e na família. A violência contra a mulher como uma forma de discriminação, entretanto, somente será

---

[12] A Resolução 54/10 de 1999 da ONU concedeu o estatuto de observador à Comunidade de Países de Língua Portuguesa (CPLP). Todos os Estados membros da CPLP ratificaram a Convenção para a Eliminação de Todas as Formas de Discriminação Contra as Mulheres (CEDAW).

assunto destacado na Recomendação Geral Nº 12 quando se recomenda que os Estados-Partes incluam em seus relatórios informações sobre a violência praticada contra as mulheres e as respectivas medidas de combate. E a Recomendação Geral Nº 19 dispõe expressamente que *a definição de discriminação contra a mulher prevista no artigo 1º da Convenção inclui a violência baseada no sexo, isto é, a violência dirigida contra a mulher porque é mulher ou que a afeta de forma desproporcional.*

No Brasil, a Convenção sobre a Eliminação de Todas as Formas de Discriminação contra a Mulher (CEDAW), foi ratificada em 1984 pelo Decreto legislativo nº 26, e seu protocolo facultativo, importante complemento da Convenção que designa um Comitê para receber denúncias sobre violações dos direitos humanos das mulheres, foi assinado pelo Brasil em 2002 pelo Decreto 4.316.

No dia 2 de Julho de 2010 a Assembleia Geral da ONU votou por unanimidade a criação de um novo organismo para acelerar o progresso na satisfação das necessidades das mulheres e meninas de todo o mundo: Entidade das Nações Unidas para a Igualdade de Género e Empoderamento das Mulheres (UN Entity for Gender Equality and the Empowerment of Women).

3.2. Convenção Interamericana para prevenir, punir e erradicar a violência contra a mulher (Convenção de Belém do Pará)

Resultado do encontro realizado em Belém do Pará, Brasil, em 9 de junho de 1994, adotada pela Assembléia Geral da Organização dos Estados Americanos – (OEA) em 06 de junho de 1994, ratificada pelo Brasil em 27 de novembro de 1995 e promulgada pelo Decreto 1.973, de 1º de outubro de 1996. Por esse documento os Estados Partes *condenam todas as formas de violência contra a mulher e convêm em adotar, por todos os meios apropriados e sem demora, políticos destinadas a prevenir, punir e erradicar tal violência.*

Por essa Convenção entende-se que violência contra a mulher é *qualquer ato ou conduta baseada no gênero, que cause morte, dano ou sofrimento físico, sexual ou psicológico à mulher, tanto na esfera pública como na esfera privada"* (Artigo 1º).

4. A Legislação Interna de Proteção às Mulheres no Brasil – a Lei Maria da Penha

Como signatário dos acordos internacionais mencionados, o Brasil se obriga a promover as medidas e desenvolver as ações necessárias à efetivação dos compromissos assumidos. A proteção à pessoa, na ordem jurídica brasileira, parte da obrigação atribuída ao Estado pela Constituição Brasileira de 1988, notadamente na dignidade da pessoa humana como fundamento do Estado Democrático de Direito e a igualdade entre homens e mulheres como direito fundamental, desdobrando-se na legislação infraconstitucional em várias dimensões, seja política, do trabalho, da saúde ou da educação.

É que a violência contra a mulher é um fenômeno cultural, simbólico e também legal. Desde as primeiras legislações brasileiras elaboradas em substituição às Ordenações do Reino de Portugal, a legislação infra--constitucional manteve normas de cunho sexista e discriminatório que necessitaram de revisão e modificação para adequação à plena igualdade entre mulheres e homens. Ainda que ao longo do século XX o direito infraconstitucional brasileiro tenha passado por incontáveis reformas pontuais, a manutenção de normas e expressões normativas com cunho discriminatório representavam um desajuste entre o ordenamento jurídico e o dever constitucional de não discriminação, interna e internacionalmente assumido.

Com efeito, desde a promulgação da vigente Constituição Federal foram efetivadas várias ações legislativas para revogação, alteração, inclusão ou criação de normas infraconstitucionais das quais se destacam a Lei Federal nº 9.029/1995 que proíbe a exigência de atestados de gravidez e esterelização, e outras práticas discriminatórias, para efeitos admissionais ou de permanência da relação jurídica de trabalho; a Lei Federal nº 10.714/2003 que autoriza o Poder Executivo a disponibilizar, em âmbito nacional, número telefônico destinado a atender denúncias de violência contra a mulher; a Lei Federal nº 10.778/2003 que estabelece notificação compulsória, no território nacional, do caso de violência contra a mulher que for atendida em serviços de saúde públicos ou privados; a Lei Federal nº 11.106/2005 que alterou a redação de diversos artigos no Decreto-Lei 2.848/1940 (Código Penal Brasileiro) que continham dispositivos claramente discriminatórios, a exemplo dos seguintes: revogação dos incisos

VII e VIII do artigo 107 que considerava extinta a punibilidade pelo casamento da vítima com o agente ou com terceiro nos crimes contra os costumes; a retirada da expressão "mulher honesta" dos artigos 215 e 216, sendo a honestidade da mulher condição para a tipificação dos crimes de posse sexual mediante fraude e atentado ao pudor mediante fraude, respectivamente; a Lei Federal nº 11.804/2008 que disciplina o direito a alimentos gravídicos e a forma como ele será exercido e, por fim, a Lei Federal nº 12.034/2009 que, dentre outras medidas torna obrigatório que cada partido ou coligação reserve o mínimo de 30% e o máximo de 70% para candidaturas de cada sexo.

De todas essas iniciativas destaca-se a promulgação da Lei Federal nº 11.340 no ano de 2006 que criou mecanismos para coibir a violência doméstica e familiar contra a mulher, e que é conhecida como "Lei Maria da Penha" em homenagem à incansável luta de uma brasileira contra a impunidade da violência praticada contra si por seu ex-marido.

A história por trás da lei é a história de uma mulher que, no entanto, espelha a história de violência vivida por inúmeras outras e por essa razão vale ser especialmente contada aqui, ainda que deforma resumida pois, a partir dessa história houveram importantes alterações legislativas e sociais no Brasil.

4.1. A história por trás da lei

Maria da Penha é brasileira, cearense, biofarmacêutica. Por duas vezes seu ex-marido, o professor universitário Marco Antonio Herredia Viveros, atentou contra sua vida[13]. Pelas duas tentativas Viveros, empregando estratégias legais, arrastou o julgamento por dezenove anos[14]. Apesar de condenado, cumpriu apenas dois anos de prisão no ano de 2002.

---

[13] A primeira tentativa de assassinato de Viveros contra Maria da Penha ocorreu em 1983 quando ela levou um tiro nas costas enquanto dormia. Maria da Penha saiu paraplégica e, mesmo já nessa condição, aliás aproveitando-se de sua impossibilidade de defesa, Viveros empurrou Maria da Penha da cadeira de rodas e tentou eletrocuta-la na casa de banho.

[14] Apesar da investigação ter começado em junho do mesmo ano, a denúncia só foi apresentada ao Ministério Público Estadual em setembro do ano seguinte e o primeiro julgamento só aconteceu 8 anos após os crimes. Em 1991, os advogados de

Maria da Penha então valeu-se da ajuda de Organizações não Governamentais[15] para enviar o seu caso à Comissão Interamericana de Direitos Humanos da Organização dos Estados Americanos (OEA) que, pela primeira vez, acatou uma denúncia de violência doméstica. O processo na OEA condenou o Brasil por negligência e omissão em relação à violência doméstica e como parte da condenação recomendou que fosse criada uma lei para erradicar a violência doméstica.

Após anos de intensos debates com a colaboração de entidades privadas de defesa da mulher, em setembro de 2006 foi promulgada a Lei Federal nº 11.340 que, além de tipificar a violência contra a mulher definindo as formas como ela se dá, também disciplinou a assistência à mulher em situação de violência doméstica e familiar, as providências específicas e especiais a serem tomadas pela autoridade policial, a forma de atuação do Ministério Público e trouxe outras importantes medidas e disciplinas visando a maior abrangência possível para coibir e prevenir a violência doméstica e familiar contra a mulher algumas das quais serão objeto de análise a seguir.

4.2. Inovações importantes trazidas pela Lei 11.3040/2006 (Lei Maria da Penha)

Antes dessa lei não havia, no ordenamento jurídico brasileiro, uma lei específica tratando da violência doméstica, a partir da Lei Maria da Penha a violência familiar contra a mulher passa a ser tipificada e definidas as suas formas[16]. Além disso, a Lei Maria da Penha ao configurar a violência

Viveros conseguiram anular o julgamento. Já em 1996, Viveros foi julgado culpado e condenado há dez anos de reclusão mas conseguiu recorrer.

[15] O CEJIL-Brasil (Centro para a Justiça e o Direito Internacional) e o CLADEMBrasil (Comitê Latino-americano do Caribe para a Defesa dos Direitos da Mulher), juntamente com a vítima Maria da Penha Maia Fernandes, encaminharam à Comissão Interamericana de Direitos Humanos (OEA) petição contra o Estado brasileiro, relativa ao paradigmático caso de violência doméstica por ela sofrido, tratou-se do caso Maria da Penha nº 12.051/1998.

[16] Em 2005 a Lei Federal nº 11.106 alterou o artigo 148 do Código Penal para dar ao inciso I do §1º uma redação que alcançasse a violência doméstica. Segundo essa norma, no caso de crime de Sequestro e cárcere privado a pena é de reclusão de dois

doméstica determina que as relações que enuncia independem de orientação sexual, abrangendo assim a violência na esfera doméstica praticada quando se tratar de relações entre pessoas de mesmo sexo.

Para essa lei, configura violência doméstica e familiar contra a mulher *qualquer ação ou omissão baseada no gênero que lhe cause morte, lesão, sofrimento físico, sexual ou psicológico e dano moral ou patrimonial*, portanto, e pela redação do artigo 7º a proteção à mulher contra a violência é abrangente das dimensões física, psicológica, sexual, patrimonial e moral.

O ambiente para a prática dos atos de violência foram igualmente delineados, indicando a lei que a ocorrência pode se dar:

I – no âmbito da unidade doméstica, compreendida como o espaço de convívio permanente de pessoas, com ou sem vínculo familiar, inclusive as esporadicamente agregadas;

II – no âmbito da família, compreendida como a comunidade formada por indivíduos que são ou se consideram aparentados, unidos por laços naturais, por afinidade ou por vontade expressa;

III – em qualquer relação íntima de afeto, na qual o agressor conviva ou tenha convivido com a ofendida, independentemente de coabitação;

A lei ainda dispõe acerca de mecanismos e instrumentos de assistência à mulher em situação de violência doméstica e familiar, articulados por meio da atuação conjunta do Governo em todas as suas esferas (a União, dos Estados, do Distrito Federal e os Municípios) e instituições não governamentais[17] agindo em um sistema denominado de Rede de Atendimento à Mulher.

O objetivo é ampliar as frentes de combate à violência contra a mulher com envolvimento de representantes da sociedade civil e, especialmente, para fazer face a problemas e questões muito específicos de certas regiões do país. A grande dimensão territorial do país, a estrutura administrativa descentralizada, certas práticas culturais muito próprias de determinadas regiões não comportariam, sob pena de ineficácia medidas, administra-

---

a cinco anos se a vítima é ascendente, descendente, cônjuge ou companheiro do agente ou maior de 60 (sessenta) anos. Mas essa ação legislativa ficou muito aquém da demanda pra coibir a violência doméstica.

[17] O artigo 37 da Lei 11.340/2006 confere às associações de defesa da mulher, legitimidade concorrente com o Ministério Público para a defesa dos interesses e direitos transindividuais nela previstos.

tivas em moldes absolutos, daí a compreensão e tratamento da violência como um fenômeno multifacetado.

Segundo a lei, na assistência à mulher em situação de violência doméstica e familiar o Poder Judiciário, o Ministério Público, a Secretaria de Segurança Pública e o Sistema Único de Saúde devem agir de forma integrada a fim de evitar a fragmentação do socorro à vítima, isto é, que a mulher se veja obrigada a, por si mesma, procurar o auxílio nos distintos órgãos de atendimento (delegacia de polícia, tribunais, unidades de atendimento de saúde, etc.,), perpetuando a situação de violência de alguém que se encontra física e emocionalmente abalado, muitas vezes, com filhos menores sob seus cuidados.

Assim, segundo a lei, no atendimento à mulher em situação de violência doméstica e familiar, a autoridade policial deverá, entre outras providências:

I – garantir proteção policial, quando necessário, comunicando o fato de imediato ao Ministério Público;

II – encaminhar a ofendida ao hospital ou posto de saúde e ao Instituto Médico legal;

III – fornecer transporte para a ofendida e seus dependentes para abrigo ou local seguro, quando houver risco de vida;

IV – se necessário, acompanhar a ofendida para assegurar a retirada de seus pertences do local da ocorrência ou do domicílio familiar;

V – informar à ofendida os direitos a ela conferidos na lei e os serviços disponíveis;

Ainda visando a unidade do atendimento à mulher vítima de violência doméstica, a lei prevê a criação de Juizados de Violência Doméstica e Familiar, órgão do Poder Judiciário[18]. Assim, onde antes se aplicava e

---

[18] Os Juizados Especiais são órgãos criados pela Constituição Brasileira de 1988 e integram a estrutura do Poder Judiciário nos Estados que compõem a Federação, encarregados de conhecer e processar as causas consideradas de menor potencial ofensivo (pena até dois anos de reclusão) como também, na esfera patrimonial, os casos litigiosos de menor expressão econômica (aproximadamente US$ 13 mil). Há também Juizados Especiais vinculados à Justiça Federal, incumbidos do julgamento das causas envolvendo a União Federal e empresas públicas que compõem a administração direta, os quais são também competentes para o processamento de de determinados crimes assim definidos pela legislação federal.

atendia os casos de violência doméstica pela lei geral de crimes de menor potencial ofensivo (os Juizados Especiais Criminais), passou a ser competência do Juizado Especializado no atendimento à mulher vítima de violência a serem criados em todos os municípios de todas as unidades da Federação, inclusive no Distrito Federal, em número adequado à demanda apresentada.

Os Juizados Especializados de Violência Doméstica e Familiar contra a Mulher têm competência cível e criminal, de forma a se obter solução para todas as questões que decorrem da prática da violência familiar, tais como divórcio, partilha de bens, prestação de pensão alimentícia e guarda de filhos menores. Some-se a isso que, para preservar a integridade física e psicológica da mulher em situação de violência doméstica e familiar, a lei assegura a manutenção do vínculo trabalhista, quando necessário o afastamento do local de trabalho, por até seis meses e, no caso de servidora pública integrante da administração direta ou indireta, o acesso prioritário à remoção ou transferência do local da prestação do serviço.

Ao tratar da competência dos Juizados Especializados a lei vedou expressamente a possibilidade de aplicação das chamadas "penas alternativas" à privação de liberdade como a doação de cestas básicas de alimentos, prestação de serviços comunitários ou o pagamento isolado de multa (coima), e também passou a impor que eventual renúncia da representação por parte da ofendida se faça perante o juiz, em audiência especialmente designada com tal finalidade. Espera-se com isso resguardar a ofendida de eventual pressão por parte do ofensor ou de outros membros da família para reconsideração da persecução criminal (o que poderia ocorrer já na delegacia de polícia).

Dentre outras importantes inovações trazidas pela Lei Maria da Penha cabe destacar, por fim, que o artigo 35 determina que a União, o Distrito Federal, os Estados Federados e os Municípios criem:

    I – centros de atendimento integral e multidisciplinar para mulheres e respectivos dependentes em situação de violência doméstica e familiar;
    II – casas-abrigos para mulheres e respectivos dependentes menores em situação de violência doméstica e familiar;
    III – delegacias, núcleos de defensoria pública, serviços de saúde e centros de perícia médico-legal especializados no atendimento à mulher em situação de violência doméstica e familiar;

V – programas e campanhas de enfrentamento da violência doméstica e familiar;
VI – centros de educação e de reabilitação para os agressores;

Essas orientações constantes da Lei 11.340/2006 identificam e consolidam as ações políticas de enfrentamento à violência contra as mulheres que já vinham sendo desenvolvidas pelo Governo Federal desde 1985, ano da criação do Conselho Nacional de Defesa da Mulher (CNDM), impulsionado pela ratificação brasileira à Convenção sobre a Eliminação de Todas as Formas de Discriminação contra a Mulher (CEDAW), e não sem razão já que a Convenção prevê a criação de uma Comitê de Acompanhamento do cumprimento dos termos da Convenção. Na década de 90, a adesão brasileira à Convenção Interamericana para prevenir, punir e erradicar a violência contra a mulher (Convenção de Belém do Pará), trouxe novas ferramentas aos movimentos de mulheres na exigência de cumprimento irrestrito dos compromissos assumidos na órbita internacional.

Até então as ações governamentais em prol da defesa da mulher eram fragmentadas e careciam de um eixo diretor e um sentido de unidade. Em 2003 foi criada a Secretaria Nacional de Políticas para Mulheres (SPM)[19] que, em sua estrutura possui um secretaria específica para tratar da violência contra as mulheres[20], a Secretaria de Enfrentamento à Violência contra as Mulheres, a partir de então a Administração Pública Federal passou a prever em documentos oficiais e públicos ações integradas para enfrentamento da violência à mulher, tanto que, de 2003 a 2010 foram publicados os Planos Nacionais de Políticas para Mulheres e o Pacto

---

[19] A Secretaria de Políticas para Mulheres no âmbito do Governo Federal foi precedida do Conselho Nacional dos Direitos da Mulher (CNDM), criado no ano de 1985. O CNDM hoje é um órgão dentro da estrutura da SPM.

[20] O Decreto nº 7.765, de 25 de Junho 2012 criou a Secretaria de Enfrentamento à Violência contra as Mulheres a quem compete: I – formular políticas de enfrentamento à violência contra as mulheres, que visem à prevenção, combate à violência, assistência e garantia de direitos às mulheres em situação de violência; II – desenvolver, implementar e apoiar programas e projetos voltados ao enfrentamento à violência contra as mulheres, diretamente ou em parceria com organismos governamentais de diferentes entes da federação ou organizações não governamentais; e III – planejar, coordenar e avaliar as atividades da central de atendimento à mulher.

Nacional de Enfrentamento à Violência contra as Mulheres, as Diretrizes de Abrigamento das Mulheres em situação de Violência, as Diretrizes Nacionais de Enfrentamenteo à Violência contra Mulheres do Campo e da Floreta, Normas Técnicas dos Centros de Atendimento à Mulher em situação de Violência e Normas Técnicas das Delegacias Especializadas de Atendimento à Mulher.

Segundo a Secretaria de Políticas para as Mulheres (SPM), *"O Pacto Nacional pelo Enfrentamento à Violência Contra a Mulher foi lançado em agosto de 2007 pelo então Presidente Luiz Inácio Lula da Silva, como parte da Agenda Social do Governo Federal e consiste num acordo federativo entre o governo federal, os governos dos estados e dos municípios brasileiros para o planejamento de ações que visem à consolidação da Política Nacional de Enfrentamento à Violência contra as Mulheres por meio da implementação de políticas públicas integradas em todo território nacional"*[21].

É preciso reconhecer, entretanto, que de 1985 até o presente o movimento de enfrentamento à violência contra a mulher se desenvolve em movimentos de avanços e estagnações, e isso por razões várias, dentre as quais se pode destacar os problemas políticos e econômicos comuns aos governos de todos os países.

Desde a promulgação da Lei Maria da Penha (Lei Federal 11.340/2006) já se passaram mais de cinco anos e o país ainda se ressente, por exemplo, da efetiva inclusão nas bases de dados dos órgãos oficiais do Sistema de Justiça e Segurança de estatísticas sobre a violência familiar contra a mulher. O que parece ser a mais simplória das ações, no entanto, é de difícil consecução, vez que nem todas as delegacias de polícia (e nem estamos falando das Delegacias Especializadas de Atendimento à Mulher), são adequadamente equipadas e/ou informatizadas para alimentar um sistema de informações, o que constitui um paradoxo já que no Brasil o processo eleitoral é realizado com urnas eletrônicas em praticamente 95% do país, ou seja, o Brasil dispõe de tecnologia suficiente para cumprir a determinação legal.

A falta de estatísticas sistemáticas é apenas um dos obstáculos que impedem a plena realização do Pacto Nacional de enfrentamento à vio-

---

[21] Pacto Nacional de Enfrentamento à Violência contra as Mulheres/Secretaria de Políticas para as Mulheres, Secretaria Nacional de Enfrentamento à Violência Contra as Mulheres. – Brasília: Presidência da República, 2010, p. 13.

lência contra a mulher, que se constitui em uma proposta política de grande envergadura, mas refratária na sua execução à disponibilização de recursos específicos e adesão política de todas as entidades federativas, para citar apenas dois dos obstáculos.

Face a essas dificuldades, infelizmente, os números da violência doméstica no país, obtidos a partir de alguns estudos realizados por institutos de pesquisa não-governamentais, apontam para patamares inaceitáveis. Assim, a pesquisa realizada por Júlio Jacobo Waiselfisz para o Centro Brasileiro de Estudos Latino-americanos (CEBELA)[22], cujo Mapa da Violência aponta o Brasil em 7º lugar com taxa de 4.4 homicídios a cada 100 mil mulheres.

Em outra perspectiva, a SPM aponta que o Brasil (com mais de 5.565 municípios) possui 238 (duzentos e trinta e oito) Organismos de Políticas para Mulheres; 345 (trezentos e quarenta e cinco) Conselhos Municipais dos Direitos da Mulheres; 187 (cento e oitenta e sete) Centros de Referência e Atendimento à Mulher; 94 (noventa e quatro) Juizados/Varas especializadas de Violência Doméstica e Familiar à Mulher; 57 (cinquenta e sete) Defensorias Públicas Especializadas (assistência Judiciária Gratuita); 48 (quarenta e oito) Promotorias Públicas Especializadas; 359 (trezentos e cinquenta e nove) Delegacias Especializadas de Atendimento à Mulher; 207 (duzentos e sete) Centros de Referência (atenção social, psicológica e orientação jurídica); 72 (setenta e duas) Casas Abrigo e nenhum, zero de Serviço de Responsabilização e Educação do Agressor (SPM-MJ)[23].

O que esses números indicam é precisamente o descompasso entre a proposta e a prática da administração pública, apesar de esta merecer o reconhecimento daquilo que já foi realizado.

5. Palavra Final – A Cultura da Sexualidade

O mais que se pode fazer entretanto vai além das políticas de prevenção e combate à violência contra a mulher na esfera doméstica, as ações precisam alcançar as práticas sociais e representações simbólicas que fazem perpetuar a discriminação contra a mulher e com a ela a violência em todas as suas manifestações.

---

[22] Mapa da Violência 2012 – www.facso.org.br
[23] Fonte: Secretaria de Políticas para as Mulheres (http://www.spm.gov.br)

Esse é o grande desafio das mulheres no século presente em que a mídia, por exemplo, ainda confere à mulher o mesmo personagem ora subalterno às necessidades do homem, ora dotado da sensualidade demoníaca para convencimento dos espíritos, ora possuidor da docilidade doméstica "própria das mulheres", papéis que historicamente foram conferidos à mulher pela dominação masculina que cuja herança é a violência, com uma ou outra alteração cultural, mas prevalecendo em todas elas uma suposta superioridade masculina. É preciso, portanto, combater a discriminação na forma como ela foi reciclada pelo capitalismo do presente século, pois essa é a forma mais agressiva de subversão das conquistas das mulheres.

As dificuldades de erradicação da violência no âmbito da violência doméstica (essa que segundo a Lei Maria da Penha – Lei Federal nº 11.340/2006 – aquela que ocorre no espaço de convívio permanente de pessoas com ou sem vínculo familiar, no âmbito da família ou de qualquer relação íntima de afeto entre vítima e agressor), são acentuadas, porque as relações pessoais dessa natureza são, em sua maioria, envoltas em ambiente emocional impermeável à intervenção externa, e são ordinariamente embalados em rituais matrimoniais que obnubilam a capacidade de discernimento e a liberdade de escolha da mulher, submetendo-a, até os dias de hoje, à simbologia ritualística da passagem dos cuidados (submissão) do pai, aos cuidados (submissão) do marido.

Essa ritualística oculta a fé na validade das práticas – visíveis ou subliminares – de submissão e subjugação feminina, em cuja raiz encontra-se o impulso autorizador da violação de direitos.

Segundo Fabio Sousa e Eliany Oliveira (2002) *"muitos são os mecanismos existentes na sociedade que inviabilizam a saída de uma relação violenta: baixa da autoestima; crença de que a violência é temporária, que seus maridos possam mudar; dificuldades econômicas; dúvidas se podem viver sozinhas; crença de que o divórcio é como um estigma; o fato de que é difícil para uma mulher com filhos encontrar trabalho; vergonha de ser vista como uma mulher espancada; pena do marido; ou pelo fato de amarem os seus companheiros"*.

Para Guacira Louro as sociedades desenvolvem processos de caracterização de identidades, quer dizer, fixam características de gênero, cor, tessitura que fazem com que *"Treinamos nossos sentidos para perceber e decodificar essas marcas e aprendemos a classificar os sujeitos pelas formas como eles se apresentam corporalmente, pelos comportamentos e gestos que empregam e pelas várias formas com que se expressam"*. (LOURO: 2011, p. 15).

Por esse raciocínio concluímos que o enfrentamento à violência contra a mulher, no Brasil, é um caminho em construção.

Referências Bibliográficas

ASSIS, Zamira. KRAUS, Camila Hilleshein. *Repensando o conceito de violência contra a mulher e os meios internacionais para coibir a violência de gênero: o paradigma da Convenção da ONU sobre a eliminação de todas as formas de discriminação contra as Mulheres.* in XIX Congresso Nacional do CONPEDI. Florianópolis: CONPEDI, 2010.

BRASIL. Fundação Instituto de Geografia e Estatística (IBGE). *SÍNTESE DOS INDICADORES SOCIAIS: Uma análise das condições de vida da população brasileira.* Estudos & Pesquisas. Informação Demográfica e Socioeconômica. nº 27. Rio de Janeiro: IBGE, 2010. (Disponível em: http://www.ibge.gov.br/home/estatistica/populacao/condicaodevida/indicadoresminimos/sinteseindicsociais2010/SIS_2010.pdf)

BRASIL. Presidência da República. Secretaria de Políticas para as Mulheres. Edição Especial da Revista do Observatório Brasil da Igualdade de Gênero. 1ª Impressão. Brasília: Secretaria de Políticas para as Mulheres, 2012.

BRASIL. Pacto pelo enfrentamento à violência contra as mulheres. Secretaria Nacional de Enfrentamento à Violência contra as Mulheres. Secretaria de Políticas para as Mulheres. Presidência da República. Brasilia: 2011.

BRASIL. Presidência da República. Secretaria de Políticas para as Mulheres. Edição Especial da Revista do Observatório Brasil da Igualdade de Gênero. 1ª Impressão. Brasília: Secretaria de Políticas para as Mulheres, 2012.

BRASIL. Decreto 847 de 11.10.1890. Código Penal. Disponível em: http://legis.senado.gov.br/legislacao/ListaNormas.action?numero=847&tipo_norma=DEC&data=18901011&link=s

CEDAW: Relatório Nacional Brasileiro: Convenção sobre a eliminação de todas as formas de discriminação contra a mulher. Brasília: Ministérios das Relações Exteriores, Ministério da Justiça, Secretaria de Estado dos Direitos das Mulheres, 2002.

CRUZ, Ane. Pacto Nacional pelo enfrentamento a Violência contra as Mulheres. Secretaria de Políticas para as Mulheres/Presidência da República (SPM/PR). Brasília, 2011.

LOURO, Guacira Lopes. Gênero, sexualidade e educação. Uma perspectiva pós-estruturalista. Petrópolis, RJ, Vozes, 1997.

LOURO, Guacira Lopes. Pedagogias da Sexualidade. in O corpo educado: pedagogias da sexualidade. Belo Horizonte: Autêntica, 2007.

Pacto Nacional de Enfrentamento à Violência contra as Mulheres/Secretaria de Políticas para as Mulheres, Secretaria Nacional de Enfrentamento à Violência Contra as Mulheres. – Brasília: Presidência das República, 2010.

PRIORE, Mary Del. (org.). BASSANEZI, Carla (coord. de textos). História das mulheres no Brasil. 9ª ed. São Paulo: Contexto, 2008.

WAISELFISZ, Julio Jacobo. Mapa da Violência 2012. "Os novos padrões da violência homicida no Brasil". São Paulo, Instituto Sangari, 2011.

WORLD BANK. 2011. Gender Equality and Development. World Development Report. Washington D.C. disponível em: http://www.worldbank.org/wdr2012

O Imaginário dos Direitos Sociais e do Estado de Bem-Estar Social

ELISA RANGEL NUNES[1]

Medida da universalidade dos direitos sociais: de todos e para todos?

Exercício dos direitos sociais e correlatos deveres do Estado de bem-estar social

Estado de bem-estar social para quem?

Qual o ponto da crise do Estado de bem-estar social: valores em decadência.

Como falar de crise onde este tipo de Estado não existe.

Muito boa tarde a todos.

Gostaria de começar por expressar os meus agradecimentos ao Presidente do Conselho Científico deste Congresso, o Prof. Doutor Jorge Bacelar Gouveia, pelo convite que me formulou e dar-lhe os parabéns por mais esta iniciativa para congregar os juristas que falam português. Gostaria igualmente de agradecer ao ISCTEM e à sua direcção pelo acolhimento deste Congresso, na secular cidade de Maputo (125 anos), que visito com muito agrado, pela segunda vez. É com muita honra que aqui estou e sinto-me muito honrada por fazer parte do grupo de oradores deste Congresso, cuja qualidade, espero com a minha intervenção não vir a desvirtuar, ao ter sido colocada ao lado deles.

---

[1] Professora Associada da Faculdade de Direito da Universidade Agostinho Neto.

A minha intervenção que designei por "O Imaginário dos Direitos Sociais e do Estado do Bem-Estar Social", apesar de enquadrada no Painel sobre a "Protecção dos Direitos Sociais e a Crise do Estado do Bem-Estar Social", parece carecer de um ligeira explicação: propus-me reflectir sobre o estado em que se encontram os direitos sociais, naqueles países em que estes direitos não passam de uma mera consagração constitucional e onde não é possível falar do Estado de bem-estar social, por ser inexistente, não se podendo, por essa razão falar em crise desse tipo de Estado.

Dividi esta intervenção em seis números, pretendendo abordar a origem dos direitos sociais (1), o âmbito dos direitos fundamentais, no sentido de que se observe se existe uma unicidade ou duplicidade destes direitos, mais propriamente, se além dos direitos de liberdade, haverá de considerar direitos fundamentais, também, os direitos sociais (2), em que medida tais direitos sociais são universais (3), a consagração dos direitos sociais na Constituição angolana (4), a relação entre os direitos sociais e o princípio da dignidade humana (5) e a justificação de ser o Estado de bem-estar social uma miragem para os países onde ele não passa disso mesmo.

1. Origem dos direitos sociais

A origem dos direitos sociais tem encontrado fundamento em alguns factos e documentos, destacando-se os que se menciona nos parágrafos seguintes.

A Revolução Mexicana de 1917 desencadeada por Emiliano Zapata que levou ao surgimento da Constituição Mexicana do mesmo ano.

A Declaração dos Direitos do Povo Trabalhador e Explorado de 1918 que resultou da revolução russa de 1917 e instituiu a alternativa ao Estado de Direito liberal, afastando-se da concepção burguesa dos direitos fundamentais como direitos contra o Estado – os direitos de liberdade – criando os direitos que passariam a ser exercidos através do Estado do proletariado, já que este pertencia aos titulares dos novos direitos – os direitos sociais.

A Constituição de Weimar de 1919 que evidenciou e proclamou o Estado de Direito social, baseado em ideais de solidariedade, igualdade e justiça social, corporizados nos direitos sociais, colocando-os ao lado dos direitos de liberdade, uma vez que este Estado foi o garante, também, de valores como a liberdade e a autonomia individual.

É importante lembrar, apenas a título de complemento, que anteriormente a estes acontecimentos e documentos, haviam ocorrido, o que podem considerar-se reminiscências de direitos sociais e também do Estado social, na Inglaterra (1601 – Lei de Amparo dos Pobres – obrigatoriedade de contribuição para fins sociais) e na Alemanha (criação de seguros sociais que ficou a dever-se a Oto Von Bismarck).

2. Âmbito dos direitos fundamentais: unicidade ou duplicidade de direitos?

Tem-se desenvolvido, em sede de Direito constitucional, uma controvérsia à volta de saber se há apenas um tipo de direitos fundamentais ou de regime único e indistinto – os direitos de liberdade – ou se também devem ser considerados como tal, os direitos sociais.

Numa perspectiva de Direito internacional, os Pactos internacionais da ONU, parecem explicar a distinção entre dois tipos de direitos fundamentais, segundo um critério assente no objecto do direito e ainda tomando por referência o bem protegido. Assim desta organização resultaram o Pacto Internacional sobre Direitos Civis e Políticos (direitos de liberdade) e o Pacto Internacional sobre Direitos Económicos, Sociais e Culturais (direitos sociais).

No plano do Direito Constitucional relevam as consequências controvertidas da consagração e a vinculatividade constitucional dos direitos sociais, pelo que, do ponto de vista da estrutura, da natureza e da competência, tomando em consideração as posições jurídicas constitucionalmente protegidas de que gozam os particulares no seu relacionamento com o Estado, não há motivos que possam distinguir os direitos sociais dos direitos de liberdade[2].

Os direitos sociais que incorporam o Estado social de Direito, embora diversos, apresentam características comuns que se circunscrevem à imposição, ao Estado, de deveres de garantia aos particulares, de bens económicos, sociais ou culturais fundamentais a que só se acede mediante contraprestação financeira não negligenciável. Tais deveres de garantia do

---

[2] Cfr. Jorge Reis Novais, *Direitos Sociais. Teoria Jurídica dos Direitos Sociais enquanto Direitos Fundamentais*, Wolters Kluwer e Coimbra Editora, 2010, pp. 38-39.

Estado, relativamente aos direitos sociais resumem-se aos deveres <u>de respeito, de protecção dos</u> bens escassos e de <u>realização de prestações</u> fácticas por parte deste, destinadas a promover o acesso a esses bens económicos, sociais e culturais a quem dispõe de recursos próprios para os alcançar.

3. Medida da universalidade dos Direitos Sociais: de todos e para todos?

Em face do seu carácter jusfundamental, tem-se entendido que os direitos sociais são direitos de todos.

Contudo, será que são direitos de todos ou só dos carenciados, dos mais desfavorecidos ou menos favorecidos ou marginalizados (como se queira)?

Serão, por outro lado, direitos de todos, formalmente considerados ou serão direitos de alguns, na medida em que só quem esteja na condição de necessidade do seu exercício é que os exerce?

Para responder a estas questões tomemos como exemplo o direito à educação ou ao ensino: o Estado tem o <u>dever de respeitar</u> o acesso individual de todos ao bem educação. Se não o respeitar viola o direito de acesso a esse bem. Porém, há que contar aqui com mais um dado: viola o direito, e depois? O que dizer quanto à impunidade de que se revestem os agentes estaduais que praticam tal violação? Já no que respeita ao <u>dever de promoção</u> do acesso à educação, por parte do Estado, se tomarmos em consideração, por exemplo, que os sujeitos do direito são o filho de uma pessoa abastada e o filho de um pobre, o Estado pode assumir dois comportamentos distintos: não sentir-se obrigado a promover o acesso do filho da pessoa abastada, por esta poder por si própria fazê-lo, e sentir-se obrigado a promover o acesso do filho da pessoa pobre. Há que não esquecer, contudo, que na prática, o Estado, e embora na verdade não esteja obrigado a responder positivamente, em relação ao primeiro caso, é o que acaba por acontecer, pois mais facilmente o filho da pessoa abastada ganha uma bolsa de estudo, por exemplo, pelas relações influentes deste, do que o filho de um pobre, que ninguém conhece, que é um anónimo, um marginalizado. Todos sabemos que assim costuma ser. O que me leva a colocar mais uma pergunta: se os direitos sociais sendo de todos também o serão para todos?

4. Os direitos sociais na Constituição angolana

A Constituição angolana proclama a República de Angola como um Estado Democrático de Direito.

Com este pendor, Angola à semelhança de outros Estados que perfilham tal "credo", contém no texto constitucional um conjunto de direitos sociais.

Tais direitos sociais encontram-se inseridos no Capítulo III do Título II, respeitante aos "Direitos e Deveres Fundamentais".

À cabeça da lista de direitos sociais surge o direito ao trabalho (art. 76º), seguido do direito à saúde e protecção social (art. 77º), do direito do consumidor (art. 78º), do direito ao ensino, cultura e desporto (art. 79º), dos direitos que assistem à infância (art. 80º), dos direitos de que goza a juventude (art. 81º), dos direitos de protecção à terceira idade (art. 82º), dos direitos de protecção aos cidadãos com deficiência (art. 83º), dos direitos que assistem aos antigos combatentes e veteranos de guerra (art. 84º) e finalmente, o direito à habitação e à qualidade de vida (art. 85º), o direito à protecção das comunidades no estrangeiro (art. 86º), o direito ao respeito pelo património histórico, cultural e artístico (art. 87º).

O Capítulo III da Constituição termina com o artigo 88º, cuja epígrafe é: "Dever de contribuição". Diga-se que este dever se situa ao lado de outros deveres, contidos nesse mesmo capítulo, mas que aqui não foram mencionados.

E sobre este importante dever, que de forma tão visível ou menos visível se contém em várias Constituições do mundo moderno, gostaria de dizer que ele induz à natureza fiscal do Estado contemporâneo, mas que é esquecido ou mesmo contrariado por muitos daqueles que melhor o podem fazer ou seja que mais condições materiais têm para contribuir para o bem comum.

5. Os Direitos sociais e o *princípio da dignidade humana*

Os direitos sociais visam servir o *princípio da dignidade humana* e, é em ordem a este princípio que grande parte dos textos constitucionais da actualidade consagra *normas programáticas*, com o intuito de reconhecer, acautelar, promover e proteger esses direitos. Por isso se diz que tais normas estão indissociavelmente ligadas ao Estado social e aos direitos sociais.

A dignidade da pessoa humana está vinculada ao conceito do *mínimo existencial*, que se pode traduzir em condições materiais mínimas que assegurem uma vida digna e saudável a cada indivíduo perante as contingências sociais.

O *mínimo existencial* vincula as prestações estatais fácticas para que sejam cumpridas as aspirações do Estado Democrático de Direito. Por isso, tais prestações estatais embora dependam dos recursos financeiros disponíveis, como as demais prestações que satisfazem, de um modo geral, os direitos sociais, não devem estar ao abrigo da cláusula da "reserva do possível" ou do financeiramente possível.

A reserva do possível ou do financeiramente possível constitui uma limitação aos direitos sociais, na medida em que a prestação a que o Estado está obrigado, só deverá efectivar-se se este ente dispuser dos recursos financeiros necessários. Por isso, numa situação de escassez moderada de recursos, parece ser legítimo que o Estado invoque insuficiência de recursos e estabeleça prioridades no seu dispêndio. Porém, assiste-se, não poucas vezes, e perante tal escassez moderada, à realização de gastos não necessários ao bem comum, colocando-se, assim, em causa os critérios que presidem a esse dispêndio de recursos, e acabando por afectar o princípio do mínimo existencial.

Por fim e a fechar este breviário sobre o imaginário dos direitos sociais, sempre há que dizer que o simples reconhecimento desses direitos não é suficiente para reequilibrar a situação de inferioridade em que se encontram os mais desfavorecidos ou carenciados.

A consagração destes direitos nos textos constitucionais pode significar um meio caminho para a sua institucionalização, mas também pode significar, apenas, um mero exercício de cosmética, de adaptação formal do Estado que os adopte aos ventos da modernidade, sempre que não esteja motivado para a criação os mecanismos para o exercício efectivo de tais direitos.

E recordando o exemplo do direito social à educação ou ao ensino, que é um bem essencial para o desenvolvimento de qualquer sociedade, constata-se que a aposta por um ensino quantitativo, em que a preocupação é saber quantos alunos se matriculam, quantas escolas primárias, médias e superiores foram construídas e qual o número de professores, ao invés de se saber quanto valem em termos qualitativos, é adversa à ideia de desenvolvimento, porque é a aposta errada no capital humano.

Todos os que aqui estamos sabemos disso, qual o grau de dependência que tal tipo de formação do capital humano cria, porque incapacitante de uma consciência activa dirigida à produtividade e à competitividade, e geradora de uma ausência de potencialidades com todas as consequências, que isso acarreta, em termos do aumento da armadilha da pobreza, que vem afligindo os países em vias de desenvolvimento.

6. O imaginário do Estado do bem-estar social

O tema central deste painel deveria levar-me a reflectir sobre a crise do Estado de bem-estar social. Porém, o actual e verdadeiro estádio em que se encontram os países em vias de desenvolvimento, julgo não aconselhar a que os enquadre no patamar em que se acha grande parte dos países desenvolvidos.

Falar de crise desse tipo de Estado onde ele nem sequer existe, pareceu-me forçoso, pelo que julguei ser mais realista apresentar aqui alguns aspectos à volta do tema, nunca perdendo de vista que os países em vias de desenvolvimento se debatem com outras crises, mas não ainda com a do Estado de bem-estar social.

E desde logo, um factor que é comum existir, creio, também nos países desenvolvidos, mas por razões diferentes e onde é possível dizer-se existir uma crise do Estado de bem-estar social. Refiro-me à situação em que se encontra ou não se encontra a sociedade civil, nos países em vias de desenvolvimento, mas igualmente nos países ditos desenvolvidos.

Nos países em vias de desenvolvimento a sociedade civil que os caracteriza é incipiente, desarticulada e sem expressão, situação motivada, certamente, pela ignorância da maioria dos cidadãos, relativamente aos seus direitos e deveres, mas também, pelo interesse de quem os representa na manutenção desse estado de ignorância, pela passagem de um certificado de menoridade.

Nos países desenvolvidos, a sociedade civil depositou uma grande parte da sua responsabilidade, na satisfação dos interesses próprios, no Estado de bem-estar, tendo-se assistido a um processo de excessiva ampliação de competências estatais, geradora de uma dependência dos cidadãos para com o Estado, o qual aproveitando-se dessa falta de emancipação foi criando os recursos necessários para aumentar o seu poder, que chega a todos os âmbitos.

A democracia representativa sendo a forma de governo prevalecente nas sociedades ocidentais (copiada pelos países que atravessaram o caminho que os conduziu à independência) tem aparecido como um método, segundo o qual o povo desempenha um papel passivo, limitando-se a sufragar a escolha por outrem dos dirigentes.

Devido às falhas e insuficiências dos resultados deste tipo de democracia, cada vez mais têm aparecido correntes que propugnam pela denominada democracia participativa, como forma de compatibilizar a democracia directa com o Estado da actualidade.

Como se sabe a fórmula representativa foi sustentada pelos arautos do liberalismo, como meio de limitar não só o poder absoluto dos monarcas, como do povo, a denominada "classe perigosa".

Lembrando Jean-Jacques Rousseau, dos poucos pensadores da sua época que renunciou a abandonar a ideia da democracia directa, ao pronunciar-se sobre o sistema de eleição do parlamento inglês afirmava: "o povo inglês julga ser livre, mas está muito enganado, só o é durante a eleição dos membros do parlamento; logo que são eleitos, passa a ser escravo e nada é".[3]

E este incessante apelo à participação da sociedade civil nos assuntos públicos tornou-se mais premente, ao constatar-se, hoje, que a sua fraqueza obrigou o Estado a tornar-se forte, vindo a compensar essa debilidade social com um forte e extenso aparelho burocrático. "O redimensionamento do espaço de actuação do Estado será apenas conseguido mediante o fortalecimento da sociedade civil, dada a correlação entre o Estado e a sociedade".[4]

Mas toda essa fortaleza estadual não tem sido suficiente para responder às cada vez mais exigentes requisições sociais, já que paralelamente e em competição com elas se colocam outros interesses dos poderes públicos, tendo por isso tido início a crise do Estado social ou de um Estado que pretendeu tornar-se providência.

---

[3] Jean-Jacques Rousseau, *Du Contrat Social*, Paris, Seuil, 1977, p. 266.

[4] António Teixeira Fernandes, *A Crise do Estado nas Sociedades Contemporâneas*, Porto, 1993, p. 35.

Não contando, também, com as consequências da influência do fenómeno do mundo global.

A colagem da sociedade civil ao Estado, onde ela existe, talvez devesse tender para a desintegração, transformando esta numa sociedade civil mais autónoma, que possa vir a contrariar o monopólio da centralidade política. Não se entenda, porém, que esta afirmação segue na esteira das teorias que defendem a extinção do Estado. O que se quer dizer é que sendo o Estado e a sociedade civil necessários à realização das exigências da vida associada, cada um deve desenvolver o que lhe compete, de modo a que um e outro se mantenham na sua razão de ser.

A presença de uma sociedade civil autónoma e consciente do seu papel, contribui, certamente, para o exercício de uma democracia participativa, abrindo-se a possibilidade de "os cidadãos, pela petição e pela iniciativa legislativa populares, poderem impulsionar o procedimento legislativo"[5] e levarem os poderes públicos a tomarem decisões, na justa medida, voltadas para o bem comum.

Não posso deixar de mencionar aqui, que a Constituição angolana considera a democracia participativa um dos fundamentos do Estado Democrático de Direito (art. 2º).

Gostaria muito de assistir ao seu desabrochar, mas parece que não será para os meus dias. Não se trata de uma atitude pessimista ou derrotista. Se tal vier a acontecer, enquanto for viva, não irei esquecer-me e enviarei um e-mail ou uma comunicação, por outro meio mais sofisticado, a todos os que ainda estiverem vivos. Perdoem-me o sentido de humor (negro, se calhar!).

Mas até mesmo nos países em vias de desenvolvimento, haverá que distinguir os que se encontram mais estruturados, quer política, quer económica como financeira e socialmente, nos quais, quando muito, se tem assistido ao lançar de algumas políticas de protecção e segurança sociais, não chegando, no entanto a assumir a dimensão de um Estado de bem-estar social.

Nos países em vias de desenvolvimento menos estruturados, o desinteresse pelas questões sociais, que são ultrapassadas pelas questões políticas e que até sublevam as questões económicas, parece ser sintomático

---

[5] Cfr. Jorge Cláudio Bacelar Gouveia, *Manual de Direito Constitucional*, Vol. I, 3ª edição revista e actualizada, 2009, p. 233.

o seu afastamento dos requisitos que caracterizam o Estado de bem-estar social.

Conclusões

Perante este quadro e antes de encerrar a minha intervenção, gostaria de deixar duas ou três conclusões:

1. A aposta na educação, obedecendo a padrões de qualidade, e na formação profissional competitivas, nos países em vias de desenvolvimento, é fundamental para o surgimento de uma sociedade civil que participe na gestão da coisa pública de modo a que emirjam da pobreza em que se acham mergulhados.

Mas a aposta nesses dois factores reduziria também os gastos avultados que se fazem em transferências que vão "engordar" as economias do exterior, o que a não suceder permite a constituição de poupanças para a realização de políticas sociais.

Cabe a estes países reduzir o fosso que existe entre eles e os países desenvolvidos.

E isto conseguirão, quando e somente garantirem aos seus cidadãos, através da competitividade e produtividade, pelo menos, o mínimo existencial de modo a criarem as bases materiais para a aplicação do princípio da dignidade humana, como já o dissemos.

2. Jürgen Habermas afirma, com justa razão que: O Estado Social e Democrático de Direito funda-se na íntima correlação entre dois valores fundamentais: igualdade e liberdade democráticas, no sentido de que todos os indivíduos têm direito a integrar-se material e equitativamente, de modo a seguirem a sua vida conforme as suas capacidades, tendo em atenção que todos eles são cidadãos com direitos políticos que lhes permitem participar em igualdade de condições nos rumos que a evolução social alcança.

3. A crise do Estado de bem-estar social nos países desenvolvidos (ocidentais ou democracias liberais) parece ficar a dever-se, também, ao exacerbado estádio a que chegou o individualismo do homem "moderno", mais preocupado com o exercício de direitos, descomprometendo-se com o cumprimento dos deveres.

O que se tem denominado por autismo social afecta o futuro das democracias, de tal modo que se vêm convertendo no que alguém chamou de "democracias de consumo".

4. Não pode existir uma sociedade civil sem a afirmação, em medida suficiente, dos direitos de cidadania.

A procura de uma sociedade civil é, em consequência, "uma procura de direitos iguais num quadro constitucional que domestique o poder de modo que todos gozem de cidadania como fundamento dos seus ensejos de vida" (Ralf Dahrendorf, *Refléxions sur la Révolution en Europe*, pp. 116-117).

5. A democracia pressupõe a existência do diálogo com o "outro", e em consequência o reconhecimento de que esse "outro" existe e, do mesmo passo, a democratização de uma sociedade pressupõe que se cumpra a cidadania para todos.

Muito obrigada.
Maputo, 20 de Março de 2013.

Referências Bibliográficas

Ademir Alves da SILVA, *A Crise Capitalista Contemporânea e as Relações entre Estado, Mercado e Sociedade: Subsídios para Avaliação das Políticas Sociais*, Núcleo de Estudos e Pesquisas sobre Políticas Sociais do Programa em Serviço Social da PUCSP, 2011.

Alexandre Gazetta SIMÕES, *O Papel do Estado na Protecção dos Riscos Sociais*, São Paulo, 2011.

António Teixeira FERNANDES, *A Crise do Estado nas Sociedades Contemporâneas*, Faculdade de Letras da Universidade do Porto, 1993.

Fábio Guedes GOMES, *Conflito Social e Welfare State: Estado e Desenvolvimento Social no Brasil*, RAP, Rio de Janeiro, Mar./Abr. 2006.

François de Oliveira FERREIRA, *O Estado Nacional e Globalização: o Discurso de uma Crise e a Crise de um Discurso*, Revista Electrónica Inter-Legere nº 3, Jul./Dez., 2008.

Jorge Cláudio Bacelar GOUVEIA, *Manual de Direito Constitucional*, Vol. I, 3ª edição, revista e actualizada, 2009.

Jorge Reis NOVAIS, *Direitos Sociais. Teoria dos Direitos Sociais enquanto Direitos Fundamentais*, Wolters Kluwer e Coimbra e Editora, 2010.

José Luís FIORI, *Estado do Bem-Estar Social: Padrões e Crises*, Instituto de Estudos Avançados da Universidade de São Paulo, Maio/2008.

Juergen HABERMAS, *A Nova Intransparência. A Crise do Estado de Bem-Estar Social e o Esgotamento das Energias Utópicas*, Setembro, 1987.

Leno Francisco DANNER, *Habermas e a Retomada da Social-Democracia*, Veritas, Porto Alegra. V.57, nº 1, Jan./Abr. 2012.

Maurício José Mantelli MARANGONI, *A Crise do Estado do Bem-Estar Social na Visão de Lorca Martín Villodres*, Ius et Iustitia Electrónica, SP, V. 1, nº 1, 2008.

Vera Maria Ribeiro NOGUEIRA, *Estado de Bem-Estar Social – Origens e Desenvolvimento*, Katálysis, nº 5, Jul./Dez. 2001.

A Crise do Estado Social afetará os Países Emergentes?

Luís Salgado de Matos[1]

Introdução e razão de ordem

«A crise do Estado Social afetará as economias emergentes?» O tema foi-nos proposto para ser abordado num painel do III Congresso do Direito de Língua Portuguesa, realizado no Maputo, em março de 2013, por impulsão do Instituto de Direito de Língua Portuguesa (Idilp), animado pelo Prof. Jorge Bacelar Gouveia, da Faculdade de Direito da Universidade Nova de Lisboa, em coprodução com o Instituto Superior de Ciências e Tecnologia de Moçambique (ISCTEM).

O desafiado exercera funções de responsabilidade na economia de Moçambique, país onde se realizaria o colóquio, o que de imediato suscitou o seu interesse pela ocasião. Mas o interesse não resultava apenas desta circunstância pessoal: provinha da relevância teórica e prática do tema, que respeitava não só a Moçambique mas a todas as economias emergentes.

Um exame rápido do tema logo revelou uma questão prévia: haverá Estado Social em economias emergentes? Quando referimos economias emergentes, englobamos todas aquelas em que a capitação anual do Produto Interno Bruto (PIB) é inferior a vinte mil dólares dos Estados Unidos. Usaremos sempre como indicador de capitação de rendimento o

---

[1] Investigador Principal com Agregação do Instituto de Ciências Sociais da Universidade de Lisboa.

PIB por habitante ou conceitos semelhantes. O PIB é a soma dos valores acrescentados numa dada economia, num dado período.

À primeira vista, há uma unanimidade da literatura a favor da seguinte tese: o Estado Social é um fenómeno exclusivo das economias desenvolvidas. Com efeito, ele implica transferência de rendimentos e só há rendimentos transferíveis quando há um excedente económico, acima do necessário à satisfação das necessidades básicas da população. Sendo o rendimento por habitante muito baixo, um tal excedente não existe, ou é insignificante.

Aqueles rendimentos transferíveis excluem os pagamentos dos fatores de produção – salários, rendas, lucros – e resultam de um ato de vontade que se impõe à lei do mercado, seja ele uma decisão do Estado, seja um acordo coletivo de trabalho entre sindicatos e patrões.

Por isso, haveria a suscetibilidade de qualquer Estado, independentemente do rendimento dos seus cidadãos, aplicar *políticas sociais* – decisões extramercado sem afetarem nem a produção nem a distribuição e com incidências sociais – mas isso não implica a mesma obrigatoriedade para o Estado Social.

A ser assim, a crise do Estado Social não afetaria as economais emergentes pela simples razão que elas teriam que desconhecer o Estado Social. Seria então um tanto incongruente abordarmos o tema num congresso em Moçambique.

O tema não é porém incongruente. Mal o aprofundamos, aquela unanimidade aparece-nos como ilusória. A identificação do Estado Social com os países ricos é uma convenção injustificada. Por outro lado, a rejeição do problema resulta do predomínio das opiniões liberais no campo da ciência económica – e os liberais condenam por princípio o Estado Social. A unanimidade aparente era doutrinal e não teórica. A questão do Estado Social é de plena atualidade nos países emergentes.

Começaremos por estudar se o Estado Social é inevitável. Iniciaremos a nossa indagação por um exame teórico e conclui-la-emos por um exame empírico. Considerá-lo-emos empiricamente inevitável se estiver presente em todos os escalõs de rendimento. O exame empírico estender-se-á à relação entre o volume das transferências sociais e as taxas de crescimento do PIB por habitante. O que nos permitirá responder às nossas questões e a uma outra: se, para um mesmo escalão de PIB por habitante, os países com maior despesa social mostrarem também maior crescimento, então do ponto de vista empírico, o Estado Social não será prejudicial ao desenvolvimento económico.

A resposta a estas questões será de alguma utilidade para as economias emergentes. Sobretudo em termos de políticas económica e social: se o Estado Social prejudicar o crescimento económico, só deverão seguir esse caminho se estiverem dispostos a semelhante sacrifício. Mas também em termos de política social: se prejudicar, saberão qua há custos a cobrir para um dado volume de transferências sociais, e em certa medida saberão quantificá-los; e, se não prejudicar, saberão que não incorrem em tais custos.

Antes de prosseguirmos, devemos esclarecer duas questões metodológicas: em que sentido usamos o conceito de inevitabilidade? Que metodologia seguiremos?

Já vimos que alguns autores consideram indesejável o Estado Social, de um ângulo doutrinal e valorativo. Se é indesejável, é suscetivel de ser objeto de escolha e nesse caso não é passível de um determinismo absoluto. Isto nos basta para sabermos que a inevitabilidade não é a dos movimentos dos planetas no universo newtoniano. Não sendo a presente sede adequada ao aprofundamento dos conceitos de determinismo e causalidade em ciência social, assinalemos apenas que inevitabilidade tem um sentido probabilístico, de mais elevada probabilidade de ocorrência.

Uma última prevenção se impõe antes de iniciarmos a nossa indagação: o tema da necessidade do Estado Social divide as doutrinas económicas e as táticas partidárias. Não nos deixaremos contaminar por tais querelas, por legítimas que sejam. Nas seções teóricas, procuraremos analisar com rigor. Nas seções quantitivas, recorreremos a uma abordagem analítica e empírica, analisando diferentes prestações sociais, país por país e correlacionando estatisticamente os seus efeitos.

Nestes termos, procederemos à averiguação da inevitabilidade do Estado Social. Antes, porém, afigura-se conveniente propormos ao leitor uma melhor caraterização desse conceito.

Que é o Estado Social

Como dissemos, o Estado Social, em inglês designado por *Welfare State*, ou Estado de Bem Estar, consiste na redistribuição para fins ditos sociais de parte de um excedente económico por um ato de vontade exterior à lógica de mercado. A economia clássica de tradição marshalliana usa a noção de excedente para designar a vantagem que um consumirdor obtém quando compra abaixo do preço máximo que estava disposto a dar por um bem ou serviço, ou a do produtor, quando vende acima do preço mínimo por que estava disposto a vender. Usamos a noção noutro sentido. Excedente económico é «a diferença entre o que a sociedade produz e o custo dessa produção», escrevem os economistas marxistas Paul A. Baran e Paul M. Sweezy; mas a noção nada tem de marxista, aproximando-se do conceito de valor acrescentado, que está na base da contabilidade nacional; porém, esta não explicita a noção de excedente (Baran, p.23).

Em que se concretiza o Estado Social? Registemos as suas principais concretizações:

1. Ensino;
2. Saúde;
3. Habitação;
4. Subsídio de desemprego;
5. Garantia de um rendimento mínimo permanente;
6. Pensões de aposentação;
7. Outras transferências em dinheiro ou em espécie a favor de particulares, por motivos sociais;
8. Direito do trabalho;
9. Direitos de associação no local de trabalho; direito à greve.

As rubricas 7, 8 e 9 envolvem transferências diretas de excedente do empregador para o assalariado, e por isso não é quantificável o seu lado económico que aliás nem sempre será o mais relevante. Cada uma daquelas rubricas concretiza-se numa ou mais prestações, entregues a um beneficiário, que a elas tem direito, e financiadas pelo imposto ou por meios definidos em contratação coletiva. As três primeiras rubricas não têm que ser monetárias, pois são concretizáveis em espécie ao beneficiário. As rubricas nºs 4, 5 e 6 são consideradas seguro social; o mesmo é suscetível de ocorrer com a nº 7, que é uma designação genérica, concretizada em inúmeras prestações.

Anotemos que a pensão de aposentação é a extensão à velhice da garantia do rendimento mínimo permanente; em geral pressupõe uma idade de reforma obrigatória e a prévia efetivação de descontos pelo beneficiário. Contudo, do ponto de vista histórico, a pensão de aposentação é anterior ao rendimento garantido.

Não há unanimidade sobre a quantidade e identidade das rubricas necessárias para que seja concretizado o conceito de Estado Social. É frequente dele ser extraído o ensino. Muitos analistas identificam aquele conceito com a sua concretização na Europa ocidental, que inclui todas ou quase todas aquelas rubricas. Irwin Garfinkel e Timothy Smeeding, professores da Columbia University, de Nova Iorque, e Universidade do Wisconsin, desenvolvem uma análise da compreensão do conceito de Estado Social (*Welfare state*), centrada na inclusão ou não do ensino e respondem pela positiva: para eles, basta que um dado Estado subsidie o ensino para que haja Estado Social. Seguiremos este critério (Garfinkel; Smeeding).

Um parêntesis. Muitos acreditam que os Estados Unidos não são um Estado Social. Mas essa tese é errada, como o demonstraram Garfinkel e Smeeding: são-no, embora com uma estrutura diferente da europeia, pois privilegia o ensino público, deixando as restantes rubricas ao acordo coletivo ou aos estados federados.

Também não há unanimidade sobre o valor bruto ou relativo das prestações sociais a partir das quais existe Estado Social. Por vezes, a expressão é apenas usada quando as prestações sociais são uma proporção significativa do PIB; é então usada em sentido descontínuo. Nesse caso, Estado Social é sinónimo de país rico, sendo «país rico» objeto de uma definição também ela descontínua. A Suécia seria um Estado Social, o Brasil não seria. Usaremos a expressão Estado Social em sentido contínuo: alguns países prestam mais benefícios aos seus cidadãos, outros menos; desde que prestem algum dos benefícios sociais das rubricas acima elencadas, haverá Estado Social. Anotemos que a definição é contínua com a condição de estar concretizada uma das rubricas do Estado Social. Assim, consideraremos que existe Estado Social quando um dado país não reinveste na economia uma parte do excedente e a utiliza para subsidiar certas atividades da sua população; excluímos a despesa com as funções tradicionais do Estado (justiça e ordem pública, defesa, a que acrescentamos a obra pública, ainda que realizada com propósitos de política económica anticílica, isto é, quando a obra é efetivada em fase de crise económica e com o fito de a combater). Por isso, como veremos, a totalidade ou a quase totalidade dos Estados contemporâneos são sociais.

Uma última precisão concetual. Estado Social designa em geral uma dada instituição Estado-nação que cobra impostos e os usa para financiar prestações sociais mas é suscetível também de designar um país cuja organização social transforma parte do excedente em subsídio; assim, ocorre quando patrões e trabalhadores acordam num contrato coletivo de trabalho que regula não só os salários e os horários de trabalho mas também vincula ambas as partes a constituirem um fundo financeiro para pagar pensões de aposentação aos assalariados da empresa. É o segundo modelo referido no parágrafo anterior.

O Estado Social é inevitável?

Predomina hoje a convição da inevitabilidade do Estado Social. Essa convição decorre em primeiro lugar da interpretação dominante de realidades empíricas ocorridas na Europa ocidental e mais tarde nos Estados Unidos: as despesas sociais manifestam em todas economias uma tendência permanente para o aumento.

O Estado Social contemporâneo arranca na segunda metade do século XIX quando o chanceler alemão Otto von Bismarck (1815-1898) começou a pagar prestações sociais, para evitar agitações operárias e ter um país pronto para a guerra. Mais tarde ou mais cedo, os países da Europa Ocidental tiveram que o imitar, lançando ou aumentando as suas despesas sociais, sobretudo estatais mas também não-estatais, contratuais (negociadas entre patrões e sindicatos). A Primeira Guerra Mundial levou os sindicatos a participarem na gestão da produção das grandes empresas e reforçou o apoio estatal aos desmunidos. A grande crise económica dos anos 1930 acelerou esse movimento. O Reino Unido só depois da Segunda Guerra Mundial adere ao Estado Social, embora antes houvesse «poor laws» (leis de ajuda aos pobres). A crise dos anos 1930 gerou um forte movimento inteletual favorável ao Estado Social; neste contexto, merece destaque A. C. Pigou, conceituado professor de economia política na Universidade de Cambridge, que escreveu em 1928: «o bem-estar económico de uma comunidade de uma dada dimensão é provavelmente maior (1) quanto maior for o dividendo nacional [o PIB] e (2) quanto maior for a porção em valor absoluto desse dividendo que seja entregue aos pobres» (Pigou, pp. v-vi). Aquela adesão consistiu na concretização do Plano Beveridge, de 1945: um instituto público centralizado distribui benefícios universais, isto é: a todos os cidadãos, ricos ou pobres, e numa gama vasta de rubricas (saúde, ensino, aposentação, habitação) com prestações de elevado valor. Mas há outro modelo de Estado Social: descentralizado, mais contratual do que legal; mais liberal em termos económicos. É seguido nos Estados Unidos e de algum modo na Alemanha. Um e outro são modelos possíveis. Nos últimos anos, há quem registe uma «convergência» entre ambos (Achterberg, Yerkes, 2009). A generalização do Estado Social, seja ele mais centralista ou mais liberal, criou a convição da sua inevitabilidade.

Mas esta convição nem é a única nem a mais antiga. Os primeiros economistas, como Adam Smith e os seus seguidores, pressupunham ou explicitavam que o imposto devia ser apenas financeiro, para sustentar as reduzidas e estáveis despesas de um Estado mínimo. As políticas neoliberais, seguidas nos anos 1980 pelo Presidente Ronald Reagan, nos Estados Unidos, e pela Primeira-Ministra Margaret Thatcher, no Reino Unido, interromperam ou desaceleraram o crescimento permanente das despesas públicas, abalando a referida convicção empírica. A globalização terá tido efeitos semelhantes e por certo mais duradouros.

Apresentemos então os argumentos a favor e contra a inevitabilidade do Estado Social. Começaremos pelos argumentos teóricos. Eles têm sempre como pressuposto uma realidade empírica e por isso originaram, ou são suscetíveis de originar, uma pesquisa empírica.

Veremos depois os argumentos empíricos e voltaremos então às questões metodológicas.

Principais argumentos teóricos contra a inevitabilidade do Estado Social

Os argumentos sobre a inevitabilidade do Estado Social serão colhidos na economia política clássica e neoclássica, aqui tomada como epónima da ciência social. Para o século passado, recorreremos sobretudo ao economista austríaco Ludwig von Mises (1881-1973), por este oferecer uma análise mais coerente e sistemática do Estado Social, expressão que aliás não emprega, do que a do economista também austríaco F. A. Hayek (1899-1992), detentor do prémio Nobel e mais conhecido na Europa

(Hayek, pp. 46, 63, 72, 83). O rastreio da presente seção não cita autores mais recentes para evitar a ilusão que se proporia ser uma síntese do pensamento neoliberal contemporâneo.

O princípio socialista de distribuição do rendimento contradiz o princípio capitalista de produção da riqueza

Na sistematização dos tratados de economia do século XIX, a distribuição ou repartição do rendimento aparecia no fim, depois da produção e como consequência dela. Para a teoria económica clássica, produção e distribuição do rendimento são duas faces da mesma moeda: o assalariado entra na produção trabalhando e recebe como rendimento o salário, pago pela parte que lhe cabe na produção vendida. Destacamos o assalariado, pois ele está na génese do Estado Social, mas o argumento é válido para o dono da terra ou para o capitalista: «na sociedade capitalista, a cada um é atribuído o rendimento correspondente ao valor da contribuição fornecida pelo seu trabalho para a produção social» (Mises, 1922, p. 178). Como escreveu o economista liberal Jean-Baptiste Say (1767-1832): «o direito exclusivo a dispor do seu rendimento é a consequência do direito exclusivo de propriedade dos meios de produção» (Say, 1880, p. 160 – Parte II, cap. II). A redistribuição de rendimento ao abrigo de um critério exterior ao mercado perturba essa lógica económica: para von Mises, esta redistribuição pelo Estado é o socialismo; o socialismo reformista só diverge do revolucionário quanto aos meios, sendo os fins idênticos; por isso, o Estado Social é para ele o socialismo (Mises, 1922, pp. 178, 273 ss.). Entra nesta categoria o acordo coletivo de trabalho, que estabelece um salário social, e o imposto estatal para fins sociais, embora cada um tenha a sua especificidade. O caso da redistribuição pelo imposto é o mais grave: as empresas vítimas de imposto excessivo são descapitalizadas e por isso deixam de estar em condições de enfrentarem a concorrência. John Stuart Mill, no capítulo I do livro II dos *Principles of Political Economy* (1848) afastou-se desta ortodoxia: «as leis e as condições da produção de riqueza partilham o caráter de verdades físicas» mas «não é assim com a distribuição de riqueza. Esta depende apenas das instituições humanas» (Mill, pp. 349-350). Mill não seria porém seguido por Alfred Marshall, o fundador da teoria económica moderna, que não atribuía à redistribuição de riqueza nenhum papel (Marshall, p. 379 ss). Só o seu discípulo Pigou, nos anos 1930, retomará a teoria económica redistribucionista, como vimos.

Por outro lado, não há limite económico ao valor do imposto e, numa sociedade em que todos os maiores de idade votam, a tendência é para o aumento incessante do valor da cobrança fiscal, para satisfazer reivindicações económicas de grupos sociais cujo PIB por habitante é inferior à média e que por isso contam com o favor da opinião pública. Von Mises escreveu a este respeito: «não há hoje [1922] meio mais próprio para assegurar a popularidade de um demagogo do que reclamar sem cessar impostos mais rigorosos sobre os ricos» (Mises, 1922, p. 573). Assim, o Estado Social destrói a economia de mercado e o capitalismo.

O Estado Social cria «risco moral»

Na secção anterior, resumimos o pensamento dos economistas clássicos sobre o Estado Social. Para o pensamento liberal contemporâneo, o risco moral define o Estado Social; esta ideia é tão difundida que na presente sede se afigura desnecessário atribuir-lhe uma paternidade. O risco moral consiste em alguém beneficiar da possibilidade institucional de não responder pelos seus atos; a dimensão que nos interessa na presente sede é económico-financeira. Exemplifiquemos: o proprietário de um dado prédio não tem seguro contra incêndios e gasta dinheiro com segurança para os evitar pois, se ocorrerem, será ele a pagar o prejuízo. Um dia contrata com uma companhia um seguro contra incêndio desse prédio, por o prémio ser inferior ao que estava a gastar com segurança; deixa então de se preocupar com a segurança contra incêndios da propriedade segura, pois transferiu o risco para o segurador.

É recente o apelo ao risco moral para criticar o Estado Social. Nos anos 1930, von Mises observou que o «seguro social» é «a pedra de fecho do programa do estatismo alemão» (outro nome do Estado Social) mas não o qualificou como risco moral, embora pareça ter antecipado essa qualificação: «o seguro social transformou a neurose dos segurados na mais perigosa doença do povo» (Mises, pp. 550-554).

A noção de risco moral aplica-se a numerosos aspetos do Estado Social: aumento da dívida pública, crescimento da inflação, efeitos dissuasores da produção pelo subsídio de desemprego e rendimento garantido, desincentivo à poupança pelas pensões de aposentação. São temas muito trabalhados pela ciência social, aos quais, excetuado o último, consagraremos de seguida breves comentários.

O Estado Social prolonga a vida humana e assim aumenta a dívida pública

Niall Ferguson escreveu: o Estado Social «foi vítima do seu próprio sucesso: teve tanto êxito a prolongar a vida humana que se tornou financeiramente insustentável, exceto se forem alterados os seus aspetos mais importantes, como a idade da passagem à reforma»; assim, o Estado Social tornou-se «disfuncional» de um modo «supreendente» (Ferguson).

A surpresa é em si mesma surpreendente. Com efeito, o Estado Social, devido às suas próprias regras, aumenta o défice público pelo efeito combinado do prolongamento da vida humana e das despesas que esse aumento implica: mais tempo de pagamento de pensões de aposentação, mais despesas de saúde, mais despesas de acompanhamento da terceira idade. O aumento da expetativa de vida decorreria inevitavelmente da democratização por ele operada dos benefícios da medicina moderna. Como as despesas do Estado cresceriam mais do que as respetivas receitas, pelo efeito automático do prolongamento da vida sem trabalho remunerado, um simples cálculo atuarial mostraria qual o ano em que o Estado Social entraria em défice.

Desse défice decorreria, de modo também inelutável, o agravamento da dívida pública, por ele alimentada. Este problema era portanto previsível mas não consta que tenha sido previsto na literatura, que só o notou quando a observação empírica o impôs. É um problema que emerge no final do século XX, começo do século XXI.

O risco moral está no centro deste problema: as pensões são recebidas pelo beneficiário e em larga medida pagas pelos contribuintes.

O Estado Social é inflacionário

A inflação era um modo na aparência indolor de financiar o Estado Social e em particular o seu défice. Este défice decorreria do processo de expetativas crescentes: o eleitor-beneficiário da segurança social pretendia prestações sempre crescentes. Quando a produtividade era insuficiente para os financiar, a inflação era a solução mais cómoda, pois não exigia aumento de impostos.

Embora fosse previsível esta pressão do Estado Social sobre os recursos, não parece que os seus inimigos a tenham previsto. Assim, von Mises aponta os efeitos «destrucionistas» da inflação mas atribui-os à ação deliberada dos marxistas e não aos automatismos do Estado Social (Mises, p. 575 ss.)

O subsídio de desemprego e o rendimento mínimo garantido desincentivam a vontade de trabalhar

Para os liberais, o subsídio de desemprego agrava os males que pretendia resolver. Von Mises resumiu a escola: «não foi compreendido que o problema não reside no facto de o desempregado não conseguir de todo encontrar trabalho mas sim no fato de ele não estar disposto a trabalhar pelo salário que conseguiria obter no mercado em troca do trabalho de que é capaz e que está disposto a fornecer» (Mises, p. 562). Era *avant la lettre* mais um caso de risco moral.

Principais argumentos teóricos a favor da inevitabilidade

Os argumentos teóricos contra a inelutabilidade do Estado Social são oriundos da escola económica clássica; a sua defesa nasce sobretudo da economia política alemã do século XIX.

A complexidade crescente da economia implica o aumento das despesas sociais (lei de Wagner)

O aumento do peso relativo das despesas sociais é inevitável pelo menos na medida em que elas sejam abrangidas pela «lei de Wagner», isto é, na medida em que sejam despesas estatais. Nessa exata medida, o Estado Social é inevitável.

Devemos aquela lei a Adolph Wagner (1835-1917), um fiscalista e economista institucional alemão, defensor do «socialismo de Estado», que lhe deu o nome de «lei da expansão crescente das despesas públicas em geral e do Estado em particular» e a formulou pela primeira vez em *Grundelegung der politischen Oeconomie*, de 1883; é uma obra extensa escrita em estilo pesado e pouco lida; uma versão posterior dessa lei está traduzida num livro mais acessível (Musgrave; Peacock, 1967, p. 1 ss).

Wagner deu várias razões para o aumento da despesa pública ser superior ao da despesa social global: a industrialização que aumenta a divisão social do trabalho, determinando maior complexidade das relações sociais e maiores despesas gerais; a urbanização crescente que exige incremento dos gastos com a manutenção da ordem pública; a especialização e o desenvolvimento tecnológico que provocariam grandes unidades produtivas cujo risco de falência exige maior regulação estatal, assim como a nacionalização das empresas mais pequenas e por isso ineficientes; o aumento do rendimento por habitante, que geraria exigências crescentes de educação e entretenimento, assim como uma distribuição mais justa da riqueza e do rendimento de que derivaria uma procura maior dos serviços públicos (Wagner, 1883; Musgrave; Peacock, 1967; Peters, s.d.; Henrekson, 1993).

A lei de Wagner como correlação estatística é independente das razões sociais, históricas ou contemporâneas, que a justificam. Estas razões são generalizáveis como um aumento mais do que proporcional das despesas gerais da organização política, em consequência do aumento da divisão social do trabalho.

A socialização no pensamento do Papa João XXIII

O conceito de socialização é frequente em sociologia no sentido de «processo pelo qual aprendemos a tornarmo-nos membros de uma sociedade» («Socialization»). Contudo, a doutrina social da Igreja Católica usa-o noutra aceção. Com efeito, na sua influente encíclica *Mater et Magistra* (1961), o Papa João XXIII (1958-1961) emprega o conceito de socialização para significar a «multiplicação progressiva das relações dentro da convivência social» que comporta a associação de várias formas de vida e de atividade, e a criação de instituições jurídicas»; o fenómeno resultaria de «múltiplas causas históricas»: «progressos científicos e técnicos», «maior eficiência produtiva» e «aumento do nível de vida», além da «tendência natural, quase irreprimível» do homem para se associar. Adiante, a encíclica acrescenta, porém: «Não se deve considerar a socialização como resultado de forças naturais impelidas pelo determinismo. A socialização influencia o «poder político» pois é «simultaneamente efeito e causa» da sua «crescente intervenção». Na sua «apreciação» da socialização, a *Mater et Magistra* refere-lhe as vantagens, entre as quais tornar «possível satisfazer muitos direitos da pessoa humana, especialmente os chamados económicos e sociais», e menciona os inconvenientes, entre os quais destaca a restrição do «campo da liberdade de ação dos indivíduos» (*Mater et Magistra*).

O conceito de socialização não será alheio à doutrina de A. Wagner, acima referida; com efeito, Mises considerou «o socialismo eclesiástico e o socialismo de Estado ligados de modo tão estreito que é impossível traçar uma fronteira entre eles» (Mises, p. 289); a socialização papal oscila entre o determinismo e o voluntarismo pelo que é incerto o seu estatuto epistemológico, entre doutrina e ciência; nem por isso deixa de ser relevante para a compreensão do Estado Social: a malha mais densa de relações interindividuais e um maior número de associações voluntárias, numa dada organização política, têm como contrapartida necessária a socialização crescente de uma parte do excedente social.

Anotemos que a socialização joanina é um conceito sociológico, extravasando o exame económico, que na presente sede desenvolvemos.

A baixa relativa do valor do salário dá vantagem competitiva ao empresário

Num mundo dividido em economias nacionais, o Estado Social retira às suas empresas o custo de financiar a formação, a saúde e a reforma dos seus trabalhadores, transferindo esse custo para os contribuintes; esta transferência diminui os custos de produção das empresas e assim acresce-lhes a competitividade, seja possibilitando-lhe preços de venda mais baixos, seja aumentando-lhe os lucros (Garfinkel, Smeeding).

Ora, a partir do momento em que uma dada economia socializa os custos das suas empresas, as economias concorrentes têm que adotar o mesmo procedimento. Por isso, o Estado Social é contagioso à escala mundial – seja esse contágio virtuoso ou não.

As necessidades atuais da legitimação política

Nenhum Estado contemporâneo se autolegitima se não trouxer um aumento regular de bem-estar económico-social aos seus habitantes, seja esse aumento distribuído pelo mercado ou por mecanismos coercivos, sejam ele estatais ou inseridos na contratação coletiva.

Contudo a tese exposta no parágrafo anterior está a ser erodida pelo avanço das teorias neoliberais, que apenas consentem na distribuição de rendimentos pela via do mercado.

Principais argumentos empiricos contra a inevitabilidade do Estado Social: desacelera o crescimento económico

Em Novembro de 2012, Niall Ferguson, na sua entrevista à CNN, salientou que os Estados Unidos em 1978 eram 22 vezes mais ricos do que a China e em 2012 não eram nem cinco vezes mais ricos. «O ascendente do Ocidente está a chegar ao fim», concluía com drama; e expunha a razão: o Estado Social (*Welfare State*; Ferguson).

Ferguson ecoava o principal argumento empírico contra a inevitabilidade do Estado Social: ele desacelera o crescimento económico. Sem crescimento económico, os países que adotarem o Estado Social ficarão para trás e tendencialmente acabarão por desaparecer. Este argumento é discutível. Admitamos que perece a economia que não cresce. E perguntemo-nos: será que o Estado Social desacelera o crescimento?

Metodologia

Para sabermos se o Estado Social desacelera o crescimento do PIB, temos primeiro que averiguar se há correlação estatística entre o ritmo de crescimento e o valor do PIB por habitante; esta correlação responde-nos àquela pergunta.

A correlação será positiva, negativa ou inexistente: a riqueza individual acelera o crescimento do PIB, desacelera-o ou é-lhe indiferente. Mas uma correlação positiva para o conjunto do universo é suscetível de ser negativa para uma parte desse universo, parte essa definida pelo valor do rendimento por habitante.

Temos assim que desdobrar a primeira pergunta numa outra, que nela está implícita: a correlação geral é válida para todos os escalões de rendimento?

Para respondermos a esta segunda pergunta, agruparemos os países por escalões de rendimento por habitante e para cada um deles averiguarmos como se comportam os países com Estado Social forte e com Estado Social fraco. Procedendo assim, distinguindo o ritmo de crescimento segundo os níveis de riqueza, eliminaremos o nível de riqueza como fonte de causalidade oculta: se, para um mesmo escalão de PIB por habitante, as nações com (mais) Estado Social cresceram mais do que as outras, concluiremos que aquele Estado não dificulta o crescimento do PIB nesse escalão.

Será o seguinte o nosso método de análise: calcularemos coeficientes de correlação linear entre a variável dependente (ou explicanda), isto é, a variação anual do Pib por habitante, e a variável independente (ou explicativa), ou seja, a despesa social em percentagem do PIB, ambas relativas aos países para as quais o Banco Mundial disponibiliza essa informação estatística.

Quando a correlação linear se revelou inadequada aos dados, calculámos outros tipos de correlação (quadrática, polinomial, sobretudo).

Não pretendemos elaborar um modelo geral nem do Estado Social nem do desenvolvimento económico. Pretendemos, sim, verificar o comportamento empírico de uma variável (despesa social estatal) representativa do Estado Social e correlacionamo-la com a variação anual do Pib por habitante. Aquela variável única, previamente justificada do ponto de vista teórico, é, porém, decisiva, o que fundamenta a pesquisa. Por isso é adequada a escolha das correlações. Dispensámos procedimentos estatísticos mais elaborados, pois correlacionamos apenas uma variável independente, sendo por isso impossível que surjam problemas de causalidade espúria derivados de relações ocultas entre duas ou mais variáveis explicativas.

Pretendemos alcançar conclusões válidas para o conjunto dos países do mundo. Por isso, recorremos à base de dados do Banco Mundial, consultada entre fevereiro e julho de 2013. O Banco procede por vezes a alterações dos valores para certos países, sem chamar a atenção para isso, pelo que o leitor não deve estranhar algumas eventuais e pequenas divergências de valores. Na subseção Estatísticas, da seção Fontes, abaixo, indicamos para cada variável quais os países para os quais são disponibilizados dados estatísticos. As fontes de cada gráfico indicam o acesso à fonte original. Se os dados não são tratados sob a forma de gráfico, a sua fonte é indicada no texto.

Os cálculos e os gráficos foram todos produzidos em Excel – e esses gráficos convidam à manipulação, pois permitem com facilidade retirar as unidades que prejudicam o coeficiente de correlação pretendido pela hipótese. Porém, a nossa hipótese era tão grosseira e introdutória que nunca pretendia um dado coeficiente de correlação. Por isso também, não necessitámos de maquilhar os dados. Sempre que numa dada correlação modificámos a composição dos grupos de países, explicamos porquê.

Para compensar o inconveniente de trabalharmos apenas com indicadores monetários das variáveis independentes, para mais relativizados por serem dados em termos de participação no PIB, acrescentámos indicadores físicos tanto para o ensino como para a saúde. São um processo de fiscalização dos indicadores monetários.

Agrupamos os países por escalões de rendimento e por vezes segundo três outras variáveis: serem cidades-Estado, uma designação inspirada nas formas políticas da Antiguidade Clássica para designar países de área mais reduzida; serem exportadores de petróleo *low absorbers*; incluímos nesta categoria os dez países com mais elevada capitação de exportações do barril de *crude*[2]; terem conhecido uma guerra civil prolongada na generalidade do território em 2003-2012 ou fortes e continuadas perturbações da ordem pública. Estas categorias, especificadas nas Fontes-Estatísticas, não são objeto de classificação internacional de aceitação generalizada; incluem alguma margem de subjetividade na definição de parâmetros quantitativos, e, no caso da guerra civil, na sua aplicação. Assinalemos que aquelas três categorias em caso algum se sobrepõem, o que é estranho à sua conceção inicial. A categoria «guerra civil» está conotada com um reduzido rendimento por habitante: oito em cada dez países assim classificados estão no escalão menos de mil dólares e dois no

---

[2] Para as duas categorias anteriores, a fonte foi o *World Factbook*, da CIA, disponível em https://www.cia.gov/library/publications/the-world-factbook/

escalão seguinte. É oposta a estruturação da categoria das cidades-Estado do ponto de vista do PIB por habitante: dos seus 25 membros, apenas dois estão abaixo dos mil dólares por habitante (Comoros, Maldivas) ao passo que seis estão entre os países de mais elevado PIB por habitante (Bermudas, Liechtenstein, Luxemburgo, Mónaco, São Marino e Singapura). Estas três categorias serão convocadas quando o seu potentcial explicativo se revelar adequado a certas correlações: por as infraestruturas serem mais onerosas nas cidades-Estado ou simetricamente por beneficiarem do seu estatuto, por potenciarem ganhos de vizinhança; ou noutro exemplo: por as guerras civis dificultarem o crescimento do PIB.

No tratamento dos dados, comentamos o coeficiente de relação; chamamos a atenção sempre que na regressão linear ele é superior a 0,5, pois este valor, interpretando o coeficiente de regressão como a probabilidade de distribuição simultânea de dois conjuntos de números num espaço cartesiano, indica um valor superior ao acaso, ainda que não estabeleça uma relação de co-ocorrência entre dois pontos das duas variáveis. O coeficiente mede a dispersão dos pontos em relação à reta; o seu valor mais elevado é 1 que corresponde a um conjunto de pontos igual à reta de regressão e seu valor mínimo é 0, que corresponde a uma distribuição aleatórea; se as duas variáveis crescerem ou diminuírem uma com com a outra, o sinal é positivo; se uma variável crescer e a outra diminuir, o sinal é negativo.

A pesquisa seguinte é introdutória. Ela sofre de numerosas limitações. Assinalemos algumas. A principal parecerá ser apenas termos tido em conta as despesas estatais no caso do ensino – mas era esta a variável que queríamos medir. Uma limitação efetiva é termos estudado apenas dois tipos de despesas sociais: ensino e saúde. Um outro tipo, o seguro social, é sem dúvida importante para responder à nossa pergunta, mas não há sobre ele estatísticas internacionais fidedignas. O leitor deve ainda ter em conta que não só as estatísticas sociais são difíceis de produzir como não são a especialidade do Banco Mundial. Na fase do tratamento dos dados, não gerámos agrupamentos regionais de países. Por fim, refiramos que os elementos quantitativos seguintes permitem uma análise de estática comparada, mas não de dinâmica.

O texto aspira a ser inteligível pelo leitor sem formação estatística, embora lhe peça um esforço adicional, por comparação com a interpretação de textos sem números.

De seguida, começaremos por responder à pergunta sobre a validade universal do Estado Social; examinaremos depois se as respostas variam segundo os escalões de rendimento.

Sem isolar a variável rendimento por habitante, não há correlação entre riqueza e crescimento do PIB no mundo

Vejamos então a correlação linear entre o valor do Pib por habitante e a variação do Pib. Começaremos o exame pelo conjunto dos países do planeta para os quais dispomos de dados relativos a ambas aquelas variáveis, sem os agruparmos em nenhuma categoria.

Obtivemos dados sobre o Pib por habitante e crescimento do PIB para 187 países. Este universo aproxima-se do dos Estados-membros das Nações Unidas, que em 2011 atingiu o seu máximo de 193 membros, com a admissão do Sudão do Sul. O nosso universo não é dotado de representatividade num preciso sentido da teoria estatística da amostragem mas quase coincide com a comunidade humana mundial e nesse sentido a representa, por identidade e não por probabilidade. Usámos dados estatísticos do Banco Mundial para elaborarmos taxas de crescimento do Pib por habitante de cada país no período 1990-2011; recorremos às médias aritméticas para cada país, pelo que cada ano tem a mesma ponderação. Para 2011 usámos a taxa de crescimento anual calculada pelo Banco Mundial.

Calculámos a correlação linear entre o PIB por habitante em 2010 e a taxa média aritmética de crescimento em 1990-2011. O valor obtido foi -0,01. O sinal negativo indica que, quanto maior é a riqueza, menor é o crescimento; mas o valor do coeficiente é muito baixo; com efeito, se todos os dados de todos países do universo estivessem em cima da reta, o coeficiente de correlação atingiria o valor máximo de 1. O valor obtido é assim um centésimo desse máximo e está próximo da distribuição aleatórea.

Pelo mesmo processo, correlacionámos o PIB por habitante em 2010 e a taxa média de crescimento em 2011. Este último valor mostra as diferentes reações à crise do Lehman Brothers, em 2008. Registamos alguma alteração: o coeficiente continua negativo e o seu valor aumenta (-0,3), o que sugere que, depois daquela crise, o crescimento dos países ricos desacelerou. Sabemos por outras fontes que assim ocorreu, mas 0,3 continua a ser um coeficiente de insignificante valor estatístico. Os resultados estão no gráfico «Valor do Pib por habitante em dólares correlacionado com a taxa de variação do PIB», incluindo a reta de regressão, abaixo.

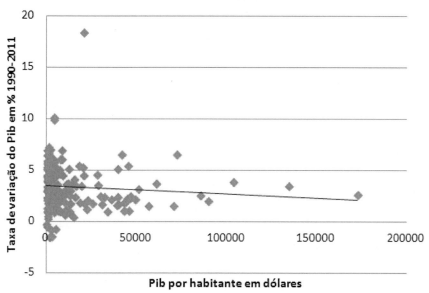

Fonte: http://data.worldbank.org/indicator/NY.GDP.MKTP.KD.ZG?page=6. Nota: os dólares usados no presente estudo são sempre dólares correntes dos Estados Unidos.

Isolando a variável PIB por habitante, os países mais ricos crescem menos

Apresentamos de seguida os resultados do exame estatístico dos países do nosso universo agrupados por escalões segundo o seu Pib por habitante. Usámos como escalões estatísticos: até 999 dólares dos Estados Unidos por habitante e por ano; de 1000 a 4999; de cinco mil a 19999; mais de 20 mil (quando necessário, abrimos uma subcateoria: mais de 40 mil).

Escolhermos a taxa de variação do PIB em 2011. A escolha deste ano permite-nos identificar a capacidade de reação à crise da Lehman Brothers, de 2008. O gráfico XY a seguir, «PIB por habitante em dólares e variação do PIB, por grupos nacionais de rendimento por habitante», mostra com clareza que o PIB cresce tanto mais quanto menor é o rendimento por habitante no grupo de países em causa.

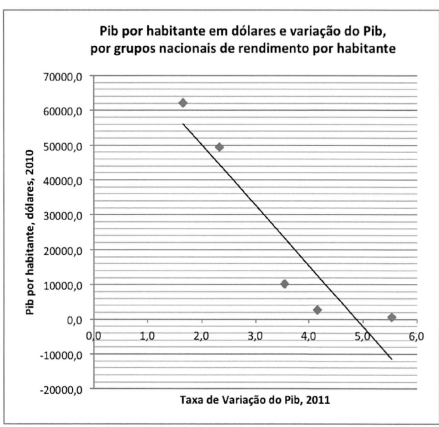

Fonte: gráfico anterior; dados nacionais agrupados pelo autor. Notas: No grupo de rendimentos superiroes a 40 mil dólares por habitante, o gráfico não inclui nem países exportadores de petróleo *low* abosbers nem cidades Estado. O conjunto dos países com PIB por habitante superior a 40 mil dólares têm um crescimento médio no período 1990-2011 de 2,9%; retirando as cidades-Estados e os exportadores de petróleo, fica 1,9%.

A fim de facilitar a leitura a quem está menos familiarizado com gráficos de dispersão, ou gráficos XY, como o anterior, convertemos os dados que estão na sua origem no gráfico de colunas, a seguir, intitulado «Crescimento do PIB em 2011por Escalões Nacionais do PIB por habitante, em dólares». Neste gráfico, é ainda mais fácil ler que o crescimento do PIB acelera nos grupos de menor rendimento por habitante e desacelera nos de maior rendimento.

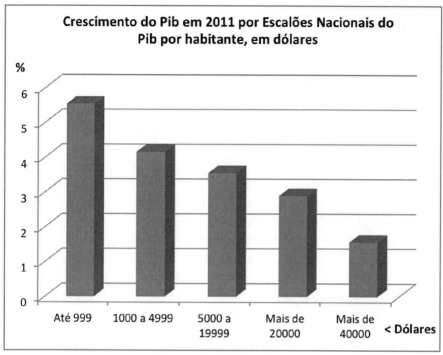

Fonte – O gráfico anterior

Entre o primeiro gráfico, por um lado, e o segundo e o terceiro, por outro, verificamos uma grande mudança: as taxas de crescimento do PIB diminuem a um ritmo quase regular à medida que o próprio PIB sobe. A grande diferença, porém, é a existência de uma correlação negativa e forte entre Pib por habitante e a variação do Pib por habitante em 2011; com efeito, o coeficiente de correlação é -0,9, muito próximo do máximo.

Os dados são os mesmos que estão na base do gráfico «Valor do Pib por habitante em dólares correlacionado com a taxa de variação do PIB», acima, mas nos segundo e terceiro gráficos calculámos o coeficiente de correlação entre os dados agrupados em categorias de rendimento e não entre os dados país por país. Ora o agrupamento de unidades mínimas em categorias mais vasta aumenta sempre o coeficiente de correlação linear.

A divergência entre os coeficientes de correlação tirará pertinência ao argumento? Não tira. Mas devemos ter em conta que o elevado coeficiente de correlação apenas é válido para as categorias definidas pelo valor do rendimento. O leitor terá tendência a supor que só é válido um dos coeficientes, por ser a mesma a realidade social a que se reporta. Não é assim, porém. Com efeito, não esgotámos os agrupamentos possíveis: não calculámos, por exemplo, a correlação entre a variação do PIB por habitante de cada indivíduo e a taxa de variação do seu PIB. Essa taxa por certo variaria de indivíduo para indivíduo: nos países em que aumenta a desigualdade de rendimentos, os indivíduos ganhando um PIB mais alto aumentariam o seu PIB mais do que os restantes; sucederia o inverso nos países nos quais diminui a desigualdade da distribuição do rendimento. Se procedessemos assim, teríamos ainda mais coeficientes de correlação, diferentes uns dos outros. Cada um deles dar-nos-ia informação relevante para o seu ângulo de análise. Temos apenas que evitar a «falácia ecológica», isto é, «a inferência espúria de caraterísticas individuais a partir das caraterísticas no escalão do grupo» (Marshall, Gordon, p. 178). Com efeito, seria espúria a inferência para a unidade de análise estatística (o país) das caraterísticas do grupo de rendimento. É essa inferência que evitámos. Mas para o agrupamento de países segundo o rendimento, é elevada a correlação – para o agrupamento de países, não para cada país singularmente considerado.

A diferença entre os dois coeficientes de correlação é ela própria suscetível de interpretação; com efeito, ela sugere que a relação entre o valor do Pib por habitante e o crescimento do PIB varia consoante os próprios escalões de rendimento. São pistas a aprofundar numa investigação futura.

Devemos ainda examinar embora de modo rápido, o que ocorre no interior de cada grupo de rendimento. Continuamos a usar o coeficiente de correlação linear como principal instrumento de análise; ele é quase nulo quando correlacionamos o PIB por habitante com a variação do PIB em 2011, exceto no grupo de mais de 40 mil dólares, em que atinge -0,5 se eliminarmos as cidades-Estados e os exportadores de petróleo *low absorbers*. Contudo, uma análise preliminar dos dados sugere a existência de outras relações estatísticas mais fortes do que as indiciadas pelos baixos coeficientes de correlação linear; assim, por exemplo, nos países de PIB inferior a 900 dólares por habitante, o gráfico (não reproduzido) evidencia-nos três fieiras de países, em cada uma das quais parece haver uma forte correlação linear.

Voltemos à relação entre o PIB de países agrupados segundo o seu rendimento por habitante e a taxa de crescimento do PIB. Até agora vimos a correlação entre a riqueza e a média da taxa de crescimento em 2001; a seguir examinaremos a correlação entre a riqueza e a taxa de crescimento no período 1990-2011. Os dados constam do gráfico «Crescimento do Pib por Escalões Nacionais de Pib por Habitante, em dólares, Média Aritmética 1990-2011».

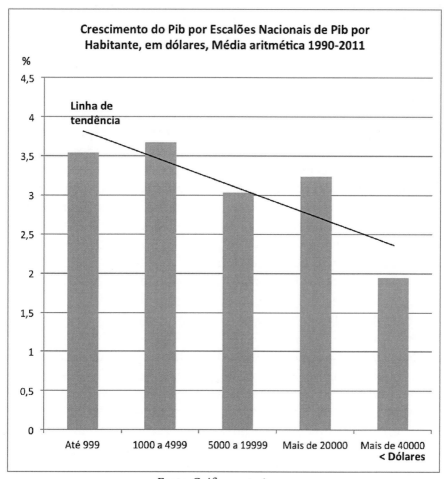

Fonte: Gráficos anteriores.

Um exame rápido do gráfico revela que se mantém a tendência geral para o crescimento diminuir com a riqueza, mas com duas alterações importantes em relação ao gráfico anterior: a queda do ritmo de crescimento torna-se menos regular e deixa de ocorrer em todos os escalões. Com efeito, o segundo grupo de países mais ricos (mais de 20 mil dólares) cresce mais do que o terceiro (5000-19999); e o quarto cresce mais do que o quinto. Ou seja: o crescimento económico parecia padecer de uma armadilha pois alguns grupos de países cresciam menos do que a linha de tendência e outros cresciam mais. Aludiremos de seguida à problemática das «armadilhas do crescimento» que, não se referindo de modo direto ao nosso problema, tem com ele uma relação estreita.

Os países de rendimento médio crescem menos?

Embora o fosso do grupo dos países com PIB por habitante inferior a mil dólares fosse maior em relação ao *trend* do que o dos países de rendimento médio, foi o caso destes que mais chamou a atenção dos economistas. Porque a China está neste grupo e é por isso suscetível de cair na dita armadilha. Barry Eichengreen, um conhecido economista da Universidade da Califórnia, Berkeley, Donghyun Park e Kwanho Shin, da Universidade da Coreia, concetualizaram um «middle-income trap», desde 2011 (Eichengreen, Park, Shin). Terão tido precursores em Indermit Gill e Homi Kharas, ambos do Banco Mundial.

A teoria desta armadilha consistirá no seguinte: os países ricos têm a vantagem da inovação tecnológica e os pobres a dos baixos salários, mas os países de rendimento médio não têm nem a tecnologia nem os baixos salários.

Eichengreen *et al.* procuraram dar consistência estatística àquela noção; no seu primeiro escrito, definiram um universo de países de crescimento rápido (do PIB por habitante de pelo menos 3,5% durante ao menos sete anos) os quais sofreram uma brusca desaceleração de pelo menos dois pontos percentuais nos sete anos seguintes. País que satisfizesse estes dois requisitos, tinha caído na «armadilha do rendimento médio». Eichengreen *et al.* estudaram 160 países, com exclusão dos exportadores de energia, no período 1950-2010; concluiram que esta desaceleração ocorreu entre os 15000/16000 dólares e os 10000/11000, medidos em paridades do poder de compra (ppc), o que é próximo do rendimento atual da China. Este escalão coincide com um dos grupos abaixo ou roça a linha de tendência, no gráfico acima. O cálculo ppc igualiza em poder de compra efetivo os valores dados nas várias divisas.

O *Free Exchange*, um blog de *The Economist*, criticou aqueles parâmetros: excluem os países ricos, pois é raro eles crescerem mais de 3,5%; por outro lado, baixar de 9% para 7% de crescimento não era suficiente para assegurar a entrada no conceito de armadilha.

Free Exchange registou todos os países, mesmo os mais pobres (189), e concluíu que as desacelerações refletem a conjuntura económica internacional e não o escalão de rendimento de cada país. Considerando todos os países, o risco de desaceleração é maior para os países pobres, afirma o *Free Exchange* (htpp\\:economist...).

A questão deve ser aprofundada, mas os dados acima analisados sugerem que ela foi ultrapassada pela aceleração da globalização pois desaparece quando usamos a taxa de crescimento do PIB em 2011.

A questão central: Isolada a variável rendimento, o Pib cresce menos nas economias com mais despesa social?

Demonstrámos empiricamente que em duas diferentes conjunturas económicas internacionais a taxa de crescimento do PIB baixa com a descida do PIB por habitante, ainda que não seja homogéneo o *ratio* dessa descida. Não damos por demonstrado que assim tenha que ser, sempre e em toda a parte, pois este argumento empírico não foi acompanhado por um argumento teórico. Os economistas clássicos julgavam que a economia capitalista atingiria um estado terminal estacionário, sem crescimento económico. Assim, Adam Smith, logo no capítulo 9 do livro I de *A Riqueza das Nações*, estabeleceu uma ligação necessária entre a «abundância do capital», inerente ao crescimento económico, e a baixa dos lucros, sendo esta um indicador da desaceleração do crescimento do excedente (Smith, I, p. 78). David Ricardo considerava que a produtividade da produção dos bens alimentares aumentaria menos do que a população, pois obriga ao recurso a novas terras, necessariamente menos férteis, o que bloquearia o crescimento (Ricardo, cap. 11, p. 113). São conhecidas as convergentes previsões de Malthus. John Stuart Mill deduziu também da baixa da taxa de lucro uma tendência para o estado estacionário (Mill, livro IV, 6, p. 111 ss). Estas teorias influenciaram igualmente Karl Marx, mas não nos deteremos no seu caso. Em tempos mais recentes, os críticos da economia política, em particular certas correntes ecologistas, defenderam a necessidade de uma economia sem crescimento, que até então todos, exceto Mill, tinham considerado uma maldição. Esta tese não está demonstrada e o nosso argumento não exige que nos pronunciemos sobre ela (Clerc, 2004).

Ficamos assim a saber que a atual desaceleração do crescimento das economias ricas não é suscetível de, sem mais argumentos, ser imputada ao Estado Social. Esta imputação exige uma demonstração suplementar, a saber: entre os Estados ricos, crescem menos os que gastam mais em despesa social. É este o ponto crucial da nossa pesquisa. Eis-nos em condições e na necessidade de o abordarmos. Porém, e de acordo com o que atrás dissemos, alargaremos a todos os escalões ou grupos de rendimento, definidos pelo valor do PIB por habitante, o estudo da relação entre despesas estatais sociais e taxa de crescimento do PIB.

Se, para cada grupo de rendimento o Pib varia na razão inversa (correlação negativa) da despesa social, então a despesa social desacelera o crescimento do Pib para esse grupo (ou escalão) de rendimento e no momento considerado.

O Pib cresce mais no Estado Social; a tese não demonstrada de Garfinkel e Smeeding

Certos autores defendem que o Estado Social promove o crescimento económico ou, quando menos, não o prejudica. Entre estes, estão Irwin Garfinkel e Timothy Smeeding; no texto já acima citado, consideram «falsa» a afirmação que «o Estado Social (*Welfare State*) mina a produtividade e o crescimento económico». Enumeramos os seus três argumentos, pela sequência por que os apresentam, apondo-lhes breves comentários, em itálico:

«Todas as modernas nações ricas têm grandes Estados sociais». *Este argumento prova em relação ao passado, embora a expressão Estado Social corresponde a realidades sociais bem diversas, mas é irrelevante face ao presente;*

«As taxas de crescimento económico das atuais nações ricas são maiores do que foram no passado anterior ao Estado Social»; as taxas de crescimento daquelas nações foram muito mais elevadas em 1960-1975, em pleno Estado Social, do que em 1870-1913, antes do Estado Social; a única exceção foram os Estados Unidos que Garfinkel e Smeeding explicam pela vantagem de poderem imitar a Grã-Bretanha, por serem «late comers», isto é, terem chegado tarde ao desenvolvimento, não tendo por isso que arcar com os custos da inovação. *O argumento depende de adequada prova estatística, seja qual for a validade da tese sobre os «late comers»; parece, porém, que ela depende dos períodos comparados; se compararmos o desempenho económico da Eurozona da União Europeia no século XXI com o de 1870-1913, os resultados serão desfavoráveis ao Estado Social;*

«Há provas fortes que o ensino público e a saúde pública conduziram a enormes ganhos de produtividade e de bem-estar económico; é mais fraca a prova dos efeitos do seguro social e outros pagamentos em dinheiro no crescimento do PIB, mas essa prova sugere pequenos efeitos positivos no começo do seguro social e na pior das hipóteses pequenos efeitos negativos na atualidade»; Garfinkel e Smeeding citam Anthony Atkinson, que regista estimativas opostas dos efeitos das transferências monetárias sobre o crescimento do Pib e declara não acreditar nas mais extremadas; citam Peter Lindert, historiador e economista da Universidade da Califórnia, que para os países da OCDE com Estado Social afirma que os efeitos das transferências monetárias sobre o crescimento do Pib foram positivos de 1880 a 1930 e de 1962 a 1981, mas sem efeitos de 1978 a 1995, um período que em parte se sobrepõe ao anterior. *Este argumento é difícil de distinguir do anterior e como ele exige adequada prova estatística; a diferença parece estar em que a alínea ora comentada distingue os diferentes tipos de prestação do Estado Social; os autores não analisam o argumento oposto: a produtividade aumentou e permitiu pagar o Estado Social* (Garfinkel; Smeeding, 2010).

Aqueles autores defendem que há uma forte correlação estatística entre as despesas sociais e o Pib por habitante: «é claro que quanto mais rico é o país, maior é a proporção do seu rendimento que os cidadãos devotam a transferências para o Estado Social» (Garfinkel; Smeeding). Esta formulação sugere um coeficiente de correlação próximo de 1, isto é, próximo do máximo. O gráfico abaixo, «Figure 1 Social Welfare Expenditures as a Percent of GDP by GDP *per capita* in the World», é extraído da sua obra e ilustra esta tese.

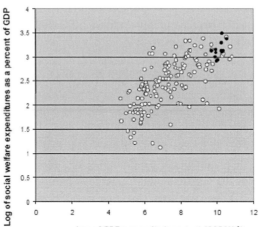

Figure 1: Social Welfare Expenditures as a Percent of GDP by GDP per capita in the World (162 countries, FY 1998)

Fonte Garfinkel; Smeeding; Notas: Os pontos negros indicam países da OCDE, aos quais os autores consagraram exame mais detido. As despesas sociais consideradas são a soma do seguro social, da saúde e da educação, em moeda local. Os autores não esclarecem se são incluídas as despesas privadas nestes campos. A fonte é *Government Finance Statistics Yearbooks* (1998-2006), do Fundo Monetário Internacional.

Contudo, aquela demonstração não prova. Com efeito, procedemos a uma pesquisa paralela sobre a relação entre o PIB por habitante e as despesas sociais cujos resultados constam do gráfico abaixo. A nossa pesquisa conduz a resultados bem diferentes dos de Garfinkel; Smeeding. Com efeito, enquanto para estes o coeficiente de correlação linear do PIB por habitante com o total da despesa social rondará 1, para nós o mesmo coeficiente relativo à correlação PIB por habitante/despesas estatais em ensino e totais em saúde é apenas 0,24, abaixo da relevância estatística, embora seja também positivo. É certo que a nossa base é mais restrita do que a usada por Garfinkel, Smeeding, pois inclui menos despesas sociais e menos países; mas a diferença de coeficientes é tão grande que dificilmente seria superada se alargássemos a nossa base no caso das despesas de ensino.

Por isso, enquanto no gráfico de Garfinkel, Smeeding os pontos assumem o formato de uma abelha, subindo da esquerda para a direita do gráfico, formato típico da correlação linear positiva, o nosso gráfico assemelha-se a um V, assente num hifen, com muitos pontos (países) a tocarem a linha de base; só a partir dos dez mil dólares de rendimento por habitante e dos dez por centro de despesas em saúde+ensino público parece começar a emergir uma reta de correlação, ainda assim menos forte do que a de Garfinkel; Smeeding. É o que consta do gráfico «Estado Social e PIB por habitante».

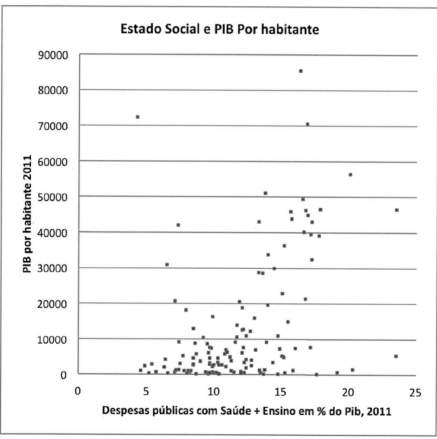

Fontes – Gráficos anteriores; http://data.worldbank.org/indicator/SE.XPD.TOTL.GD.ZS; http://data.worldbank.org/indicator/NY.GDP.MKTP.KD.ZG?page=6. Notas: para evitar o efeito de distorção, eliminános do gráfico (mas não do coeficente de correlação) o Mónaco, cujo PIB por habtante, superior a 170 mil dólares.

Assim, não podemos dar por demonstrada a tese que afirma a elevada correlação em todos os pontos da reta de regressão PIB por habitante/despesas de segurança social.

Ensino: despesas públicas vs variação anual do Pib

Para o total dos 156 países, a correlação entre a taxa de variação do Pib em 2011 e as despesas públicas com ensino é negativa, o que é surpreendente, mas o coeficiente de correlação tem um valor insignificante do ponto de vista estatístico (0,07).

Contudo as correlações são positivas para os grupos abaixo de 1000 dólares e de 1000 dólares a menos de cinco mil sendo negativas para os países do escalão de rendimento 5000-19999 por habitante. A correlação volta a ser positiva para o PIB por habitante de 20 mil dólares para cima. Os coeficientes de correlação de todos estes grupos de rendimento são sempre insignificantes do ponto de vista estatístico. Talvez o ensino traga a riqueza, o que não averiguámos, mas em 2011 o ensino não teve nenhum efeito mensurável no crescimento do PIB por habitante quando contabilizamos todos os países.

Há contudo dois escalões de rendimento nos quais há uma correlação positiva entre aquelas duas variáveis que, sem ter verdadeiro significado estatístico, é merecedora de atenção. Assim, para os 31 países de menos de 1000 dólares de Pib por habitante o coeficiente de correlação atinge 0,5 quando retiramos países em guerra civil e cidades-Estado. Os países excluídos gastam em ensino menos do que o valor esperado, tendo em conta a sua taxa de crescimento do PIB em 2011 e o valor do seu PIB por habitante. São os dados que constam do gráfico abaixo, «Gastos públicos com ensino em % do PIB e Variação do PIB em 2012». Se não retirássemos aqueles países, o coeficiente de correlação nem mereceria atenção: seria 0,2.

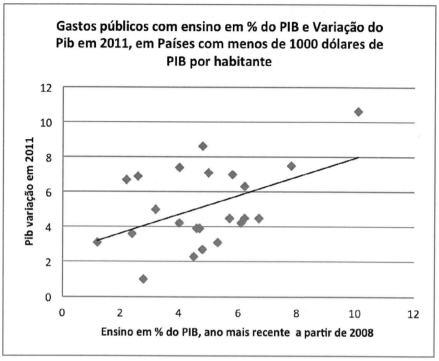

Fonte: Gráfico anterior.

O segundo caso de correlação positiva e merecedora de atenção ocorre nos países com rendimento de 40 mil dólares ou mais e que não são cidades-Estado nem exportadores de petróleo *low absorbers*. A correlação é negativa e o seu coeficiente é -0,5, quando usamos a taxa de variação do PIB em 2011 e 0,6 quando recorremos à taxa média 1990-2011. Este valor surpreende pois sugere que para os países de maior PIB por habitante o ensino talvez não seja a resposta à crise.

Sublinhemos que estes dados respeitam apenas ao gasto do Estado com a educação, não tendo em conta as despesas do setor privado.

Ensino, indicadores físicos: a proporção da população alfabetizada; a frequência do ensino superior

Até agora, temos trabalhado com indicadores monetários do Estado Social ou, para sermos mais rigorosos, com despesas sociais em percentagem do PIB. Este tipo de indicador tem um inconveniente: a mesma percentagem aplicada a um PIB alto e a um baixo concretiza-se em valores absolutos diferentes; ora, quer no caso do ensino quer no da saúde, estes valores baixos são por hipótese insuficientes para alcançar os resultados desejados (boa saúde, instrução razoável). Teríamos podido converter aquelas percentagens em dólares, mas estaríamos ainda longe da verdade material pois só dispomos de PIB em paridades de poder de compra (ppc) para o conjunto da economia e ignoramos as despesas ppc na saúde e no ensino.

Para compensar o recurso a indicadores monetários na variável independente ensino, recorremos de seguida a dois indicadores físicos: os alfabetizados em proporção da população total maior de quinze anos[3] e os alunos do ensino superior em percentagem do respetivo grupo etário.[4] Estes dois indicadores pegam nos dois extremos da pirâmide do ensino, o básico e o superior, mas deixam de fora o escalão intermédio e a articulação entre os vários graus.

Devemos anotar que só obtivemos dados físicos sobre ensino para cerca de metade do nosso universo de países e por isso a sua representatividade deve ser examinada; pelos testes sumários a que procedemos, cremos que a distorção é mais significativa para os países de rendimento superior a vinte mil dólares.

Para os 103 países sobre os quais dispomos de dados, a correlação entre a percentagem alfabetizada da população e a variação do PIB é sempre negativa, quer recorramos à taxa de variação média de 1990-2010, quer à de 2011; mas ambos os coeficientes de correlação são insignificantes, quase aleatóreos. Portanto, o grau de alfabetização da população em idade de trabalhar não afeta a curva de crescimento do conjunto dos países.

Quando agrupamos os países segundo o rendimento individual, surgem resultados interessantes. Assim, para o escalão inferior a 1000 dólares, o coeficiente de correlação dos alfabetizados para a taxa de variação do PIB de 1990-2010 é negativo e atinge um valor com algum interesse (-0,5), ao passo que para a taxa de variação de 2011 já é positivo, embora sem significado estatístico; excluímos os países que conheceram guerras

---

[3] Fonte: http://data.worldbank.org/indicator/SE.ADT.LITR.ZS?page=6
[4] Fonte: http://data.worldbank.org/indicator/SE.TER.ENRR-

civis. O mesmo movimento ocorre, ainda mais fraco e sempre sem significado estatístico, nos países no escalão 1000-4999; no escalão 5000--19999, o coeficiente de correlação é -0,5 para o crescimento em 1990--2011 e continua negativo, mas sem significado, para a variação em 2011. Estes valores revelam que a taxa de alfabetização está ligada a diferentes reações à crise de 2008.

Examinemos os resultados do outro indicador físico: os alunos inscritos no ensino superior em percentagem bruta do respetivo grupo etário. Correlacionemo-lo com o PIB por habitante em dólares correntes. O conjunto da nossa amostra é 145 países, para um total de cerca de 200. Para aquele conjunto, a correlação entre a proporção desses estudantes e o PIB por habitante é positivo, mas abaixo da relevância estatística (-0,4). O coeficiente já é positivo e significativo no caso dos países com menos de mil dólares de rendimento (0,7). É positivo, 0,5, no escalão de 1000-4999 dólares. Nos restantes escalões, o coeficiente é insignificante.

Correlacionámos os valores de estudantes no superior em proporção da população com as taxas de crescimento do PIB por habitante das economias respetivas; a amostra são os mesmos 145 países. O coeficiente é de 0,55 para os países com rendimento por habitante inferior a 1000, desde que deles extraiamos os que conheceram guerras civis e as cidades--Estado; é um coeficiente que já dá que pensar; para os escalões seguintes, de 1000-4999, 5000-19999, 20 mil e mais, a correlação é também positiva com um coeficiente insignificante. Acima de 40 mil dólares e para o conjunto dos países, a correlação é insignificante mas é positiva e torna-se forte, quando retiramos as cidades-Estado continentais e os produtores de petróleo, que são os exportadores acima referidos, mais Brunei Dar--es-Salam e o Quatar (0,7). Assim, ao contrário dos dados monetários ou da taxa de alfabetização, este indicador sugere que os países industriais e financeiros de maior rendimento individual apostam no ensino (e por certo na ciência, mas não estudámos esta variável), o que é congruente com a teoria económica dominante, para a qual a produção desses países só cresce se eles inovarem.

Em conclusão: os dados físicos sobre o ensino sugerem que ele só influencia o crescimento económico dos países no escalão de rendimentos mais baixo e em certos casos do mais alto; são por isso congruentes com os monetários. Mas estas conclusões são limitadas pelos referidos problemas da amostra.

Saúde: despesas pública vs variação anual do PIB

Dispomos de dados sobre a despesa com saúde em proporção do PIB para 182 países, bastante mais do que para o ensino.

A correlação global entre as despesas públicas e privadas com saúde e o PIB por habitante é positiva mas o seu coeficiente é irrelevante (0,2), tanto para a totalidade como para os países de rendimento abaixo dos 1000 dólares. No escalão 1000-4999 dólares, o coeficiente é irrelevante (0,3), e aproxima-se do zero quando retiramos os países exportadores de petróleo. No escalão 5000-19999 são também insignificantes. Insignificantes continuam no escalão superior a 20 mil dólares. Acima de 40 mil dólares, a correlação é negativa e atinge 0,5.

As despesas totais com saúde em percentagem do PIB aceleram o crescimento do Pib por habitante dos países abaixo de 1000 dólares de rendimento por habitante e desaceleram o dos que têm rendimento superior a 20 mil (e sobretudo a 40 mil).

Não há correlação global entre a taxa de variação do Pib e as despesas totais (públicas e privadas) com saúde; os coeficientes de correlação são negativos e situam-se entre o aleatóreo e a irrelevância estatística.

Para os 33 países com rendimento por habitante inferior a 1000 dólares, a correlação crescimento económico/despesas de saúde não tem relevância estatística, como vimos. Contudo, sem contarmos os países atingidos por guerras civis, o coeficiente de correlação sobe para 0,5, o que já merece atenção. As despesas de saúde aumentam o crescimento do Pib por habitante deste escalão de rendimento, embora a correlação seja fraca. É o que mostra o gráfico «Despesas de saúde e variação do PIB nos países de rendimento por habitante inferior a 1000 dólares».

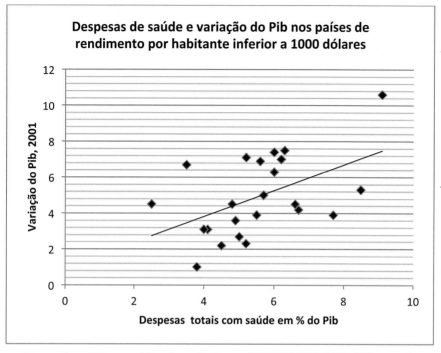

Fonte – http://data.worldbank.org/indicator/NY.GDP.MKTP.KD.ZG?page=6.

Nos países de mais de 20 mil dólares por habitante, a correlação é aleatória, com um coeficiente próximo de zero, quando excluímos os produtores de petróleo (e não só os *low absorbers* – acrescentámos Brunei Dar-es-salam, Omã, Guiné Equatorial), e torna-se de -0,5 quando os incluímos. Em contrapartida, nos países de mais de 40 mil dólares de rendimento por habitante, há uma forte correlação negativa (-0,7) entre a variação do PIB e a das despesas totais, públicas e privadas, com a saúde, quando incluímos os exportadores de petróleo *low absorbers* e usamos a taxa de variação 1990-2011. A relação é mostrada no gráfico abaixo, «Variação do PIB e despesas com saúde em % do PIB nos países com mais de 40 mil dólares de PIB por habitante».

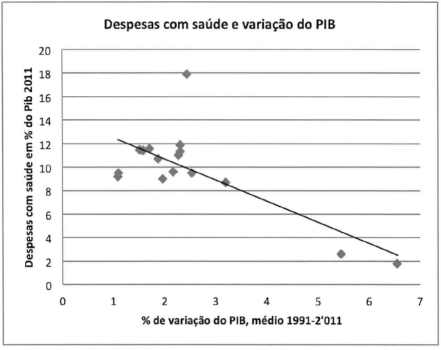

Fonte: Banco Mundial. Notas: Despesas com saúde: último valor a partir de 2008

A correlação não varia se retirarmos os produtores de petróleo, nem se eliminarmos as cidades-Estado. Se eliminarmos os Estados Unidos, o maior gastador na área da saúde, o coeficiente sobe para 0,84.

Com a taxa de variação de 2011, a correlação é negativa (0,5) para o conjunto dos países de mais de 40 mil dólares de rendimento; o coeficiente sobe para 0,7 se retirarmos as cidades-Estado.

Para a taxa de variação do PIB 1990-2011, a correlação linear já é negativa no segundo escalão de rendimento (1000-4999 dólares) e continua negativa no terceiro (5000-19999), sendo os respetivos coeficientes estatisticamente irrelevantes. Acima dos 20 mil dólares de PIB por habitante, porém, o coeficiente de correlação é -0,5%.

Vale a pena anotar que no segundo escalão de rendimento os países que gastam com saúde mais de 8% do PIB têm uma taxa de crescimento do PIB superior à dos que gastam menos do que aquela percentagem; o mesmo sucede nos segundo e terceiro escalões, só deixando de ocorrer acima do PIB de 20 mil dólares por habitante. Estes diferentes comportamentos resultam, do ponto de vista estatístico, da alta dispersão em relação à média dos escalões; do ponto de vista da análise social, deveria ser aprofundado o seu significado.

Saúde: Indicadores físicos

A exemplo do procedimento seguido para o ensino, a fim de atenuar o inconveniente do uso exclusivo de indicadores monetários, reunimos dois indicadores físicos da saúde: a mortalidade infantil e a expetativa de vida à nascença. O cálculo destes indicadores é em absoluto independente da variável monetária. Como baixa mortalidade infantil e a alta expetativa de vida são caraterísticas do Estado Social: se elas crescerem com o PIB, esse crescimento, ficamos autorizados a supor que o Estado Social não é hostil ao crescimento económico, pois este é necessário para financiar quer a educação quer a saúde.

PIB por habitante e mortalidade infantil

Os dados sobre a mortalidade infantil abrangem 189 países e por isso aproximam-se bastante do nosso universo de países. Os dados estão sumariados no gráfico «Pib por habitante e mortalidade inantil», a seguir. A correlação quadrática tem um R^2, ou coeficiente de determinação, de 0,7, estatisticamente interessante. O R^2, assim designado por na correlação linear ser o coeficiente r elevado ao quadrado, explica qual a mudança da variável dependente explicada pela independente. Contudo, se trabalharmos com correlações lineares e com os grupos de PIB por habitante, que temos visado, a única correlação não significante é no escalão 1000-4999 e, mesmo aí, o coeficiente de correlação é apenas 0,45. Para outros valores, a diminuição da mortalidade infantil – melhor dito: o que ela revela em termos de melhoria civilizacional – não está ligada de modo algum a um aumento do PIB por habitante.

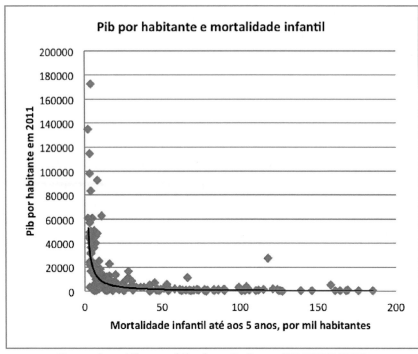

Fonte – http://data.worldbank.org/indicator/SH.DYN.MORT

Esta conclusão não parece de imediato congruente com o que vimos acima sobre a maior eficácia das despesas de saúde nos países de rendimento mais baixo. Contudo, vimos essa eficácia em relação à variação do PIB que é uma variável diferente do valor do próprio PIB por habitante.

A taxa de mortalidade infantil global tem uma correlação insignificante com a taxa de variação do PIB quer em 2011, quer a média aritmética de 1990-2011.

Assim, a relação entre por um lado a mortalidade infantil e por outro o PIB por habitante ou a variação anual do PIB por habitante. Parece relevar de fatores a longo prazo e não de variações no curto prazo.

Pib por habitante e expetativa de vida

Os valores da expetativa de vida são em termos gerais paralelos dos da mortalidade infantil. A expetativa de vida cresce com o rendimento por habitante segundo uma equação de regressão polinomial de terceira ordem, cujo R² atinge o valor interessante de 0,6. No caso, os seus efeitos só se afiguram poderosos a partir dos cinco mil dólares de PIB por habitante. É o que mostra o gráfico «PIB por habitante e expetativa de vida», a seguir.

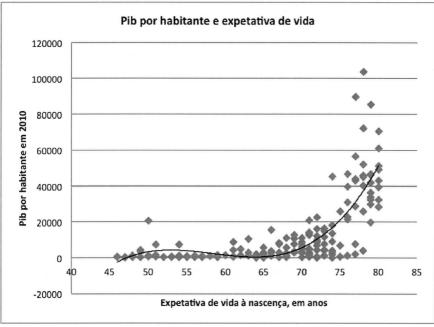

Fonte – http://data.worldbank.org/indicator/SP.DYN.LE00.IN

Apesar desta forma da curva, devemos assinalar que o coeficiente de regressão linear é 0,6, um valor com algum significado e por acaso idêntico ao da regressão polinomial.

A expetativa de vida aumenta com a riqueza. Acima dos 70 anos de expetativa, a correlação linear é mais forte: o seu coeficiente é 0,7; o R² é 0,6.

Conclusão sobre os argumentos empíricos contra a inevitavilidade do Estado Social

Estamos em condições de concluir sobre a validade dos argumentos empíricos contrários à inevitabilidade do Estado Social, tal como a colocámos.

Em primeiro lugar, devemos referir não ser possível definir com validade para toda a curva da distribuição mundial do PIB nacional por habitante uma relação linear entre a variação desse mesmo PIB e qualquer uma das variáveis independentes que utilizámos para estilizar o Estado Social; outros tipos de correlação também não parecem preencher essa função. Contudo, para algumas destas variáveis, equações quadráticas ou polinomiais dão melhores coeficientes de correlação.

É porém possível identificar para certos troços daquela curva de rendimentos relações lineares, ou de outro tipo, entre as variáveis sociais e o crescimento económico medido pelo PIB por habitante.

Por isso, para certos troços daquela curva de rendimentos, o Estado Social acelera o crescimento económico e para outros atrasa-o. Para outros nem acelera nem atrasa. Estas relações são situáveis não só no espaço mas também no tempo.

Ao contrário do senso comum, o Estado Social, no sentido de despesa social crescente, parece mais recomendável para os países de menores rendimentos, pelo menos em termos de suscitar o crescimento económico, do que para os países muito ricos, pelo menos para certas dimensões do Estado Social. Assim, para o caso dos países de rendimentos individuais superiores a 40 mil dólares anuais, as despesas de saúde contrariam o crescimento económico, mas as despesas de ensino parecem ter um efeito oposto, embora haja argumentos estatísticos divergentes a este respeito, consoante usamos indicadores monetários ou físicos. Convém sublinhar que o aumento das despesas com ensino, sejam quais forem os seus méritos sociais, nem sempre acelera o crescimento económico.

Para o cálculo dos coeficientes de correlação, excluímos em geral os países exportadores de petróleo *low absorbers* do grupo nações com rendimento por habitante acima dos 40 mil dólares. Se os tivessemos incluído, a generalidade das nossas conclusões não se alteraria, mas o resultado de todas elas seria menos nítido.

Ao contrário do senso comum, parece que as duas despesas sociais estudadas, ensino e saúde, provocam diversificados efeitos sobre o crescimento económico; contudo, não estudámos o seguro social.

Assim, os argumentos empíricos contra a inevitabilidade do Estado Social não provam o que prometeram provar, mas abalam a crença na bondade universal do aumento de todas as despesas sociais.

Principal argumento empírico a favor da inevitabilidade do Estado Social: a validade da «lei de Wagner»

O grande argumento empírico a favor do Estado Social é a lei de Wagner. Aliás, basta que a fiscalidade inclua um imposto progressivo, e todos os países hoje o incluem, para que o Estado preencha uma função de redistribuição do rendimento e nessa medida uma função social, ainda que na aparência inorgânica. A lei de Wagner afirma ainda que em fase de industrialização e urbanização o rendimento do Estado cresce mais do que o rendimento nacional.

Dotada desta formulação quantitativa, a lei da Wagner tinha que atrair uma teoria económica oficial dominada pela econometria; e atraiu de fato; a lei foi objeto de diversas formalizações e tem sido alvo de abundante pesquisa empírica.

Anotemos que alguma pesquisa sobre a lei de Wagner corre em paralelo com a averiguação da eficácia das políticas keynesianas sobre a economia: Adolph Wagner estudou o efeito da economia sobre o Estado, John Maynard Keynes o efeito do Estado sobre a economia. Não curaremos deste segundo tema. Há também quem ligue a verificação da lei de Wagner ao exame da sustentabilidade das finanças públicas, que é uma preocupação estranha ao nosso objeto.

Fez data um estudo rigoroso da despesa pública no Reino Unido durante o período 1891-1955 que no início dos anos 1960 concluiu pela validade dessa lei (Peacock; Wiseman, 1961). Desde o final dos anos 1980, os estudos da lei de Wagner são dominados pela técnica estatística ou econométrica da cointegração, que permite averiguar em que medida duas variáveis não estão dependentes de uma terceira variável, oculta, que origina fenómenos de causalidade espúria.

O economista sueco Magnus Henrekson, aplicando testes estatísticos de cointegração, concluiu que a correlação era espúria para a Suécia e talvez o fosse também para outros países (Henrekson, 1993). Porém, numerosos estudos posteriores, usando aquelas mesmas técnicas estatísticas, que na presente sede não especificaremos, demonstraram que a lei de Wagner beneficiava de confirmação estatística. Assim, Christoph Priesmeier e Gerrit B.Koester, recorrendo de igual modo à cointegração, concluem que a lei de Wagner explica as despesas estatais alemãs para o período 1960-2007 (Priesmeier; Koester, 2012). Jan Kuckuck estudou cinco países europeus: Reino Unido, Dinamarca, Suécia, Finlândia e Itália em diferentes estádios de desenvolvimento e, usando a análise de cointegração, assevera que em anos recentes a correlação de Wagner se mantém enfraquecida, nos países mais desenvolvidas mas é plenamente válida na fase de desenvolvimento (Kuckuck, 2012). O próprio Henrekson, numa obra de colaboração, reconheceu mais tarde que a lei de Wagner se aplica na Suécia entre 1860 e 1960, e no Reino Unido até 1970, não a considerando válida apenas na época atual e na fase inicial da industrialização (Durevall; Henrekson 2011). Vai neste sentido Cosimo Magazzino que estudou diferentes versões da lei de Wagner nos países da União Europeia-27 e concluiu que a versão «aumentada», incluindo a variável défice público, apenas é válida nos casos das economias de menores rendimentos (Magazzino, 2010). A aceitação da validade atual da lei de Wagner parece ser maioritária na econometria contemporânea. Aliás Henrekson afirmou que 65% dos estudos sobre a lei de Wagner dão-lhe apoio direto ou indireto (Durevall; Henrekson 2011). Christian Richter, Paparas Dimitrios e Avloniti Anthoula concluíram pela validade da tese para o Reino Unido, para o período 1850-2010) (Richter; Dimitrios; Anthoula, 2012). Serena Lamartinaa e Andrea Zaghinib analisaram 23 países da OCDE e descobriram uma correlação empírica positiva e forte entre a despesa pública e o PIB por habitante, ainda que mais acentuada nos países de menor rendimento; essa correlação é compatível com a lei de Wagner (Lamartinaa; Zaghinib, s.d.) Amos C. Peters, recorrendo também à cointegração, estudou quatro países bem diferentes: Estados Unidos (1948-1995), Tailândia (1952-1995), Barbados e Haiti (ambos em 1966-1995); concluiu pela universalidade da lei de Wagner (Peters, s.d.).

Devemos dar assim por empiricamente demonstrada a lei de Wagner até à atualidade, sem nos pronunciarmos sobre a sua aplicabilidade à fase inicial da industrialização.

Assinalemos que o enfraquecimento da correlação despesa do Estado/rendimento por habitante é congruente com a variação acima registada de várias despesas sociais do Estado.

Conclusões gerais

As nossas conclusões têm que decorrer da investigação feita, das suas afirmações substanciais e do seu estatuto epistemológico. Só repetiremos o que sobre ele escrevemos na introdução e no próprio texto quando for em absoluto necessário.

Afiguram-se demonstradas as seguintes conclusões:

1. A lei da Wagner afirma o aumento do peso relativo das despesas estatais, e, nessa medida, demonstrado fica o crescimento do Estado Social, que definimos pela existência da despesa social e em geral estatal.

2. O Estado Social não se concretiza num espaço cartesiano ao longo de uma linha regular, seja qual for o tipo de correlação a que recorramos.

3. Os países no começo da corrida ao desenvolvimento económico são aqueles em que as despesas sociais, dentro de certos limites, mais aceleram o crescimento do PIB. Entre eles está Moçambique, o país que por intermédio do ISCTEM gentilmente nos acolheu. Mas essas despesas têm que ser escolhidas com cuidado, como a seguir veremos.

4. A taxa de crescimento do Pib diminui com o aumento do PIB por habitante: quanto maior é o rendimento por habitante, menor é o seu crescimento. Esta correlação, que não é linear, é independente do montante das despesas sociais com as exceções especificidades no presente estudo. É, porém, uma conclusão de estática comparada e não uma conclusão de análise dinâmica.

5. Nos casos das despesas e escalões nacionais de rendimento por habitante, a intensificação do Estado Social só causa desaceleração do crescimento do PIB, no escalão superior a 40 mil dólares e no relativo às despesas em saúde. As provas sobre o efeito do ensino sobre a variação do PIB não são concludentes.

6. Para os países entre os 1000 dólares anuais de PIB por habitante e por ano e abaixo dos 20 mil (em certos casos abaixo dos 40 mil) as despesas sociais são indiferentes ao ritmo de crescimento económico, pelo menos para os escalões de rendimento e para as fontes com que trabalhámos.

7. As diferentes despesas do Estado Social (saúde e ensino, no caso) produzem efeitos diversos sobre o ritmo de crescimento económico. Por isso, para cada escalão do PIB por habitante, há umas despesas sociais benéficas e outras nefastas ao crescimento económico. Deveria ser autonomizado o estudo de despesas sociais de outro tipo, como o seguro social.

8. Se há armadilha do crescimento por escalões nacionais de rendimento, ela não é o «middle income trap», pois ocorre sobretudo nos dois extremos da distribuição de rendimento, os de maior e os de menor PIB por habitante.

9. A crise financeira de 2008 inverteu os sinais de numerosas taxas entre os diferentes escalões de rendimentos. Para os primeiros escalões de rendimento, as despesas estatais com saúde e ensino aumentam a probabilidade de aproveitamento das vantagens económicas internacionais depois da crise de 2008. O tema devia ser aprofundado.

10. Em numerosos exames de concretizações das variáveis, distinguimos três tipos de países: segundo critérios que não o PIB por habitante, cidades-Estado, exportadores de petróleo *low absorbers* e os que conheceram recentemente guerras civis. Estas variáveis afetam o resultado do crescimento do PIB. Pelo menos no caso das guerras civis, o efeito parece óbvio mas registamo-lo pois é em geral esquecido pelas organizações económicas internacionais e por muitos analistas. Outras categorias transversais ao rendimento haverá a desenvolver.

As conclusões anteriores não apoiam nem condenam nenhum discurso doutrinário sensato sobre o Estado Social, antes explicitam que ele deve ser ajustado às condições concretas de cada organização económica dentro de cada escalão de rendimento nacional e sugerem as margens de escolha disponíveis em função do efeito sobre o crescimento do PIB. A globalização, isto é, o aprofundamento e a extensão do mercado mundial, parece aconselhar uma reforma profunda do Estado Social, sobretudo em certos grupos de países classificados segundo o rendimento individual, mas sem a condicionar a um dado *a priori* doutrinal de validade universal.

Fontes

Estatísticas

As fontes das estatísticas são indicadas no texto ou nas legendas dos gráficos, nelas baseados, e não são aqui reproduzidas.

A pertença de cada país a um dado escalão de rendimentos é indicada no anexo. O anexo indica também os países considerados em cada correlação.

Sintetizamos de seguida as categorias adicionais aos escalões de rendimentos. Os países que integram cada uma destas categorias são também indicados no anexo.

Cidades-Estado são países soberanos com uma superfície inferior a 3000 km quadrados, um pouco mais do que o Luxemburgo (2586 Km²) e um pouco menos do que Cabo Verde (4033 Km²). Distinguimos as cidades-Estado insulares das continentais, Não retivemos nenhum critério demográfico. A nossa fonte foi *The Cia Factbook*.

Os países exportadores de petróleo *low absorbers* (com pouca população face à extração do *crude*) oferecem caraterísticas económicas estruturais específicas, bem conhecidas da análise económica. Registámos os dez países de mais elevada exportação de barril de bruto por dia e por pessoa. A nossa fonte foi *The Cia Factbook*.

A guerra civil interessa-nos como critério na medida em que ela perturbou a organização económica e política do país em causa, não se lhe aplicando portanto as leis económicas vigentes em tempo de paz; por isso, pressupusemos que em princípio dez anos seriam suficientes para restabelecer a normalidade; alargámos este prazo no caso da Libéria (conflito terminado em 1996) e da Serra Leoa (2002), devido à intensidade dos seus conflitos; incluímos a Etiópia e a Eritreia onde a guerra civil se misturou com a guerra nacional; devido ao critério dos efeitos económicos, incluímos casos de desordem permanente ou duradoura em termos nacionais; excluímos as guerras civis típicas quando limitadas a uma pequena parte do território nacional (Colômbia, por exemplo), de curta duração (Costa do Marfim) ou começadas depois de 2010 (Mali, República Centro-Africana, Síria). A nossa fonte foi a imprensa internacional.

Livros, artigos e WWW

ACHTERBERG, Peter; YERKES, Mara, «One welfare state emerging? Convergence versus divergence in 16 western countries », em *Journal of Comparative Social Welfare*, vol. 25, nº 3, 2009, em http://www.tandfonline.com/doi/abs/10.1080/17486830903189931

BARAN, Paul A.; Paul M. Sweezy, *Monopoly Capital*, A Pelican Book, Penguin Books, Harmondsworth, 1968

CLERC, DENIS, «De l'état stationnaire à la décroissance: histoire d'un concept flou», *L'Économie politique*, 2004/2 no 22, p. 76-96; disponível em http://www.cairn.info/revue-l-economie-politique-2004-2-page-76.htm

DUREVALL, Dick; HENREKSON, Magnus, *The futile Quest for a Grand Explanation of Long run Government Expenditure*, IFN Working Paper nº 818, 2011, em http://papers.ssrn.com/sol3/papers.cfm?abstract_id=1539425

EICHENGREEN, Barry; DONGHYUN PARK, Kwanho Shin, «When Fast Growing Economies Slow Down: International Evidence and Implications for China», NBER *Working Paper* Nº. 16919, março 2011 (citado em htpp\\Free Exchange...)
FERGUSON, Niall, http://edition.cnn.com/2012/11/26/business/interview-niall-ferguson
GARFINKEL, Irwin (Irv); TIMOTHY SMEEDING, "Wealth and Welfare States: What Is the Real Story?" October 6, 2010 http://www.hks.harvard.edu/inequality/Seminar/Papers/Garfinkel11.pdf
HAYEK, F A., *The Road to Serfdom* [1944], Londres, Routledge & Keagan Paul, 1971
HENREKSON, Magnus, *Wagners's Law – a spurious Correlation, Public Finance/Finances Publiques*, vol. 48(2), 1993, pp.406-415, em http://www2.hhs.se/personal/henrekson/Artiklar%20eng%20i%20orig/Wagners%20law%20-%20a%20spurious%20relationship.pdf
http://www.economist.com/blogs/freeexchange/2013/02/middle-income-trap-ii
KUCKUCK, Jan, *Testing Wagner's Law at Differente Stages of Economic Development – A Historical analysys of Five Western European Countries*, 2012, http://www.iew.uni-osnabrueck.de/WP_91.pdf
LAMARTINAA, Serena; ZAGHINIB, Andrea, *Increasing Public Expenditures: Wagner's Law In Oecd Countries*, em http://campus.usal.es/~XVEEP/PAPERS/J1S6/XVEEP-29%20LAMARTINA-ZAGHINI.pdf
MAGAZZINO, Cosimo, *Wagner's Law and Augmented Wagner's Law In Eu-27. A Time-Series Analysis on Stationarity, Cointegration And Causality*, 2010, em http://mpra.ub.uni-muenchen.de/26668/1/MPRA_paper_26668.pdf
MARSHALL, Alfred, *Principles of Economics*, 8ª ed., Londres, Macmillan, 1920; disponível em http://files.libertyfund.org/files/1676/Marshall_0197_EBk_v6.0.pdf
MARSHALL, Gordon (org.), *Dictionnary of Socilogy*, 2ª ed., Oxford Paperback Reference, Oxford University Press, Oxford-New York, 1998
Mater et Magistra, http://www.vatican.va/holy_father/john_xxiii/encyclicals/documents/hf_j-xxiii_enc_15051961_mater_po.html
MILL, John Stuart, *Principles of Political Economy*, org. e int de Donald Winch, Pelican Classics, Peguin Books, Harmondsworth, 1979
MISES, Ludwig von, *Le Socialisme Etude Economique et Sociologique* (1922), pref. de François Perroux, Paris, Librairie de Médicis, s.d.
MUSGRAVE, Richard A.; PEACOCK, Alan T. (orgs.), *Classics in the theory of public finance*, London, Macmillan, 1967
PEACOCK, A.; WISEMAN, J., *The Growth in Public Expenditure in the United Kingdom*. Allen and Urwin, London. 1961
PETERS, Amos C., *An Application of Wagner's 'Law' of Expanding State Activity to Totally Diverse Countries*, s.d. em http://www.unc.edu/~acpeters/Wagner.pdf
PIGOU, A. C., *The Economics of Welfare*, 4ª edição, Macmillan, Londfres, 1960.
PRIESMEIER, Christoph; KOESTER, Gerrit B., *Does Wagner's law ruin the sustainability of German public finances?*, Deutsche Bundesbank Nº 8/2012, em http://www.bundesbank.de/Redaktion/EN/Downloads/Publications/Discussion_Paper_1/2012/2012_03_23_dkp_08.pdf?__blob=publicationFile
RICARDO, David, *The Principles of Political Economy and Taxation*, int. de Michael P. Foggarty, Everyman's Library, Dent, Londres-Nova Iorque, 1969

RICHTER, Christian; DIMITRIOS, Paparas; ANTHOULA, Avloniti, «The Validity f Wagner's Law in United Kindom for the period 1850-2010», Londres, Infer, Speyer, vol. 2012.5, 2012; disponível em http://webcache.googleusercontent.com/search?q=cache:_8Bqm6Wh-r8J:ecomod.net/system/files/FINALMAYThe%2520validity%2520of%2520Wagner%2520in%2520UK.docx+&cd=1&hl=pt-PT&ct=clnk

SAY, Jean-Baptiste, *A Treatise on the Political Economy of the Production, Distribution and Consumption*, Philadelpghia, 1880 (reprodução por Batoche Books disponível na WWW)

SMITH, Adam, *The Wealth of Nations*, 2 vols., Everyman's, 1964

«Socialization», em Marshall, Gordon (org.), *Dictionary of Sociology*, Oxford University Press, 1998

SPENCER, Herbert, *The Man versus the State With Four Essays on Politics and Society*, org. e int. de Donald Macrtae, Penguin Books, Harmondsworth, 1969

WAGNER, Adolph, *Grundeegung der politischen Oeconomie*, de 1883 http://archive.org/details/grundlegungderp00wagngoog

Anexo Estatístico

País ou Território estatístico	Escalão de PIB por habitante (dólares correntes dos Estados Unidos)	3 Variáveis	Despesas ensino	Despesas saúde	Alfabetização	Ensino superior, alunos em % classe etária	Mortalidade infantil	Expetativa de vida
Afeganistão	Menos de mil					x	x	x
África do Sul	5000-19999		x	x			x	x
Albania	1000-4999			x		x	x	x
Alemanha	20000 ou mais*		x	x			x	x
Andorra	20000 ou mais	Cidade-Estado				x	x	x
Angola	1000-4999	Exportadores de petróleo «low absorbers»	x	x	x	x	x	x
Antigua e Barbuda	5000-19999	Cidade-Estado	x	x	x	x	x	x
Arábia Saudita	5000-19999	Exportadores de petróleo «low absorbers»	x	x	x	x	x	x
Argélia	1000-4999		x	x		x	x	x
Argentina	5000-19999		x	x	x	x	x	x
Arménia	1000-4999		x	x	x	x	x	x
Austrália	20000 ou mais*		x	x		x	x	x
Áustria	20000 ou mais*		x	x		x	x	x
Azerbadjão	5000-19999		x	x		x	x	x
Bahamas (As)	20000 ou mais			x			x	x

140

A CRISE DO ESTADO SOCIAL AFETARÁ OS PAÍSES EMERGENTES?

Bangladech	Menos de mil		x		x	x
Barbados	5000-19999	Cidade-Estado	x	x		x	x
Barém	5000-19999		x	x	x	x	x
Bélgica	20000 ou mais *		x	x		x	x
Belize	1000-4999		x	x		x	x
Benin	Menos de mil		x	x	x	x	x
Bermudas	20000 ou mais *	Cidade-Estado	x			x	x
Bielorrússia	5000-19999		x	x		x	x
Bolívia	1000-4999			x		x	x
Bornéu	20000 ou mais		x	x	x	x	x
Bósnia e Herzegovina	1000-4999			x	x	x	x
Botsuana	5000-19999		x	x	x		x
Brasil	5000-19999		x	x		x	x
Bulgária	5000-19999		x	x		x	x
Burkina-Faso	Menos de mil		x	x		x	x
Burundi	Menos de mil		x	x	x	x	x
Butão	1000-4999		x	x		x	x
Cabo Verde	1000-4999		x	x	x	x	x
Camarões	1000-4999		x	x		x	x
Cambodja	Menos de mil		x	x		x	x

Canadá	20000 ou mais *	Exportadores de petróleo «low absorbers»	x			x
Casaquistão	5000-19999	Exportadores de petróleo «low absorbers»	x	x	x	x
Centro-Africana, República	Menos de mil		x	x	x	x
Chade	Menos de mil	Guerra civil	x	x	x	x
Checa, República	5000-19999		x	x	x	x
Chile	5000-19999		x		x	x
China	1000-4999		x	x	x	x
Chipre	20000 ou mais		x	x	x	x
Colômbia	5000-19999		x	x	x	x
Comoros	Menos de mil	Cidade-Estado		x	x	x
Congo, República Democrática do	Menos de mil	Guerra civil	x	x	x	x
Congo, República do	Menos de mil		x		x	x
Coreia, Sul	20000 ou mais			x	x	x
Costa do Marfim	1000-4999		x	x	x	x
Costa Rica	5000-19999		x	x	x	x
Croácia	5000-19999			x		x
Cuba	5000-19999		x		x	x
Dinamarca	20000 ou mais *		x	x	x	x
Djibuti	1000-4999			x	x	x
Dominica	5000-19999	Cidade-Estado	x	x	x	x

A CRISE DO ESTADO SOCIAL AFETARÁ OS PAÍSES EMERGENTES?

Domincana, República	5000-19999		x	x	x		x	x
Egipto	1000-4999		x	x	x	x	x	x
El Salvador	1000-4999		x	x	x	x	x	x
Emiratos Árabes Unidos	20000 ou mais	Exportadores de petróleo «low absorbers»	x	x			x	x
Equador	1000-4999		x	x	x	x	x	x
Eritreia	Menos de mil	Guerra civil		x	x	x	x	x
Eslováquia	5000-19999		x	x		x	x	x
Eslovénia	20000 ou mais		x	x	x	x	x	x
Espanha	20000 ou mais		x	.	x	x	x	x
Estados Unidos	20000 ou mais		x	x		x	x	x
Estónia	5000-19999		x	x	x	x	x	x
Etiópia	Menos de mil	Guerra civil	x	x		x	x	x
Fiji	1000-4999		x	x		x	x	x
Filipinas	1000-4999		x	x		x	x	x
Finlândia	20000 ou mais *		x	x		x	x	x
França	20000 ou mais *		x	x		x	x	x
Gabão	5000-19999			x	x	x	x	x
Gâmbia, A	Menos de mil		x	x	x		x	x
Gana	1000-4999		x	x	x	x	x	x
Geórgia	1000-4999		x	x	x	x	x	x

Grécia	20000 ou mais		x			x
Grenada	5000-19999	Cidade-Estado	x	x	x	x
Guatemala	1000-4999		x	x		x
Guiana	1000-4999		x	x	x	x
Guiné	Menos de mil		x	x	x	x
Guiné Equatorial	20000 ou mais		x	x	x	x
Guiné-Bissau	Menos de mil			x		x
Haiti	Menos de mil	Guerra civil			x	x
Honduras	1000-4999		x	x	x	x
Hong-Kong REC	20000 ou mais	Cidade-Estado			x	x
Hungria	5000-19999		x	x	x	x
Iemen	1000-4999		x	x		x
Ilhas Marshall	1000-4999	Cidade-Estado	x			x
Ilhas Salomão	1000-4999		x		x	x
Índia	1000-4999		x		x	x
Indonésia	1000-4999		x		x	x
Irão	1000-4999		x		x	x
Iraque	1000-4999	Exportadores de petróleo «low absorbers»		x	x	x
Irlanda	20000 ou mais *		x		x	x

144

A CRISE DO ESTADO SOCIAL AFETARÁ OS PAÍSES EMERGENTES?

Islândia	20000 ou mais *				x	x
Israel	20000 ou mais	x			x	x
Itália	20000 ou mais	x	x		x	x
Jamaica	1000-4999	x	x		x	x
Japão	20000 ou mais *	x			x	x
Jordânia	1000-4999		x	x	x	x
Kiribati	1000-4999	Cidade-Estado	x		x	x
Kuwait	20000 ou mais *	Exportadores de petróleo «low absorbers»	x			x
Laos	1000-4999		x		x	x
Lesoto	1000-4999	x	x		x	x
Letónia	5000-19999		x	x	x	x
Líbano	5000-19999	x	x		x	x
Libéria	Menos de mil	Guerra civil	x	x	x	x
Líbia	5000-19999	Exportadores de petróleo «low absorbers»		x		x
Liechtenstein	20000 ou mais *	Cidade-Estado	x	x	x	x
Lituânia	5000-19999	x	x		x	x
Luxemburgo	20000 ou mais *	Cidade-Estado		x	x	x
Macau REC	20000 ou mais	Cidade-Estado			x	x
Macedónia	1000-4999		x	x	x	x
Madagáscar	Menos de mil		x		x	x

III CONGRESSO DO DIREITO DE LÍNGUA PORTUGUESA

Malásia	5000-19999		x	x	x	x
Malawi	Menos de mil		x	x	x	x
Maldivas	Menos de mil	Cidade-Estado	x		x	x
Mali	Menos de mil		x	x	x	x
Malta	5000-19999	Cidade-Estado	x		x	x
Marrocos	1000-4999		x	x	x	x
Maurícia	5000-19999	Cidade-Estado	x	x	x	x
Mauritânia	1000-4999		x		x	x
México	5000-19999		x	x	x	x
Micronésia, Federação dos Estados da	1000-4999	Cidade-Estado		x	x	x
Moçambique	Menos de mil		x	x	x	x
Moldávia	1000-4999		x	x	x	x
Mónaco	20000 ou mais *	Cidade-Estado	x		x	x
Mongólia	1000-4999		x	x	x	x
Montenegro	5000-19999			x	x	x
Namíbia	1000-4999		x	x	x	x
Nepal	Menos de mil		x	x		x
Nicarágua	1000-4999		x		x	x
Niger	Menos de mil		x		x	x
Nigéria	1000-4999			x		x
Noruega	20000 ou mais	Exportadores de petróleo «low absorbers»	x	x	x	x

146

A CRISE DO ESTADO SOCIAL AFETARÁ OS PAÍSES EMERGENTES?

Nova Zelândia	20000 ou mais					x	x
Omã	20000 ou mais	x	x			x	x
Países Baixos	20000 ou mais	x	x			x	x
Palau	5000-19999	Cidade-Estado	x			x	x
Panamá	5000-19999		x	x		x	x
Papua Nova Guiné	1000-4999		x	x		x	x
Paquistão	1000-4999	x	x			x	x
Paraguai	1000-4999	x	x	x		x	x
Perú	5000-19999	x	x			x	x
Polónia	5000-19999	x	x	x		x	x
Porto Rico	20000 ou mais			x		x	x
Portugal	20000 ou mais	x	x	x		x	x
Qatar	20000 ou mais	x	x	x		x	x
Quénia	Menos de mil	x	x	x		x	x
Quirguistão	Menos de mil	x	x			x	x
Reino Unido	20000 ou mais	x	x			x	x
Roménia	5000-19999	x	x	x		x	x
Ruanda	Menos de mil	x	x	x		x	x
Rússia	5000-19999	x	x	x		x	x
Samoa	1000-4999	Cidade-Estado	x			x	x
São Martino	20000 ou mais	Cidade-Estado	x	x		x	x

São Tomé e Príncipe	1000-4999	Cidade-Estado		x		x	x
São Vicente e as Granadinas	5000-19999	Cidade-Estado		x		x	x
Seicheles	5000-19999	Cidade-Estado	x	x	x	x	x
Senegal	1000-4999		x	x	x	x	x
Serra Leoa	Menos de mil	Guerra civil	x	x	x	x	x
Sérvia	5000-19999		x	x	x	x	x
Singapura	20000 ou mais	Cidade-Estado	x	x		x	x
Síria	1000-4999		x	x		x	x
Sri Lanka	1000-4999	Guerra civil	x	x	x	x	x
Stª Lúcia	5000-19999	Cidade-Estado	x	x	x	x	x
Stº Kitts e Nevis	5000-19999		x	x	x	x	x
Suazilândia	1000-4999		x	x	x	x	x
Sudão	1000-4999	Guerra civil		x		x	x
Suécia	20000 ou mais		x	x	x	x	x
Suíça	20000 ou mais		x	x	x	x	x
Suriname	5000-19999			x		x	x
Tailândia	1000-4999		x	x	x	x	x
Tajiquistão	Menos de mil		x	x	x	x	x
Tanzania	Menos de mil			x	x	x	x
Timor-Leste	Menos de mil		x	x	x	x	x

A CRISE DO ESTADO SOCIAL AFETARÁ OS PAÍSES EMERGENTES?

Togo	Menos de mil		x			x
Tonga	1000-4999	Cidade-Estado	x	x	x	x
Trinidad e Tobago	5000-19999			x	x	x
Tunísia	1000-4999		x	x		x
Turquemenistão	1000-4999			x	x	x
Turquia	1000-4999		x	x		x
Tuvalu	1000-4999	Cidade-Estado		x	x	x
Ucrânia	1000-4999		x	x	x	x
Uganda	Menos de mil		x	x	x	x
Uruguai	5000-19999		x	x	x	x
Usbequistão	1000-4999			x	x	x
Vanuatu	1000-4999		x	x		x
Venezuela	5000-19999	Exportadores de petróleo «low absorbers»	x	x	x	x
Vietnam	1000-4999		x	x	x	x
Zambia	1000-4999		x	x		x
Zimbabué	Menos de mil	Guerra civil	x	x	x	x

Notas: REC: Região Especial da China. Birmânia, Formosa (Taiwan), Nauru, Somália, não figuram no quadro por não constarem da tabela de gdp PIB) por habitante do Banco Mundial.* Mais de 40000; França e Islândia: qualificados assim por estarem mais perto deste grupo de rendimento do que do grupo anterior. quando o Banco Mundial não disponibilizava dados para o ano de referência da série em causa, recorremos a dados desde 2008 até 2012, inclusive. As definições das variáveis constam do texto.

A Revisão da Lei da Protecção Ambiental Chinesa e (in)Justiça Ambiental na República Popular da China

JIANG YI WA[1]

1. Ameaça Ambiental. Reacções da Sociedade

Para a esmagadora maioria dos residentes de Macau, um dos destinos de férias é a Tailândia, sítio ideal onde, além de ter boas praias e bons serviços, se pode brincar com um animal muito inteligente que é o elefante. Pois, nos dias de hoje, em todo o território chinês, só é possível ver os elefantes no sul da província de Yun Nan, mais especificamente, na Zona Protegida de Xi Shuang Ban Na[2]. Mas nem sempre foi assim. Na sua obra *The Retreat of Elephant: a Environmental History of China*, o investigador da história chinesa, Mark Elvin[3] analisou a problemática das poluições ambientais na China utilizando como o argumento de base a distribuição geográfico-ecológica de elefantes chineses. Há cerca de 4000 anos atrás,

---

[1] A Autora é Mestre e doutoranda em Direito pela Faculdade de Direito da Universidade de Coimbra, tendo feito o seu curso de Licenciatura em Direito na mesma Escola. Actualmente é docente da Faculdade de Direito da Universidade de Macau. O seu interesse de investigação concentra-se principalmente em áreas de direito público como o direito do ambiente, o direito administrativo e o direito constitucional.

[2] Sobre esta Zona, http://pt.wikipedia.org/wiki/Prefeitura_autônoma_dai_de_Xishuangbanna

[3] V. MARL ELVIN, *Retreat of the Elephants: an Environmental History of China*, New Haven: Yale University Press, 2004.

ainda se conseguiam ver os elefantes pelo norte da China, principalmente concentrados nas províncias de He Bei e de Shan Dong. Passando para a Dinastia Tang, por volta do ano 1000 d.c., os elefantes viviam nas florestas situadas mais para o sul da China: nos cursos médio e inferior do Rio Yangtzé e também nas províncias de Zhe Jiang e de Fu Jian. Mais tarde, percorrendo até à Dinastia Ming, os elefantes recuaram ainda mais para o território sul da China, principalmente para as províncias de Si Chuan, Guang Dong, Gui Zhou e Yun Nan. Naturalmente este recuo dos elefantes tinha muito a ver com a expansão da população da Etnia Han, razão pela qual ele se tornou um retrato das profundas alterações das condições ambientais que todo o território chinês sofreu.

Hoje em dia, não é sequer necessário perder muito tempo a explicar quão grave a situação ambiental da China. Ultimamente tem-se falado imenso sobre as poluições do ar em Pequim que tornaram a cidade uma bola de algodão cinzenta escura ao que acresce que, não só o transporte público fica miseravelmente condicionado ou até mesmo suspenso mas também a vida quotidiana dos residentes na capital chinesa se vê seriamente ameaçada. Não raras vezes são mostradas fotos com pessoas de cara tapada por uma máscara, máscara essa que não consegue esconder olhares de insatisfação e sofrimento. A situação é ainda mais grave se pensarmos que se registam ataques de poluições atmosféricas quatro vezes num mês[4], o que constitui um espaço de tempo curtíssimo.

O sinal de alarme tocou uma vez mais, a crise ambiental da China não para, o que poderá ser feito?

De facto, o governo chinês acordou cedo para a consciência verde, concretamente desde a fase final da década de setenta do século passado[5],

---

[4] V. http://www.cnbc.com/id/100456949

[5] Nos primeiros anos após a fundação da RPC em 1949, os problemas ambientais eram causados principalmente pelo Movimento do Grande Salto entre os anos de 1958 e 1960, tendo o país uma ambição crescente de recuperar os danos produzidos pelas guerras anteriores na China. Em 1951, foi publicado o Regulamento Provisório da Indústria Mineral da RPC através do qual era preciso pedir uma licença especial para actividades explorativas minerais. A seguir, o Regulamento de Protecção da Saúde Pública de 1956 focou-se na protecção concedida aos cidadãos de poluições provenientes da emissão de fumo, dos resíduos e dos ruídos da indústria. Esses documentos jurídicos, juntamente com outros regulamentos nacionais como o Regulamento Provisório da Conservação dos Solos de 1957, construíram o modelo

sendo uma das marcas mais relevantes a criação da Lei da Protecção do Ambiente Chinesa (LPAC). Antes de esta lei ganhar corpo no sistema jurídico interno da China, os documentos antecessores eram simples regulamentos administrativos onde se foram acolhidos alguns princípios básicos para a protecção do ambiente. Em 1979, com a entrada em vigor da chamada Lei da Protecção do Ambiente Chinesa Provisória, mesmo de carácter experimental e provisório[6], já se podia dizer que, desde então, tínhamos uma lei fundamental no âmbito da protecção ambiental, tendo--lhe sido atribuído o estatuto de uma lei nacional.

Porém, na situação actual de toda a sociedade chinesa, destacam-se cada vez mais acidentes ambientais até mesmo conflitos violentos entre os cidadãos e o governo em volta do tema da protecção ambiental. Devido à complexidade das questões ambientais, qualquer acção humana que pretenda manter a sustentabilidade do nosso planeta tem que ser, em simultâneo, nas palavras de Maria da Glória Garcia, *cientificamente fundada, tecnicamente adequada, eticamente responsável, economicamente eficiente, politicamente legitimada e juridicamente realizada*[7]. Apesar de ter já um sistema jurídico que declara o cuidado redobrado à protecção ambiental na China, a insuficiência das normas jurídicas que efectivamente regulam a matéria do ambiente e a ineficácia das já existentes tornam o governo chinês alvo de críticas intensas. Hoje em dia, os cidadãos chineses prestam já muita atenção às medidas verdes que o governo chinês lança e,

---

primário do sistema chinês de direito do ambiente propriamente dito. Porém, é de lembrar que não se pode dizer que existe uma sistematização de leis ambientais na China nesse período, não estando a consciência de protecção ambiental plenamente formada. Por outro lado, a Revolução Cultural Chinesa que ocorreu entre 1966 e 1976 trouxe consigo perturbações violentas ao sistema jurídico chinês, razão pela qual a maior parte das normas jurídicas ambientais de então deixou de produzir efeitos. Ver a nossa dissertação de Mestrado sob orientação do Senhor Professor Doutor José Carlos Vieira de Andrade, JIANG YI WA, *Introdução ao Direito do Ambienta: uma Perspectiva Chinesa*, FDUC, 2009.

[6] A Lei da Protecção do Ambiente Chinesa de 1979 (provisória) ou Lei Experimental da Protecção do Ambiente, aprovada pela décima primeira secção do 5º Comité Permanente da Assembleia Popular Nacional da República Popular da China (APNRPC).

[7] Cfr. MARIA DA GLÓRIA GARCIA, *o Lugar do Direito na Protecção do Ambiente*, Almedina, 2007, p.14

mais do que isso, as atenções ficam concentradas sobretudo no trabalho que toda a máquina estadual efectivamente tem feito no sentido de obtermos um verdadeiro desenvolvimento sustentável[8]. Com uma consciência verde cada vez mais crescida, cada vez se ouve mais falar sobre a justiça ambiental[9].

[8] Entre a sociedade e o meio ambiente, encontramos duas partidas da mesma linha. Por um lado, a sociedade faz funcionar as suas influências sob o meio ambiente através da exploração de recursos naturais e o depósito de resíduos, fruto de actividades humanas da sociedade. Por outro lado, o meio ambiente atribui a mesma dose de influência à sociedade, onde sobretudo as relações sociais se encontram por causa disso alteradas e modificadas. Portanto, regista-se aqui um processo de influência mútua que se pode simplificar como: sociedade – meio ambiente – sociedade. Sobre a exploração de recursos naturais e o depósito de resíduos como a forma através da qual a sociedade deixa a sua influência no meio ambiente, v. ALLEN SCHNAIBERG e KENNETH ALAN GOULD, *Environment and Society: the Enduring Conflict*, New York: St. Martin's Press, 1994.

[9] Émile Durkheim analisa as funções sociais de diferentes trabalhos na sociedade na sua obra *Da Divisão do Trabalho Social*, de 1893, onde tenta mostrar que é das divisões cada vez mais específicas e com mais detalhes na sociedade que resultam relações desiguais entre as pessoas, dizendo por isso que esta divisão é a principal fonte de coesão ou solidariedade social. Assim sendo, segundo o Autor, na nossa sociedade moderna a missão com mais relevância deve ser, em vez da criação de riquezas, o desenvolvimento e a realização da justiça com o único objectivo de curar todas as doenças sociais. V. ÉMILE DURKHEIM, *Da Divisão do Trabalho Social*, tradução de Qu Dong, Livraria San Lian, Pequim, 2000. Por outro lado, na sua obra *A Theory of Justice*, o filósofo político americano John Rawls defende que a justiça deve ser entendida com base em dois princípios: o princípio de liberdade e o princípio de diferenciação. Segundo este Autor, os membros mais carenciados numa determinada sociedade tornam-se naturalmente os que precisam e merecem mais ajuda para que não fiquem numa posição desigual que é, como tal, menos justa. John Rawls recusa que a liberdade seja tirada duns, mesmo poucos, só para satisfazer os interesses doutros, ainda que sejam a maioria. JOHN RAWLS, *A Teoria da Justiça*, tradução de He Huai Hong, Editora Ciências Sociais da China, 2001. De certa forma, noutra obra, *Democracy in America*, o Autor francês expressa uma opinião idêntica. Numa sociedade de Estado de Direito, formalmente é atribuído o direito de liberdade e de igualdade a todos os cidadãos, fazendo funcionar também o princípio das Regras de Maioria. Porém, facilmente se perceberá que, com base naquele princípio, cria-se uma autoridade moral ao aceitar que a maioria tem sempre razão, o que até pode mesmo ajudar ou encorajar a intimidação que a maioria impõe à minoria, em nome do poder democrático. A isso se chama a Tirania da Maioria (Tyranny of

2. Justiça Ambiental. Razão de Ser

A ideia de equidade que se afigura como a pedra angular da justiça ambiental tem no fundo uma exigência ética mas não se limite apenas a isso[10]. Muitas vezes são aqueles grupos fragilizados quanto à participação em exercícios cívicos de matéria ambiental por condições étnicas, sociais e económicas e, por isso, com maior dificuldade no acesso à justiça ambiental[11]. Normalmente são esses grupos que suportam os custos ambientais duma forma desproporcional. O apelo pelo acesso à justiça ambiental começou pelas manifestações deles.

Com efeito, o tema da justiça ambiental foi levado até à praça pública inicialmente como o resultado de movimentos ambientais que tiveram lugar nos EUA no final dos anos oitenta do século XX[12]. Num relató-

Majority). V. ALEXIS DE TOCQUEVILLE, *A Democracia na América*, tradução de Zhu Wei Shen, Editora Ciências Sociais da China, 2007.

[10] O conceito de Justiça Ambiental é, de certa forma, um desafio para a ideia de Justiça que tradicionalmente se fala. Pois, com a introdução de justiça ambiental à família de justiça tradicionalmente entendida, muitos conceitos de carácter ecocentrismo vieram trazer concepções jurídicas totalmente novas. Com efeito, em termos morais, a justiça ambiental adopta uma posição ecocêntrica, deixando para atrás a de antropocêntrica, fala-se também do princípio de justiça ambiental para os animais ou outros componentes da natureza, e também para as gerações futuras. Analisando bem os movimentos ambientais dos USA, percebe-se com facilidade o desequilíbrio entre o ser humano e o meio ambiente como a causa principal dos tais conflitos, pois, as poluições só entraram no palco devido às deteriorações causadas à natureza, são vinganças que a Mãe natureza nos faz. Porém, mais do que isso, acreditamos que, destaca-se aqui também um desequilíbrio social, ou seja, com o desequilíbrio entre o ser humano e o meio ambiente, perde-se igualmente a harmonia entre as pessoas, de diferentes classes ou de diferentes raças.

[11] O acesso à justiça ambiental é proveniente da concepção do acesso à justiça, que é o tema que mais directamente equaciona as relações entre o processo civil e a justiça social, entre igualdade jurídico-formal e desigualdade sócio-económica. V. BOAVENTURA DA SOUSA SANTOS, *Pela Mão de Alice: o Social e o Político na Pós--Modernidade*, 7ª edição, Edições Afrontamento, 1999, pp. 146 e ss.

[12] A concepção de "Environmental Justice" nasceu nos EUA como um produto obtido após uma serie de movimentos ambientalistas norte-americanos. A marca inicial foram as manifestações ocorridas em Warren County, North Carolina, em 1982, onde os residentes locais se mostraram indignados com o governo que escolheu aquela zona para o tratamento de lixos tóxicos. O "Warren County Protest"

rio intitulado *Os Resíduos tóxicos e as Raças*, feito pela Comissão da União de Igrejas Cristãs para a Justiça Racial[13], foram postos à vista do público vários problemas ambientais, sobretudo para os cidadãos de classe social baixa. Revelava-se que um dos problemas graves era que os grupos sociais de escasso rendimento – que correspondiam nesse relatório aos cidadãos negros dos EUA – sofriam mais pelos danos ambientais. Segundo a mesma fonte, as comunidades de cidadãos negros viam a sua zona de habilitação ser escolhida desproporcionalmente como a zona onde se efectuavam os tratamentos de resíduos tóxicos.

Posteriormente, mais estudos de investigação foram lançados e todos apontavam que os cidadãos não brancos tinham uma possibilidade muito maior do que os brancos de ser atingidos pelos lixos da modernização – incluindo os resíduos domésticos, os resíduos tóxicos e também os resíduos nucleares, uma vez que a zona de concentração daqueles era frequentemente escolhida como sítio de fazer deposição e tratamento dos lixos. No fundo, há quem diga que está aqui uma diferenciação de tratamento causado pelo racismo, ou seja, as medidas tomadas em termos ambientais têm como critério a situação social e económica das pessoas, dando origem, por isso, ao chamado racismo ambiental[14].

Em qualquer Estado de Direito, a exigência mínima de justiça é a de garantir que os cidadãos podem sempre reclamar os seus direitos e resolver os conflitos sob orientação de um sistema jurídico justo. Para isso, exige-se que seja um sistema com o acesso aberto para todos os cidadãos

começou a ligar o factor de raças e de pobreza às consequências prejudiciais da poluição ambiental e foi exemplo para muitos outros movimentos ambientalistas que se afirmaram nessa altura nos EUA. V. TROY W. HARTLEY, *Enviromental Justice: an Environmental, Civil Rights Value Acceptable to All World Views*. in Environmental Ethics, na Interdisciplinary Journal Dedicated to the Philophical Aspects of Environmental Problems. University of New Mexico, v. 17, nº 3, Fall 1995. Ver também, WANG XIAO WEN, *Estudos sobre Justiça Ambiental dos EUA*, Boletim da Universidade da Floresta de Nan Jing, Vol. 2, 2007.

[13] V. http://www.nrdc.org/ej/history/hej2.asp. Sobre a organização: http://www.ucc.org/about-us/short-course/the-united-church-of-christ.html

[14] V. ROBERT BULLARD, *Confronting Environmental Racism: Voices from the Grassroots*, Boston: South End Press, 1993. Também, JI JUN JIE, WANG JUN XIU, *A Justiça Ambiental: Análise sobre os Conflitos entre os Aborígenes e o Parque Nacional*, in Estudos da Sociologia de Tai Wan: Revisão e Previsão, Editora Universidade Dong Hai, 1996.

e que o mesmo produza efeitos justos, quer em termos individuais quer sociais. Neste âmbito, o tema de justiça ambiental tem que ser interpretado com cuidado reforçado devido às suas especificidades.

Facilmente se concluirá que a expressão "justiça ambiental" tem por base o conceito de injustiça ambiental, realidade produzida pelas desigualdades, sociais e económicas, entre vários membros da comunidade, tendo em consideração que a factura das deteriorações causadas ao ambiente em nome do crescimento é paga antes de mais pelo sacrifício imposto às populações de rendimento baixo, grupos étnicos discriminados, residentes marginalizadas e outros grupos mais vulneráveis. É de concluir que a privação desses grupos em áreas de risco com degradação ambiental é designada pela alta vulnerabilidade dos mesmos[15], causando assim uma sobreposição espacial originada por um poder económico e socialmente menos forte. Pode, portanto, falar-se aqui numa verdadeira injustiça ambiental criada pelas condições sociais e económicas de desigualdade sobre os recursos ambientais. Por outro lado, os instrumentos de poder sobre o meio ambiente são tendencialmente dominados apenas pela classe governante de cada país que, no processo de tomada de decisões relativas às medidas ambientais, terão seguramente mais cuidado na protecção dos interesses dessa mesma classe, ficando os grupos sociais pobres ainda mais desfavorecidos.

Com efeito, o ponto de partida da discussão é exigir, na matéria de partilha dos riscos, custos e benefícios ambientais, uma distribuição imparcial, ausente de discriminações em função das condições sociais e económicas. Para tanto, além de assegurar um direito ao ambiente como

---

[15] Esta regra discriminatória funciona não só para zonas diferentes dentro duma cidade, ou para regiões diferentes dentro dum país, mas também para os diferentes países conforme as condições económicas de cada um. Normalmente, nos países em vias de desenvolvimento, onde o volume de população pobre é maior, observa-se uma maior receptividade para com as indústrias poluidoras do ambiente, pois, a evidência da pobreza ajuda a tapar a percepção dos danos ambientais, mesmo irreversíveis. Em certa medida, os países asiáticos ou africanos, as chamadas *fábricas do mundo* e portanto depósitos de resíduos ambientais, são exemplos disso. Isto é também uma das razões pelas quais as deteriorações ambientais na China se apresentam em termos tão preocupantes.

um direito fundamental de todos os cidadãos[16], é preciso que processualmente estejam disponibilizados mecanismos favoráveis para um acesso universal à justiça ambiental, isto é, o acesso aos recursos ambientais e aos processos decisórios, com garantia de igualdade e de participação nas decisões relativas às medidas ambientais[17].

Em termos jurídicos, evidenciando-se a entrada na nova fase de classificações de direitos[18], com a invocação de justiça ambiental pretende-se

---

[16] Sobre direito fundamental ao ambiente, ver o nosso *Tutela Jurídica do Ambiente na Constituição da República Popular da China e na Lei Básica da Região Administrativa Especial de Macau*, in Revista CEDOUA, Faculdade de Direito da Universidade de Coimbra, 2012.

[17] Encontra-se uma ideia idêntica na Declaração de Princípios da Rede Brasileira de Justiça Ambiental onde se designa que a justiça ambiental deve assegurar que nenhum grupo social, seja ele étnico, racial ou de classe, suporte uma parcela desproporcional das consequências ambientais negativas de operações económicas, de decisões políticas e de programas federais, estaduais, locais, assim como da ausência ou omissão de tais políticas e deve também assegurar-se um acesso justo e equitativo, directo e indirecto, aos recursos ambientais do país, assegurar amplo acesso às informações relevantes sobre o uso dos recursos ambientais (...). V. Henri Acselrad, Selene Herculano e José Augusto Pádua, *A Justiça Ambiental e a Dinâmica das Lutas Socioambientais no Brasil – uma Introdução*, in Justiça Ambiental e Cidadania. Fundação Ford, 2004, pp. 14 e ss.

[18] A divisão de direitos foi originariamente proposta por Kavel Vasak, com inspiração na Revolução Francesa. Trata-se duma maneira de classificar vários direitos que é geralmente seguida pelos juristas portugueses. A classificação dos direitos em gerações divide-se em três fases: a primeira geração de direitos de liberdade e de outros direitos básicos em termos civis e jurídicos, tais como o direito à liberdade, o direito à vida; a segunda geração de direitos económicos, sociais e culturais tais como o direito à igualdade social, o direito a prestações do Estado; a terceira geração de direitos em novos domínios da vida social, tais como o direito ao meio ambiente, o direito ao desenvolvimento, em matéria de genética ou de informática, etc.. Porém, há quem não concorde com esta classificação. Segundo Jorge Miranda, os novos direitos elencados na terceira geração dos direitos do homem não podem ser qualificados numa única categoria. O Autor vê os novos direitos como um alargamento e enriquecimento dos direitos fundamentais, querendo afastar assim a ideia de sucessão das gerações, pois não se podem ver os das gerações anteriores com implícita obnubilação em face dos das ulteriores. V. Jorge Miranda, *A Constituição e o Direito do Ambiente*, in "Direito do Ambiente", Instituto Nacional de Administração, 1994, p. 356. No entanto, mesmo que não haja uma unanimidade doutrinal,

implementar a chamada cidadania ambiental, noção nascida contextualizada num Estado de Direito ambiental e concretizada por um conjunto de valores fundamentais, tais como o princípio da igualdade, o princípio da dignidade das pessoas e o princípio da participação, entre outros. Com esses princípios, é de impor que não sejam tomadas medidas ambientais desfavoráveis para determinada população em função da sua etnia ou classe.

Em jeito de conclusão, partindo da realidade ambiental contextualizada numa *aldeia global* em pleno século XXI, a nosso ver, a (in)justiça ambiental tem que ser analisada como um fenómeno de várias facetas. Com efeito, não só existem medidas injustas quanto à designação da localização do tratamento de lixos tóxicos ou de instalações industriais que causam prejuízos à saúde dos residentes locais[19], mas também se trata de medidas ecologicamente injustas se não forem sustentáveis para as gerações futuras ou para a própria natureza. Por outro lado, relevante se torna ter sempre em consideração que esta justiça ambiental só se atinge com a disponibilização de meios jurídicos e judiciários para eliminar qualquer injustiça ambiental.

Assim sendo, a discussão sobre o tema justiça ambiental pode ser actualizada, dividindo-se em duas partes[20]. Em primeiro lugar, é obrigatório chegar a uma definição substancial do conceito. O que é a justiça ambiental? Antes de tudo, nunca seria excessivo dizer que em muitos países a exigência máxima da justiça ambiental se realiza com garantias constitucionais, interpretando o direito a um ambiente sádio e ecologicamente

na praça jurídica brasileira, fala-se ainda duma quarta geração de direitos que são direitos sociais das minorias, fruto da evolução das sociedades e da globalização.

[19] Problema idêntico repete-se na designação da localização das instalações industriais. No entanto, apesar de gerar riscos ambientais para uma determinada região, ou em certos casos, para um determinado país, a questão de injustiça ambiental não é de imediato discutida visto que frequentemente a ambição pelo desenvolvimento económico cria uma forte receptividade para com as indústrias, ou seja, a busca do melhoramento económico acaba por suavizar a gravidade de injustiça ambiental. Torna-se, por isso, mais significativo criar um sistema jurídico que plenamente protege as pessoas mais vulneráveis desses riscos ambientais.

[20] V. JI JUN JIE, *A Justiça Ambiental*, in Primeira Conferência sobre Valores Ambientais e Educação Ambiental, National Cheng Kung University, Tai Nan, Tai Wan, 1996.

equilibrado como um direito fundamental de todos os cidadãos, tal como previsto no artigo 66º da Constituição da República Portuguesa. Com efeito, através da justiça ambiental, pretende-se assegurar, segundo o princípio da liberdade e da igualdade, que a população menos favorecida não sofra injusta e desproporcionalmente as consequências danosas da poluição ambiental; visa-se, ao mesmo tempo, conseguir uma distribuição justa dos recursos ambientais e naturais, sempre com orientação no princípio do desenvolvimento sustentável, a fim de melhorar a qualidade de vida de toda a gente, estando também o benefício do equilíbrio ecológico na nossa consideração.

Em segundo lugar, para se atingir efectivamente uma justiça ambiental desejada, exige-se que o sistema jurídico de qualquer país fundado nas regras do Estado de Direito se responsabiliza a defender ainda uma justiça processual. Não obstante a implementação cada vez com mais maturidade das concepções sobre a justiça ambiental, imprescindível será que haja o acesso a esta justiça ambiental, ou seja, em respeito à justiça ambiental, há que conceder aos titulares do direito a um ambiente sádio e ecologicamente equilibrado – o público em geral – a hipótese de fazer concretizar aquela justiça. Em termos procedimentais e processuais, a audiência dos interessados, a participação pública e a acção popular, entre outros, serão por excelência as melhores armas processuais associadas à garantia de justiça ambiental.

3. Distocia da Revisão da Lei da Protecção Ambiental Chinesa e a Injustiça Ambiental

3.1. Contexto geral e a Necessidade da Revisão à LPAC

O tema da justiça ambiental começou a ter relevância na China desde cedo. Já se contaram mais de trinta anos de experiência no que toca à construção de um sistema jurídico-ambiental chinês. Porém, o balanço de tantos trabalhos mostra-se descoordenado e com falta de uma base teleológica que lhe dê sentido. É verdade que a produção de leis e regulamentos ambientais tem vindo a crescer, acompanhada pelo aumento de investimento estatal na matéria de protecção ambiental e pela expansão de atribuições da respectiva administração pública. Porém e mesmo com registo de tantos trabalhos feitos, a situação da protecção ambiental na China continua preocupante, a pressão intensifica-se de dia para dia.

Como já foi referido no início da nossa exposição, a Lei da Protecção Ambiental (LPAC) entrou em vigor nos anos oitenta do século passado, era vista como uma lei pioneira daquela época, não obstante espaço preenchido com muitas medidas políticas com uma expressão meramente "decorativa". Tendo em consideração o ambiente jurídico em termos gerais daquela época, todo o trabalho do governo chinês focava-se na recuperação dos danos materiais causados pela revolução cultural e no combate contra a pobreza e, como tal, o desenvolvimento económico era o objectivo principal senão único do país naquela altura. Foi um contexto, em todo o caso, desfavorável para a criação das normas jurídicas, uma vez que se tratava dum assunto com importância diminuta, ainda que tal não fosse expressamente declarado. Nessa fase, entre as medidas estatais, a Política de Reforma e Abertura recebeu prioridade absoluta, permitindo que uma parte da população chinesa e uma parte das regiões chinesas obtivessem melhoramentos económicos em detrimento de outras[21].

Nos últimos anos, ouve-se com muita frequência a necessidade de fazer uma revisão profunda da LPAC pois a mesma já se apresenta ineficaz para a protecção do ambiente na China. Na realidade, segundo diversos juristas ambientais, esta lei é actualmente considerada como uma das leis cuja função e aplicabilidade se apresentam com maior défice. Como é uma lei feita nos anos oitenta do século passado, a imaturidade da téc-

---

[21] Tratava-se apenas de partes, quer em termos de regiões, quer de população, que poderiam beneficiar de medidas económicas estimulantes, porque seria completamente impossível promover um melhoramento económico de igual ritmo para toda a China. Por outro lado, o governo chinês também pretendia que determinadas regiões ou populações pudessem servir como bons exemplos para outras economicamente mais atrasadas. V. ZHENG BI JIAN, GONG YI ZHI, YANG CHUN GUI e LI JUN RU (editores), *Questões Fundamentais da Teoria de Deng Xiao Ping*, Editora Ren Min, 2002. Porém, há quem critique que poderia ser uma medida que deu a origem à realidade preocupante das condições ambientais em certas regiões. Como a Política de Reforma e Abertura focava-se principalmente no desenvolvimento económico do país, em situações excepcionais, em nome disso foram abertas vias verdes para alguns projectos industriais cujo único fim era de atingir um melhoramento rápido das condições económicas do local. Como é óbvio, a protecção do ambiente ficou claramente esquecida perante a meta económica.

nica jurídica ainda se destaca em todo o documento, além de não conseguir acompanhar os princípios da protecção ambiental que agora são internacionalmente reconhecidos. É, por isso, necessário fazer alterações para que ela consiga estar a par dum desenvolvimento sustentável globalmente entendido.

Por outro lado, depois de 1989, ano da entrada em vigor da LPAC, foram lançadas sucessivamente leis ambientais que regulam, em termos específicos, matérias da protecção ambiental em função dos diversos componentes do meio da natureza, por exemplo, Lei das Águas, Lei do Mar, Lei da Floresta, etc., não sendo estas hierarquicamente inferiores em comparação com a LPAC na matéria da protecção do ambiente[22]. O resultado disso é deixar imensas possibilidades de conflitos entre as leis sectoriais e a LPAC, que vê a sua força de aplicabilidade gravemente posta em causa e, em consequência disso, a exequibilidade de boa parte das legislações ambientais de governos locais fica enfraquecida. Sem sur-

---

[22] Na RPC, o governo central é o órgão com posição de direcção máxima de todo o sistema legislativo chinês, sendo a competência deste complementada pelas atribuições legislativas hierarquicamente à disposição doutros órgãos da administração pública. Actualmente, a Assembleia Popular Nacional (APN) da RPC e o Comité Permanente da Assembleia Popular Nacional da RPC são dois responsáveis principais pela produção legislativa do país, sendo o primeiro o órgão superior à escala nacional do poder legislativo. Além disso, existem ainda outras fontes legislativas: leis produzidas pelo Conselho do Estado (CE) e os seus ministérios ou comissões, leis produzidas pelos governos locais e regionais e leis produzidas pelas regiões de administração especiais (Macau e Hong Kong). O CE é o órgão superior da administração pública da China, os regulamentos administrativos aprovados pelo Conselho do Estado têm aplicabilidade nacional. Ao contrário dos casos ocidentais onde o governo central funciona numa linha paralela ao parlamento, na RPC o CE é visto como um órgão executivo doutro órgão do governo, detentor do poder máximo, que é a APN da RPC, fazendo ambos os órgãos parte do sistema dos órgãos centrais. Por isso mesmo, a produção legislativa do Conselho do Estado é dotada, em simultâneo, de duas características: subsidiariedade e autoridade. Subsidiariedade em relação às leis da APN e do seu Comité Permanente, ao passo que a autoridade só lhe é conferida perante as legislações de governos locais. No nosso caso, quer a LPAC, quer a Lei das Águas, são documentos legais aprovados pelo Comité Permanente da APN da RPC, razão pela qual afirmamos que são leis da mesma hierarquia.

presa alguma, mais uma vez confirma-se que a LPAC já não se encontra de boa saúde. É preciso ser revista e alterada.

Com efeito, em Novembro de 2011, depois de diversos trabalhos preparativos, o anteprojecto da revisão da LPAC foi entregue ao Comité Permanente da 11ª Assembleia Popular Nacional da RPC (APN). Posteriormente, no dia 27 de Agosto de 2012, subordinado àquele anteprojecto ocorreu o primeiro debate na 28ª sessão da 11ª APN da RPC, sendo depois publicados o conteúdo integral do anteprojecto e as notas prévias sobre o anteprojecto a fim de recolher opiniões públicas. O primeiro passo, bastante significativo, para uma efectiva revisão, está dado.

3.2. Distocia da Revisão: Críticas e Análises

No entanto, o referido anteprojecto de revisão não está isento de críticas. Entre outras, em questões como a da não-garantia do direito ao ambiente como um dos direitos fundamentais dos cidadãos[23], a da exclusão da acção popular e da participação do público no processo de indemnização pelos danos ambientais[24], a da ausência da avaliação ambiental

---

[23] Tanto na Constituição da RPC como na LPAC, o direito a um ambiente sadio e ecologicamente equilibrado não é consagrado como um dos direitos fundamentais dos cidadãos. Ver o nosso Tutela Jurídica do Ambiente...

[24] É de concordância geral que o actual tratamento ambiental da China ainda se limita num círculo bastante fechado, sendo apenas o governo e as empresas poluidoras dos dois lados da trincheira. Está aqui esquecida a vítima principal que é o público em geral, que é também o promotor mais importante e mais poderoso para as melhorias do ambiente. De facto, as administrações públicas responsáveis da China têm vindo a encorajar o público a participar nos assuntos da protecção do ambiente. Mas nunca lançaram nenhuma medida que efectivamente garanta essa participação do público em matéria ambiental. Por outro lado, a acção popular em nome da protecção do ambiente de todos é também um mecanismo que faz falta à realidade chinesa.

estratégica[25] e, ainda, da alergia à sanção pecuniária compulsória diária[26], a apreciação de toda a sociedade, quer dos juristas, quer do público em geral, é negativa em termos mais ou menos unânimes.

Com tantas divergências, esta preciosa revisão permaneceu sempre no estado de distocia durante a 11ª APN, estendendo-se todas as expectativas para a 12ª APN que começou a sua primeira sessão no dia 5 de Março de 2013. No entanto, para que venha a acontecer o parto duma

---

[25] Em 2002, foi aprovada a Lei da Avaliação do Impacte Ambiental (AIA) pela 30ª secção do 9º Comité Permanente da APN da RPC. Porém, com a AIA, avaliam-se apenas projectos concretos. A Avaliação Ambiental Estratégica (AAE) é um instrumento jurídico que, a par da AIA, visa fornecer elementos necessários na tomada de decisões no processo de preparação e aprovação de programas e planos industriais ou doutra natureza, susceptíveis de causar danos ambientais. Trata-se também duma ferramenta importante do desenvolvimento sustentável, tendo a mesma já uma utilidade muito relevante nos ordenamentos jurídicos dos países ocidentais. Porém, não foi referido no projecto da revisão da LPAC. De facto, a AAE poderá ter uma função significativa para combater a crise ambiental da China. Como a fábrica do mundo e também um país em via de desenvolvimento, a política orientadora dá ainda preferência ao desenvolvimento económico, razão pela qual continuam a ser tomadas decisões que, apesar de conseguirem aumentar o PIB, trazem, com as indústrias poluidoras de números crescentes, consequências negativas ao meio ambiente. A concretização dum PIB verde exige que, antes de tomar decisões sobre certos planos e programas, seja feita uma AAE para evitar o problema já pela raiz.

[26] Actualmente, a sanção pecuniária compulsória para as indústrias poluidoras é paga duma só vez. Ou seja, se detectar que uma fábrica de têxteis, por exemplo, está a depositar águas industriais tóxicas para o recurso hídrico, essa fábrica é punida com uma multa de determinado valor. Acontece que não só se trata dum valor relativamente baixo, mas também, depois do pagamento do valor, a mesma fábrica fica praticamente livre de continuar a poluir. Aqui, o pagamento duma só vez faz com que a fábrica ganhe a *liberdade* de violar as normas jurídicas. Visto assim, é extremamente importante a implementação da política da sanção pecuniária compulsória diária. Aliás, é já uma medida frequente nos países ocidentais como nos EUA e na Alemanha. Com uma multa que deve ser paga diariamente até à cessação do acto poluidor, os poluidores ficam naturalmente com mais receio e cuidado. De facto, num regulamento lançado na cidade de Chongqing em Setembro de 2007, o Regulamento da Protecção do Ambiente, foi introduzida a política de sanção pecuniária compulsória diária, que significativamente aumentou a taxa de correcção dos actos poluidores pelas indústrias locais.

LPAC consensualmente revista, isenta de críticas veementes e em benefício para o desenvolvimento sustentável da sociedade chinesa, é indispensável, a nosso ver, introduzir um critério fundamental para todos os passos posteriores desta mesma revisão, critério esse que é o da justiça ambiental. Aliás, o problema de fundo e a causa da imperfeição de todo o trabalho de protecção ambiental é precisamente a ausência desta justiça ambiental.

Antes de tudo, é de censurar que o antropocentrismo se apresenta ainda como uma orientação dominante para as legislações ambientais da China[27]. É o caso do artigo 1º da LPAC, dizendo que o objectivo desta lei é *proteger e melhorar o ambiente das pessoas (...), salvaguardando a saúde humana e facilitar o desenvolvimento da modernização socialista*. Nota-se claramente o vestígio da economia planificada, política baseada numa orientação unidimensional de valores do desenvolvimento económico, que produz resultados negativos visíveis, em particular pela violação clara do princípio de desenvolvimento sustentável que entretanto se encaixa melhor numa sociedade de economia de mercado nos dias de hoje[28]. O governo chinês tem vindo a defender a política duma sociedade harmoniosa, argumento com base no qual devemos promover também uma harmonia entre o ser humano e a natureza. Portanto, entendemos que, a fim de realizar uma justiça ambiental na China, temos que modificar, em primeiro lugar, a

---

[27] Ver o nosso *Protecção do Ambiente: duma Perspectiva Jurídica*, in Revista de Indústria da Protecção Ambiental de Macau, nº 10, Associação da Indústria da Protecção Ambiental de Macau, 2013, pp. 23 e ss.

[28] Facilmente se percebe que a deterioração ambiental é um resultado das actividades abusivas do ser humano causado à natureza. Porém, não se pode dizer que todas as actividades humanas foram desenvolvidas com o único objectivo de poluir o ambiente. Ou seja, ninguém concordará que o Homem actua de propósito para causar problemas ambientais a si próprio. Há duas possíveis explicações que ligam a deterioração ambiental às actividades humanas: ou o Homem não conseguia prever quão grave as suas acções danificadas ao ambiente, não tendo portanto uma noção antecipada sobre as consequências; ou simplesmente a poluição ambiente deve ser vista como o resultado da escolha do Homem. Isto é, entre o desenvolvimento económico com a poluição ambiental como um efeito secundário, e a preservação perfeita do planeta sustentada pelo atraso económico, o Homem tem optado pela primeira hipótese. V. Tong Io Cheng, *As Medidas Estimulantes do Sistema Jurídico e a Protecção Ambiental em Macau*, in Revista de Indústria da Protecção Ambiental de Macau, nº 10, Associação da Indústria da Protecção Ambiental de Macau, 2013, p. 7.

ideologia de todo o trabalho da protecção ambiental. Aqui, o ponto fundamental é a implementação do ecocentrismo que consagra uma posição igual de todos os seres do planeta e, com a invocação do princípio de desenvolvimento sustentável, procura estabelecer uma justiça ambiental não só entre os seres do presente, mas também entre os presentes e os das gerações futuras[29].

Dito isto, há que recordar mais uma vez que o direito a um ambiente sadio e ecologicamente equilibrado de todos os cidadãos ainda não possui o estatuto dum direito fundamental, pois a Constituição da RPC deixa alguma margem de discussão sobre esta questão. No actual sistema jurídico-ambiental chinês, fala-se mais nas obrigações ambientais, quer do país, quer dos indivíduos. Porém, o direito de carácter ambiental não é constitucionalmente reconhecido e garantido a todos os cidadãos chineses, nem tão pouco aparece na LPAC. De certa forma, podemos qualificar esta realidade como uma injustiça ambiental. Na ausência daquela garantia constitucional, os grupos vulneráveis sofrem mais pelos danos ambientais em resultado da sua posição inferior em termos económicos e sociais, danos esses que são, de facto, transferidos pelos grupos de poder cujos recursos económicos ou sociais estão em clara vantagem face aos de classe inferior. Ao fazer assim, os grupos de poder pretendem maximizar os seus lucros e, em simultâneo, mostram o desrespeito e desconsideração pelo direito a um bom ambiente e o direito à vida, à sobrevivência dos

---

[29] Não se pode deixar de referir uma nota que é a ausência da justiça ambiental também entre várias regiões chinesas em função da dimensão económica e geográfica. Por exemplo, na RPC, o foco da protecção ambiental ainda se vê limitado principalmente nas cidades, deixando para trás a preocupação pelas aldeias e outras localidades afastadas das cidades. Em nossa opinião, existe aqui também um claro "cidadecentrismo" de que resulta uma injustiça ambiental para as zonas rurais. Nos últimos anos, nota-se em certas medidas ambientais, quer a tentativa de retoma da terra agrícola à florestal, quer a remediação ambiental das chamadas *novas aldeias*: os governantes e especialistas impõem, somente com base da sua própria interpretação como alguém fora da vivência de aldeia, as normas jurídicas da protecção ambiental para as áreas rurais, ignorando as necessidades reais dessas mesmas áreas. Os residentes nas aldeias ficam apenas a receber todas as medidas ambientais duma forma passiva, é uma injustiça originada pelo preconceito teimoso da sociedade chinesa de que os camponeses não detêm normalmente tanto conhecimento em termos científicos, sociais, jurídicos ou políticos.

mais vulneráveis. É claramente uma injustiça para estes últimos. Ainda para mais, a nosso ver, ao manter o silêncio sobre a matéria, a Constituição da RPC está a tolerar ou até tacitamente admitir esta injustiça ambiental[30].

Desta injustiça ambiental originada directamente pela (desadequada) orientação ideológica de antropocentrismo e pela insuficiência da imposição constitucional, nasce outra dimensão da injustiça ambiental chinesa que é a injustiça do sistema jurídico-ambiental. Ou seja, no sistema jurídico chinês, as normas destinadas à matéria do ambiente não satisfazem a defesa duma justiça ambiental de todos os sujeitos envolvidos.

Com efeito, a falta da justiça ambiental na China faz com que os mais desfavorecidos fiquem praticamente sem voz no processo da decisão de medidas ambientais. A lógica da produção e da aplicação de normas jurídicas chinesas obedecem à regra de *Top-Down Model isolado*, um modelo autoritário pelo qual as normas jurídicas são produzidas e aplicadas unilateralmente, desligadas da experiência e prática de base. Portanto, as normas jurídicas apresentadas desta forma transformam-se em normas jurídicas constantes de um documento escrito, faltando-lhe muitas vezes a exequibilidade e, por isso, de eficiência limitada.

Embora seja de destacar que já se presta mais atenção aos interesses ambientais propriamente ditos e uma inclinação no sentido de uma maior protecção atribuída aos mais vulneráveis pelo chamado direito do ambiente chinês da segunda geração, continua no centro de críticas cruéis a questão da participação pública na matéria. Afirma-se que a insuficiência de participação pública é um problema do fundo de todo o sistema jurídico da China. Concretamente na matéria da protecção ambiental, essa insuficiência está a causar insatisfação dos cidadãos e violência, pois, em muitos casos de conflitos ambientais entre grandes empresas ou enti-

---

[30] Fala-se da importância das relações intersubjectivas de reconhecimento. Os conflitos sociais têm normalmente a sua origem na falta de consideração dos devidos direitos a certo grupo. Segundo Axel Honneth, filósofo e sociólogo alemão, as expectativas normativo-morais identificam-se com o auto-reconhecimento dos indivíduos. Na medida em que aquelas expectativas forem desrespeitadas, ficam incentivados os conflitos em nome da consideração. A teoria de reconhecimento está por isso ligada também ao tema de justiça social. V. AXEL HONNETH, *Lutar por Reconhecimento: a Gramática moral dos Conflitos Sociais*, tradutor Hu Ji Hua, Editora Povo de Shanghai, 2005.

dades autoritárias e os particulares que carecem da protecção justa de medidas ambientais, não estando aberto o caminho de se defenderem com armas jurídicas como deve existir em qualquer Estado de Direito, os particulares adoptam, cada vez com mais frequência, as formas violentas para se exprimirem a sua insatisfação e oposição.

Actualmente a participação pública nas leis ambientais chinesas está muito limitada, resumindo-se a sua aplicação somente aos actos de "denunciar e processar", ou "sugerir", nas letras da LPAC[31]. De facto, uma verdadeira justiça jurídico-ambiental não se concretiza apenas com as letras da lei que foi produzida sem considerar os apelos reais do povo; tem que, antes de mais, conceder a todos os cidadãos, sem discriminação, a hipótese de participar em todos os momentos da vida das normas jurídicas de protecção ambiental, desde a sua fermentação, a discussão, a formulação, até à sua execução e todos os outros possíveis passos na aplicação da mesma. Para tanto, necessário será existirem mecanismos em termos práticos para concretizar e regulamentar aquela participação, evitando que o direito de participação resvale para o simples formalismo.

Aliás, é também por causa desta falta de mecanismos democráticos de garantia de uma efectiva participação pública que o anteprojecto da revisão da LPAC em cima referido é criticado. Precisamos com urgência de reconstruir o sistema jurídico-ambiental, seja para a tomada de decisões verdes, seja para a aplicação das normas ambientais. Nos últimos anos, já aconteceram vários incidentes onde, para não ficarem prejudicados injustamente com projectos de construção industrial, os residentes do

---

[31] No artigo 6º (inserido no capítulo I – *Regras Gerais*) da LPAC dispõe-se o seguinte: todas as entidades públicas e os demais particulares têm o dever de proteger o ambiente, tendo os mesmos também o direito de *denunciar* e *processar* todas as entidades públicas e os particulares se estes tiverem actos de poluir e causar danos ao meio ambiente. Da mesma forma, no artigo 10º da Lei da Prevenção de Poluições Hídricas, aprovada pela 6ª sessão da 5ª APN da RPC a 11 de Maio de 1984, e posteriormente revista pela 32ª sessão da 10ª ANP da RPC a 28 de Fevereiro de 2008, existe igualmente uma referência de *denunciar* os actos de poluição hídrica. Porém, é preciso ter sempre em conta que falar-se aqui de ter o direito de processar os responsáveis pelos danos ambientais não é a mesma coisa de ter efectivamente uma garantia de participação ambiental dos particulares. Falta estabelecer ainda regras concretas, quer sobre a forma de participação, quer sobre os trâmites procedimentais, para concretizar o referido direito de processar.

sítio que foi escolhido como a localização de novas fábricas organizaram manifestações que, com violência, conseguiram causar enorme pressão aos governos locais, acabando estes por abandonar os projectos iniciais, ficando assim investimentos de quantia considerável anulados[32]. Tem-se notado uma elevação da consciência de auto-defesa dos cidadãos chineses na tentativa de encontrar a justiça que o Estado de Direito deve proteger. Na matéria de ambiente, o método tradicional que os governantes locais utilizam, através da centralização do poder e da tomada isolada de decisões por parte dos governantes, danificando ou impedindo as solicitações de justiça ambiental dos cidadãos, já não tem êxito.

3.3. Justiça Ambiental na China: que caminho?

Contudo, é verdade que nem encontramos o direito a um ambiente sadio e ecologicamente equilibrado como um direito fundamental de todos os cidadãos nos textos constitucionais de todos os países. Mas em quase todos os países há concordância quanto ao tema da justiça ambiental ou a forma de como o combate à injustiça ambiental pode ser assegurado por um sistema jurídico de três níveis. Em primeiro lugar, há que construir um sistema de acesso livre às informações ambientais por parte dos cidadãos e dos demais interessados. Em segundo lugar, com base num sistema da participação pública, da consulta pública e da audiência dos interessados, os cidadãos devem poder fazer parte do próprio processo de tomada das decisões ambientais, em vez de serem só destinatários da aplicação de tais decisões. Por fim, para a realização da justiça ambiental na RPC, é decisivo que se crie um sistema de acção popular

---

[32] É o exemplo da Manifestação de Shi Fang que teve lugar em Julho de 2012, na cidade de Shi Fang, Província de Si Chuan. Estava em causa a construção duma fábrica de fundição de cobre. O investimento do grupo Hong Da trazia algum benefício para o desenvolvimento económico de Shi Fang, visto que se trata duma cidade economicamente atrasada. Porém, os residentes locais manifestaram a oposição contra o projecto da construção que produziria danos graves, não só para o meio ambiente local, mas também para a saúde pública daquela cidade. Houve muita violência nestas manifestações e o governo local acabou por tomar a decisão a favor dos residentes, abandonando o projecto inicial. V. http://en.wikipedia.org/wiki/Shifang_protest

para as causas ambientais, com base no qual qualquer cidadão ou entidade, independentemente de ter interesse directo ou não na respectiva questão ambiental, tenha legitimidade processual, em última instância, a fim de se ver a justiça ambiental devidamente realizada.

Voltando para o nosso contexto da revisão da LPAC, é clara a existência de vários defeitos no anteprojecto desta revisão que não satisfaz as exigências da justiça ambiental, seja em termos substanciais, seja procedimentais. Há quem defenda que nos trabalhos estatuais sobre a protecção do ambiente agora decorridos na RPC ainda não se mostra a plena aplicação do princípio da prevenção e do principio da precaução, os recursos financeiros gastam-se predominantemente para remediar as consequências danosas dos actos prejudiciais ao meio ambiente e a todos os componentes deste mesmo meio, o que não está certamente em conformidade com o desenvolvimento sustentável, nem é tão pouco benéfico para a própria economia chinesa[33]. Com a abertura da 12ª APN da RPC em Março de 2013, a exigência de repensar o anteprojecto da revisão da LPAC tornou-se um dos tópicos de alta importância. O critério fundamental que deve presidir à revisão da LPAC deverá ser, em nosso entender, fornecido segundo critérios de justiça ambiental, pois uma civilização ecológica deve ser o objectivo último de toda a sociedade chinesa.

---

[33] V. http://news.qq.com/a/20130305/001933.htm

Protecção dos direitos sociais e crise do Estado Social[1]

José João Abrantes[2]

1. O Estado Social – que historicamente sucedeu ao liberalismo – é um compromisso entre o capital e o trabalho, que se afirma desde os fins do século XIX, mas sobretudo na sequência da I Guerra Mundial e das várias revoluções sociais suas contemporâneas.

Assiste-se então por toda a Europa a uma *crise* da consciência liberal.

O liberalismo enredava-se em contradições, não podendo (nem querendo) combater a desigualdade social. Surgido para superar essas contradições e responder aos problemas da sociedade (*v.g.*, trabalho, educação, habitação, saúde e segurança social) e às exigências dos novos tempos, as quais aquele claramente já não satisfazia, o *Estado Social*, desenhado pela 1ª vez nas Constituições mexicana de 1917 e alemã de 1919, marca a passagem do constitucionalismo *liberal*, preocupado apenas com a autonomia pessoal do indivíduo face ao poder estadual, para o constitu-

---

[1] Texto-base da intervenção do autor no III Congresso do Direito de Língua Portuguesa ("Justiça, Desenvolvimento e Cidadania"), realizado em Maputo em 20 e 21 de Março de 2013 e organizado pelo IDILP – Instituto do Direito de Língua Portuguesa, pelo ISCTEM – Instituto Superior de Ciências e Tecnologia de Moçambique e pela Faculdade de Direito da Universidade Nova de Lisboa, sob a coordenação científica dos Professores Jorge Bacelar Gouveia, Francisco Pereira Coutinho, Henriques José Henriques e Gildo Espada, a quem o autor agradece o honroso convite para a sua participação.

[2] Professor Associado com Agregação da Faculdade de Direito da Universidade Nova de Lisboa.

cionalismo *social*, com a intervenção do Estado com fins de solidariedade e justiça social; já não é o Estado neutro da tradição liberal, simples quadro para o jogo das liberdades, antes um Estado que se reconhece o direito – e o dever – de intervir nas relações económicas, ainda que tal intervenção sacrifique a liberdade individual e as suas projecções na liberdade contratual e propriedade privada.

Numa sociedade fracturada em interesses antagónicos, o Estado, já não é o "inimigo" nato do indivíduo, como era visto pela ideologia liberal, mas antes um seu aliado natural, ao qual compete, não apenas *respeitar* a liberdade de cada um, mas também *garantir* a sua efectivação, cada vez mais ameaçada por aqueles "obstáculos de ordem económica e social" que, nas palavras da Constituição italiana, "limitando de facto a liberdade e igualdade dos cidadãos, impedem o pleno desenvolvimento da pessoa humana"[3].

O direito do trabalho é precisamente uma marca distintiva desse Estado Social. Ele é, nas palavras de Alain Supiot, "*a maior invenção jurídica do século XX*", encontrando-se, na síntese feliz de Peter Häberle, para esse século e para o Estado Social na mesma posição em que estava para o século XIX e para o liberalismo o direito de propriedade. "*Nobilíssimo ramo do direito*" lhe chamou a Encíclica *Quadragesimo Anno*, do Papa Pio XI.

2. Resultado de determinada evolução histórica, o direito do trabalho possui princípios especiais, afastando-se de certos dogmas contratualistas, de modo a proteger a parte contratual mais débil, e tendo como técnica específica a desigualdade jurídica em favor desse contraente. Regulador de uma relação em que os direitos de uma das partes podem ser feitos perigar pelo maior poder económico e social da outra, formou-se historicamente como um direito de protecção dos trabalhadores assalariados. Foi o próprio desenvolvimento do capitalismo que, conduzindo

---

[3] Faça-se um parêntesis para referir que, para além do Estado Social, a contestação à ordem liberal verifica-se igualmente com o marxismo, triunfante na Revolução Russa de 1917, e com uma outra contestação, de sinal contrário, dos vários regimes autoritários de direita então surgidos, na sequência de movimentos que consubstanciam a chamada "*contra-revolução preventiva*" (Marcuse), tal como aconteceu em Itália, com a "marcha sobre Roma", que instaurou o regime fascista, em Espanha, com a ditadura de José António Primo de Rivera, e ainda noutros países, entre os quais Portugal.

à concentração daqueles trabalhadores e ao crescimento da sua força numérica, gerou as condições que lhes permitiram reclamar direitos que anteriormente não lhes eram reconhecidos e conduziu ao intervencionismo estadual e à autonomização de um novo ramo do direito, já que o direito comum dos contratos – o direito civil – se mostrava completamente indiferente à *"questão social"*. Segundo as concepções jurídicas liberais, o patrão e o operário são livres e juridicamente iguais, podem negociar, voluntária e autonomamente, em perfeita igualdade, as condições da prestação de trabalho. Mas o que acontece, de facto, é que o segundo, não possuindo meios de produção, não pode assegurar a sua subsistência e do seu agregado familiar, a não ser que venda ao primeiro a única mercadoria de que pode dispor e de que este, por sua vez, precisa, que é a sua força de trabalho. O que significa que o trabalhador, não só está obrigado a negociar, como o terá de fazer nas condições impostas pelo mercado, determinado por uma elevadíssima taxa de desemprego, que torna impossível a obtenção de melhores salários e melhores condições de trabalho.

A desigualdade real entre patrões e operários faz, assim, o contrato "perder o aspecto contratual"[4] e leva à sujeição dos segundos à "ditadura contratual" dos primeiros[5]. O trabalhador exerce a sua *"liberdade"*, submetendo-se às condições pré-fixadas pela outra parte, economicamente mais forte, sem hipóteses de as contrariar, até porque, em nome da igualdade, a ordem jurídica proíbe as coligações, as associações e a greve – do que resulta a colocação frente a frente, isoladas, da oferta e da procura de trabalho segundo o funcionamento livre das leis do mercado. A ordem jurídica desconhece categorias económicas e pessoas concretas, ignora as desigualdades de facto, pára à porta da fábrica, no interior da qual é o sagrado direito de propriedade que faz lei e que confere ao empresário o poder regulamentar do processo de trabalho. Porque se afirma o princípio da igualdade perante a lei, não há leis específicas para o trabalho assalariado, o qual se rege única e exclusivamente pelo direito civil, onde a autonomia da vontade e a liberdade contratual têm carácter absoluto, encarando-se a prestação de trabalho como o aluguer de uma mercadoria (a força de trabalho) como as outras.

[4] Ruy ENNES ULRICH, *Legislação operária portuguesa* (1906), p. 444.
[5] Cfr. Vital MOREIRA, *A ordem jurídica do capitalismo* (1973), p. 77.

Tal regime jurídico dá cobertura à servidão económica dos trabalhadores, com salários baixíssimos, a extensão da jornada de trabalho por 16 e mais horas, por vezes sem interrupção, tanto para homens, como para mulheres e crianças, deficientíssimas condições de higiene e salubridade dos locais de trabalho, vida degradada, morte prematura, etc.

Mas é o próprio desenvolvimento do capitalismo, com a necessidade de concentrar grandes massas de trabalhadores, que viria a engendrar os factores determinantes para a formação do direito do trabalho, surgido como reacção à incapacidade revelada pelo direito civil de fazer face à *"questão operária"*. Sob a pressão das suas lutas, a ordem jurídica vai ser obrigada a emitir leis para a protecção dos trabalhadores e a reconhecer os sindicatos e o respectivo direito de celebrarem com as entidades patronais contratos aplicáveis aos trabalhadores por eles representados, bem como, posteriormente, as suas formas de luta. Quebra-se a pretensa neutralidade do Estado e abre-se todo um caminho de produção legislativa que vai levar ao direito laboral moderno, num processo que, iniciado timidamente em meados do séc. XIX, terá uma história sofrida, feita de sangue, suor e lágrimas.

Aspecto fulcral de toda a evolução posterior do direito laboral e que o conformará como ramo autónomo do direito é a valorização da autonomia colectiva, bem como o intervencionismo do Estado através de legislação social, esta procurando, no essencial, assegurar a igualdade substancial dos contraentes e a tutela do trabalhador, aquela operando a transferência das negociações "do plano individual para o dos grupos", o que representa, no fundo, um "regresso ... ao contrato", corrigindo-se, assim, de algum modo, a situação em que era o empregador a impor sozinho as suas condições[6].

3. Os últimos anos têm assistido, em Portugal e em muitos outros países, a grandes mudanças na política legislativa do trabalho, naquilo que tem sido designado por *"flexibilização"* da legislação laboral. Nas últimas décadas, a ideia de *emprego* e a de *emprego com direitos* têm, de certa forma, aparecido contrapostas. Ao direito do trabalho, cuja preocupação maior deveria ser, já não a *segurança do emprego*, mas sim o próprio *emprego*, com-

---

[6] Cfr. Gérard LYON-CAEN, "Défense et illustration du contrat de travail", *Archives de Philosophie du Droit 1968*, p. 62 ss.

petiria, fundamentalmente, garantir a flexibilização e a diminuição dos custos laborais, se necessário mesmo à custa da própria estabilidade da relação e dos direitos dos trabalhadores. As correntes neoliberais são hoje, de facto, uma tentação das políticas de emprego e têm influenciado a própria União Europeia e outras instituições, como a OCDE e o Banco Mundial, atingindo mesmo a sua expressão mais acabada na célebre proposta do círculo de Kronberg *"mais mercado no direito do trabalho"*, exprimindo, no fundo, a ideia de converter este ramo do direito numa mera formalização das leis do mercado.

Invocando a *desnecessidade de protecção do trabalhador* e a *rigidez das leis laborais*, preconizam o enfraquecimento dos direitos individuais e colectivos dos trabalhadores.

Ora, não só não é correcto responsabilizar as leis do trabalho pelo deficiente funcionamento do aparelho produtivo como não é verdade que a essência e a função social deste ramo do direito tenham perdido a razão de ser.

Se não se pode deixar de concordar com o que representa uma mera rectificação de dispositivos desnecessariamente rígidos ou uma mera adaptação de algumas normas legais a novos condicionalismos, que são em si perfeitamente compatíveis com a filosofia tradicional deste ramo do direito, já merecerá censura, segundo cremos, tudo o que conduza a uma subversão dos princípios e valores fundamentais da sua regulamentação jurídica tradicional, nomeadamente, tendo em conta aquela que, hoje, face à Constituição, deve ser a sua função social – uma função social, tal como é recortada por uma Lei Fundamental que tem como princípio basilar a dignidade da pessoa humana (art. 2º) e para a qual das "tarefas fundamentais do Estado" fazem parte a promoção do bem-estar e qualidade de vida do povo e da igualdade real entre os portugueses, "bem como a efectivação dos direitos económicos, sociais, culturais e ambientais, mediante a transformação e modernização das estruturas económicas e sociais" [art. 9º – alínea *d*)]. A Constituição parte, com efeito, de um conceito *humanista* da relação laboral, que tem subjacente uma exigência de reconciliação entre o económico e o social, entre eficácia produtiva e reconhecimento das aspirações e dos direitos dos trabalhadores.

4. Na sequência do pedido de assistência financeira feito em Abril de 2011 à Troika CE/FMI/BCE, do Memorando de Entendimento assinado

com a mesma um mês depois e do Compromisso para o Crescimento, Competitividade e Emprego, celebrado em 18 de Janeiro de 2012 na Comissão Permanente de Concertação Social, têm sido tomadas algumas medidas de política laboral, com destaque maior para as alterações ao Código do Trabalho introduzidas pela Lei nº 23/2012, de 25-06, que entraram em vigor em 1-08-2012. É sobretudo sobre essas alterações que nos vamos debruçar, o que facilmente nos fará perceber que o sentido das mesmas obedece à lógica, que temos vindo a criticar, de que é preciso diminuir os custos laborais e os direitos dos trabalhadores. Isso é visível em qualquer das 4 áreas fundamentais abrangidas – tempo de trabalho, fiscalização das condições de trabalho, cessação do contrato por motivos objectivos e regime aplicável aos instrumentos de regulamentação colectiva[7].

É assim que, por exemplo, o banco de horas – que só podia ser instituído por contratação colectiva – passou a poder ser negociado directamente com o trabalhador (banco de horas *individual*) e em certas condições, se uma maioria dos trabalhadores de uma equipa, secção ou unidade económica o aceitar, poderá mesmo vir a ser imposto aos outros trabalhadores contra a sua vontade ("banco de horas *grupal*")[8]. Os acréscimos remuneratórios do trabalho suplementar foram reduzidos para metade.

---

[7] Diga-se ainda que a própria exposição de motivos da proposta legislativa que viria a culminar na Lei nº 23/2012, só por si, também justificaria a nossa atenção. Para além de outros aspectos, faz-se aí, por exemplo, referência à *flexisegurança*, quando a proposta nada tem a ver com este conceito, o qual pressupõe que, em contrapartida da mobilidade no mercado laboral, haja políticas activas de emprego e formação profissional e uma elevada protecção no desemprego, para responder às necessidades dos que mudam de emprego ou abandonam temporariamente o mercado de trabalho. O funcionamento desse modelo assenta num conjunto de pressupostos, como uma forte carga fiscal, geralmente bem aceite e culturalmente cumprida pela população, um montante elevado do PIB para as políticas do mercado laboral, subsídios de desemprego bastante generosos, elevada taxa de sindicalização, reformas do mercado de trabalho assentes num diálogo social efectivo entre os parceiros sociais, etc., não transponíveis para o nosso país (com grandes diferenças estruturais, económicas e culturais, por exemplo, relativamente ao que se passa na Dinamarca e na Holanda, países onde o modelo teve um relativo sucesso).

[8] Solução, em nosso entender, de duvidosa constitucionalidade, face, pelo menos, ao art. 59º, nº 1, alínea *b*) da CRP.

Foram eliminados 4 feriados (dois civis e dois religiosos)[9], bem como a majoração de 1 a 3 dias de férias em caso de inexistência de faltas injustificadas ou de número reduzido de faltas justificadas[10]. Por outro lado, as empresas poderão encerrar para férias nas "pontes" e retomou-se a velha norma da LFFF, que determina que a falta injustificada a um período normal de trabalho diário imediatamente anterior ou posterior a dia de descanso ou a feriado implica a perda de retribuição (também) relativamente a esse dia.

No despedimento por extinção do posto de trabalho, as empresas passaram a ter maior liberdade para escolher os trabalhadores que vão despedir, pois caíram os anteriores critérios de selecção do posto a eliminar, *v.g.*, de antiguidade, bastando agora que a empresa aplique *"critérios relevantes e não discriminatórios"* para o efeito. Por sua vez, no que toca ao despedimento por inadaptação, este passa a poder ocorrer mesmo sem alterações no posto de trabalho, criando-se, no fundo, um novo tipo de despedimento. Quer naquela primeira modalidade de despedimento quer nesta última, deixa igualmente de ser obrigatório para o empregador tentar colocar o trabalhador em causa noutro posto de trabalho compatível com a respectiva categoria.

Muitos outros aspectos poderiam ser trazidos à colação, como, por exemplo, a redução acentuada das compensações por despedimento ou até questões que levantam dúvidas de constitucionalidade em matéria de contratação colectiva, etc. Mas os exemplos apontados já chegam para demonstrar que se continua a privilegiar a aposta num modelo de flexibilidade identificada com a compressão de custos sociais e, consequentemente, reduzida à precarização dos vínculos laborais, à adaptabilidade dos horários de trabalho e à mobilidade. Para além disso, julgamos que há também um aproveitamento da crise vista como uma oportunidade para retirar direitos sociais e proceder a um "ajuste de contas" com as conquistas dos trabalhadores ao longo das últimas décadas.

---

[9] Alega-se que o nosso país tem mais feriados do que a generalidade dos países europeus, o que está por demonstrar. Basta lembrar a Quinta-feira da Ascensão, a segunda-feira de Páscoa, o segundo dia de Natal (o "Boxing Day") e outros casos de feriados nalguns desses países, que o não são em Portugal.

[10] O que não deixa de ser curioso, quando, em 2003, essa majoração foi apontada como sendo uma das grandes medidas para a salvação da produtividade e da competitividade.

5. Fiel ao mercado, o neo-liberalismo defende o enfraquecimento do Estado na sua dimensão e nos seus fins, conduzindo, no plano laboral, ao abandono do proteccionismo e ao regresso à plena autonomia da vontade e liberdade contratual. Uma tal concepção da pessoa humana, da sociedade e do Estado ignora ao fim e ao cabo que as liberdades colectivas e o estatuto de protecção do trabalhador são parte integrante da democracia moderna e que, no mercado, a ausência de regras beneficia sempre os elos mais fortes da cadeia, maximizando as injustiças e o fosso entre os mais fortes e os menos favorecidos. A verdade é que estamos face a um ramo do direito que ainda hoje se mantém fiel aos pressupostos, que estiveram na sua génese, de promoção da igualdade material e de protecção do contraente débil, que há muito mais de um século tão bem traduzidos foram no aforismo de que *"entre o fraco e o forte é a lei que liberta e a liberdade que oprime"*.

A aposta não deverá ser a do neo-liberalismo. O remédio mais eficaz para o desemprego é antes o crescimento económico, que pressupõe melhor educação e formação profissional, melhor gestão das empresas e políticas activas de emprego, de reconversão profissional e de protecção social. Não há, não pode haver, produtividade nem competitividade das empresas sem uma adequada organização e gestão das mesmas, sem progresso tecnológico, formação e valorização profissional, não podendo, obviamente, menosprezar-se a importância do factor humano, *v.g.* da motivação dos trabalhadores e do respeito pelos seus direitos, enquanto elemento essencial para o bem-estar e o dinamismo das empresas. Esses, sim, são os factores verdadeiramente decisivos para a produtividade.

É preciso combater a ideia que sustenta que, em última análise, o melhor seria não haver direito do trabalho, a ideia que vê o trabalho como um custo e não o concebe a não ser como uma mercadoria, procurando, por isso, reduzir este ramo do direito a um mero instrumento de gestão.

Além disso, acresce que a receita neoliberal nem sequer tem dado os apregoados frutos. A verdade é que, no nosso país, estamos hoje bem pior do que quando o voto coligado das diversas oposições parlamentares, que, a uma só voz, proclamaram que o povo português não poderia suportar mais um PEC, derrubou o governo de então, provocando eleições antecipadas, que nos levaram ao novo ciclo político em que nos encontramos, com uma situação económica e social, marcada por índices de desemprego e recessão nunca antes atingidos, que se agrava cada vez mais, sem que, infelizmente, se vislumbre saída a curto ou a médio prazo. O desemprego não pára de crescer, o défice das contas públicas é cada vez maior e assiste-se a uma colossal transferência de rendimentos e de poder daqueles que menos têm para aqueles que já mais têm; faz-se cair sobre os que são mais pobres o custo da crise e aumenta-se, assim, cada vez mais, o fosso entre os ricos e os pobres. A contratação colectiva é gravemente limitada. O Governo, custe o que custar, como tantas vezes repete, prossegue numa via austeritária, mesmo que para isso a Constituição seja violada, como nos parece acontecer com algumas das mencionadas alterações ao Código do Trabalho. O que é de estranhar é que alguns juristas, nomeadamente constitucionalistas, digam, por estas ou outras palavras semelhantes, que o (único?) princípio a ter em conta é hoje o da necessidade, perante o qual todos os outros devem ceder, ou que a situação em que estamos justifica uma adaptação das normas constitucionais que limite o seu alcance garantístico. Ora, é inadmissível, não é legítimo, que, em nome do combate ao défice das contas públicas, se permita que se instale o *não-direito* e se esqueça a Lei Fundamental e com ela o próprio Estado democrático de direito.

A execução do memorando de entendimento e o relacionamento do Governo português com a Troika têm, de facto, conduzido o país para uma situação muito grave, sob todos os pontos de vista. As alternativas para sair da crise passam, não pela austeridade e o empobrecimento das pessoas e das famílias, mas antes pelo crescimento económico e com ele o aumento do consumo e do investimento, o aumento das receitas fiscais, etc. Espera-se que, no pós-troika, as reformas legislativas do trabalho sigam outros rumos, totalmente diferentes dos que estão a ser seguidos, rumos mais adequados a um verdadeiro crescimento económico e a maior justiça social e em conformidade com as exigências da nossa Lei Fundamental.

6. A crise financeira que hoje assola a Europa é uma crise, também social, que claramente coloca a necessidade de o Velho Continente conceber políticas concretas que previnam o empobrecimento e corrijam as desigualdades sociais.

O grande desafio colocado ao direito do trabalho é a sua modernização e esta implica o repúdio das opções de política legislativa de cariz neoliberal, que, tendo como matriz uma visão assente na desregulamentação e na subversão do sistema tradicional das relações de trabalho, se caracterizam geralmente pelo sacrifício, se necessário, de valores antes intangíveis, enquanto garantes de condições mínimas de trabalho. O caminho para essa transformação modernizadora da legislação laboral passa antes por ligar o progresso social ao crescimento económico, por compatibilizar os direitos dos trabalhadores com a capacidade de adaptação das empresas às exigências de uma cada vez maior competitividade. O grande desafio é hoje o de reencontrar aquela que sempre foi a questão fundamental deste ramo do direito, a justiça social e a cidadania plena, isto é, uma cidadania, não apenas civil e política, mas também económica, social e cultural. É isso que, hoje, como sempre, está em causa no direito do trabalho: a plena autodeterminação do trabalhador como pessoa e como cidadão. Por isso, ele continua hoje a fazer sentido – diria mesmo, hoje mais do que nunca[11].

Nestes tempos de ultraliberalismo, é preciso, de facto, afirmar que há valores cuja prossecução não pode ser confiada ao mercado e que o primeiro desses valores, o princípio fundador de qualquer sociedade, é a dignidade da pessoa humana – a dignidade que cada ser humano, pelo simples facto de o ser, possui.

Como pode ser lido na Constituição Pastoral do Concílio Vaticano II, *Gaudium et Spes*, "a pessoa humana é e deve ser o princípio, o sujeito e o fim de todas as instituições sociais" e "os progressos técnicos (...) podem proporcionar a base material para a promoção humana, mas, por si sós, de modo nenhum são capazes de a realizar". Num tempo em que a produtividade é muitas vezes convertida no único critério para aferir o valor-trabalho e o *social* tende por vezes a ser degradado em sub-produto do económico, o direito do trabalho é um espaço privilegiado para a actuação da directriz personalista, que aponta para uma cidadania plena – e designadamente na empresa. A *luta pelo Direito*, na expressão de Ihering

---

[11] Se olharmos a evolução histórica do direito do trabalho, do liberalismo à actualidade, vemos que, agora, mais do que novos problemas, há os mesmos problemas de sempre. Na *Centesimus Annus*, escreveu o Papa João Paulo II que a *Rerum Novarum*, de 1891, era "um documento sobre os pobres, e sobre a terrível condição à qual o novo e não raramente violento processo de industrialização reduzira enormes multidões", para, logo de seguida, acrescentar que "também hoje, numa grande parte do mundo, semelhantes processos de transformação económica, social e política produzem os mesmos males".

– afinal a luta, por um mundo *"mais livre, mais justo e mais fraterno"*, de que fala o preâmbulo da Constituição –, tem hoje, num momento em que os imperativos económicos procuram questionar muitos dos dogmas tradicionais desta disciplina jurídica, um campo de eleição na área juslaboral.

Até porque a defesa dos mais fracos é, deve ser, uma das funções do Estado democrático de direito, em consonância, aliás, com os ideais humanistas, que proclamam a necessidade de cada ser humano fazer suas *"as alegrias e as esperanças, as tristezas e as angústias, dos homens deste tempo"*, realizando a solidariedade que devemos aos nossos semelhantes, particularmente àqueles que não têm voz e àqueles que têm fome e sede de justiça.

A Proteção dos Direitos Sociais e a Crise do Estado Social[1]

Hamilton Sarto Serra de Carvalho[2]

> *"A riqueza não é um mal em si mesma e pode até desempenhar uma função social, desde que não seja usada para oprimir e explorar os mais fracos"* António Arnaut

Introdução

Diante de tão gigantesco e importante tema que ronda os debates da atualidade, como a "protecção dos direitos e a crise do Estado social", não

---

[1] Pela presente comunicação subordinada ao tema *supra*, permitam-me agradecer em *prime facie* (de forma especial e incomensurável) o convite e a oportunidade que me foi concedida pelo Professor Doutor Jorge de Cláudio Bacelar Gouveia e o Professor Doutor, Francisco Pereira Coutinho (Diretor e Subdiretor do Instituto de Direito de Língua Portuguesa). Torno extensivo, os agradecimentos, ao Professor Doutor João Leopoldo da Costa (Reitor do ISCTEM); os Professores Mestre Henriques José Henriques, e o Professor Mestre Gildo Espada (Diretor e Subdiretor da Escola de Direito do ISCTEM). Um particular agradecimento vai para o Canal de Moçambique na pessoa dos Srs. Fernando Veloso e o Dr. Borges Nhamirre (Diretor e Subeditor do Jornal Semanário Canal de Moçambique e seus colaboradores), pela frutuosa parceria com que temos vindo a desenvolver no tocante a publicação de artigos (data de 2012, ao presente). Enfim, a toda lusofonia vai o meu muito obrigado!

[2] Doutorando em Direito pela Universidade Autónoma de Lisboa **UAL/PT**; Mestre em Ciências Jurídicas pelo Instituto Superior de Ciências e Tecnologias de Moçambique – **ISCTEM** em incondicional colaboração com a Universidade Nova de Lisboa – **UNL**; Professor para Faculdade de Direito da Universidade São Tomás de Moçambique – **USTM** & COLUNISTA para o Jornal Canal de Moçambique.

poderia deixar de proporcionar aos académicos e a sociedade no geral, uma ténue reflexão desde tema que se nos é intrinsecamente e extrinsecamente (na ordem da denominação clássica), altamente "familiar". Ora, sendo certo que revemo-nos, hoje, numa canoa a meio do mar, golpeada por um temível mestre das águas fundas, o "hipopótamo", vale indagar até que ponto o Estado Social irá vincar, isto é, perante o perene fascínio, decerto, há que inferir até que ponto a barca irá subsistir. Assim, importa refletir a partir do processo da Globalização – enquanto projeto de uma aldeia global –, e quiçá instituí-la como a *chave mestra* capaz de concatenar os interesses difusos em prol da estabilidade e da reconfiguração do Estado Social.

Palavras-Chaves: Estado Social; Crise do Estado Social; Proteção do Estado Social – a Globalização.

1. O Estado Social

1.1. As múltiplas Acepções do Estado Social

É indubitavelmente de extrema importância, antes porém, compreender o Estado Social nas suas diversas terminologias quer seja, sociológica, antropológica, filosófica (...) e jurídica. Sendo esta última, sem discriminar as restantes, a que me proponho abordar. Assim, o Estado Social surge como o corolário resultante das ditas teorias públicas, baseada na ideia de protecção dos direitos sociais, refém das manobras dilatórias, discricionárias e arbitrárias propaladas pelos governantes dos séculos transatos. Repare-se, que com este modelo nasce o *Estado Novo*. No caso Moçambicano, passou a ser incorporado pelo legislador constituinte na altura em que se redige e aprova a Constituição de 1975[3], por sinal a mais generosa e a não menos informada no tocante aos direitos sociais[4].

---

[3] A este propósito, vide inciso 1º, da CRPM de 1975. Visou desmantelar todas as formas de opressão do regime colonial português e instaurar nova ordem legitimada na soberania popular inspirada nos ideais de Karl Max.

[4] De todos, vide, CARVALHO, H. S. S. (2012) Breve Momento de Reflexão: O Atual Estádio do Princípio da Jurisdicidade Moçambicana. Publicado no Jor-

Ora, sendo certo que, minuciosamente o Estado-Social, *por um lado*, é o conjunto de direitos sociais, *por outro*, dão respaldo constitucional a esse modelo de organização do Estado[5]. Porquanto, como fio condutor deste brevíssimo ensaio, lanço a seguir e a debate público os pontos que constituem um dos principais temas dos dias que correm.

2. A Crise do Estado Social

2.1. Desmantelamento do Estado Social

Aliadas as presentes tríades dimensões facetarias (*desmantelamento, estabilidade e a reconfiguração* – preliminarmente enunciadas), acresce os seguintes pontos que de forma alguma podem ser negligenciadas ou consideradas diminutas. São elas: *(i)* será que em detrimento da afirmação da actual crise económica e financeira que vem abalando as políticas continentais produzindo efeitos colaterais subjectivos em "África", "Ásia" "(...)" permitirá tornar extinto ou desmantelar o Estado social? *(ii)* Ou será que os seus alicerces são tão fortes e os interesses que serve tão poderosos e legitimo ao ponto de nada de substancial poder vir a "adulterar" a sua natureza genética? *(iii)* Ou será que ambas as hipóteses estão erróneas? E o mais provável seja a reconfiguração estrutural do Estado Social em função da hodierna crise?[6] Suscita aqui a grande questão que marca o objeto do presente *mini-ensaio*. Diante da presente crise, como proteger os direitos sociais? Tema que a seguir, ainda que de forma sintetizada, tentar-se-á abordar[7].

---

nal Canal de Moçambique a 04.07.12. Disponível em: http://ambicanos.blogspot.com/2012/09/edicao-de-04-de-setembro-de-2012-canal.html

[5] Não constitui nosso objetivo primordial descortinar (*stricto sensu*) neste breve espaço comunicativo as múltiplas acepções do Estado Social mas tão-somente admoestar a sua pertinência a quem as quiser supervenientemente, aprofundar.

[6] No que se pertine a crise do Estado Social e as possíveis inquietações, de forma pormenorizada, vide Silva, Filipe Carreira (2013) O Futuro do Estado Social, pp. 11-16.

[7] Para mais pormenores, vide v.g. Silva, Filipe (2013) O Futuro do Estado Social. Lisboa-Portugal; Beck, Ulrich (2013) A Europa Alemã de Maquiavel a «Merkievel»: Estratégias de Poder na Crise do Euro. Almedina-Portugal; Haber-

3. A Protecção dos Direitos Sociais

3.1. Da Estabilidade à Reconfiguração do Estado Social

Conforme aludimos precedentemente, neste tempo de neo-liberalismo, dominado pela teologia do mercado, está a verificar-se, por influência do contexto internacional e de certos grupos económicos, a retração do Estado social e a correspondente expansão da iniciativa privada que sem "olvidar" integra o cerne da cidadania[8]. Este facto, gerador de desigualdades, exclusões e disfunções sociais constitui um dos argumentos usualmente esgrimido para se defender a ideia de que o Estado Social tem já os dias contados, ou seja, o fim do Estado Social vem cada vez tornando-se inevitável. Basta reparar no que o mesmo representa para determinadas classes. Este modelo é fútil e indesejável, pois, a quem afirme:

(i) "O Estado Social induz a uma situação de extrema dependência dos seus apoios"[9];
(ii) "É acusado de promover um modelo de sociedade avesso à mudança ao risco e a inovação"[10];
(iii) "Os beneficiários de prestações sociais tendem a tomar por adquiridos os direitos sociais e respetivos apoios e garantias"[11].

Portanto, observe-se que se já não é possível fazer crescer o Estado Social como decerto foi nas décadas dos anos 50 e 60, parece igualmente impossível mudar o arranjo institucional então criado. Porquanto, incapaz de se reformar, o modelo do Estado Social está condenado a extinguir[12].

Uma *quarta* condicionante tem que ver com *a moderna principiologia da dignidade da pessoa humana que evoluiu da isonomia formal a isonomia substancial ou seja, está transformação da dogmática jurídica que a quando em vez, tem*

MAS, Jûrgen (2012) Um Ensaio Sobre a Constituição da Europa. Lisboa-Portugal; HABERMAS, Jûrgen (2006) O Futuro da Natureza Humana. Almedina-Portugal.

[8] ARNAUT, António (2008) O Discurso Judiciário, a Comunicação e a Justiça, p. 30
[9] SILVA, Filipe (2013) Op. Cit., p. 52.
[10] Ibidem.
[11] Ibidem.
[12] Idem, p. 52 e s.

avanços e recuos, tende a resvalar numa crescente percepção de injustiça relacionada intimamente com a divisão discricionária ou até arbitrária do mercado de emprego em duas metades[13]:

(i) "Uma protegida, com emprego para a vida e com perspectivas de progresso nas respetivas carreiras"[14];

(ii) "A outra metade desprotegida, condenada a soluções intermitentes, precárias e sem quaisquer perspetivas futurísticas"[15].

Este "total" desproprocionamento vem aniquilando a manutenção do Estado Social, a segurança jurídica, a certeza jurídica, colocando em crise o princípio da legalidade, o princípio da socialidade, o sistema jurídico e por conseguinte abrindo, assim, caminhos para um governo despótico[16] onde assegurar os direitos fundamentais do homem (com inviolabilidade da propriedade privada dos meios de produção), a vida, a felicidade e a paz não será tarefa fácil.

Neste contexto, o processo de Globalização a que defensores de correntes particularistas antipatizam, constituí, sem sobras para dúvidas *condition sine qua non*, a força motriz capaz de reconfigurar o Estado Social. A corrente cosmopolita (na qual compatuo) defende veementemente princípios globais elencados na criação de sociedades de conhecimento, na eficácia do sistema financeiro, através da solidariedade, fraternidade, cidadania, justiça e desenvolvimento em respeito a principiologia da Dignidade da Pessoa Humana[17].

---

[13] O itálico é nosso.

[14] SILVA, Filipe (2013) Op. Cit., p. 53.

[15] Ibidem.

[16] Caraterizado fundamentalmente na ausência de leis justas que domem o poder económico, evitando que ele se confunda o poder político, garantindo assim a existência de um verdadeiro Estado de Direito e, portanto, uma Justiça independente e cidadania plena. (Cfr., ARNAUT, António (2008) O Discurso Judiciário, a Comunicação e a Justiça, p. 26.).

[17] Vide, BARBAS, Stela (1998) Direito ao Património Genético; BARBAS, Stela (2007) Direito do Genoma Humano; SOUZA, Rabindranath Capelo (1995) O Direito Geral de Personalidade; GOUVEIA, Jorge Bacelar (2012) Direito Constitucional de Língua Portuguesa: Caminhos de Um Constitucionalismo Singular; CAMPOS, Diogo Leite *et* AAVV (2007) Estudo Sobre o Direito das Pessoas.

Numa *perspectiva subjectiva*, envolve a concretização efectiva de uma concepção personalista do Direito e do Estado, conferindo ao tratamento jurídico da pessoa humana um relevo compatível com a sua dignidade, pois, tal como pondera Manuel Gomes da Silva – mostra-se incompreensível que "o direito proteja o homem naquilo que *ele tem*, e o abandone naquilo que *ele é*, efectivando-se, por esta via, o cumprimento de uma responsabilidade a que todos os intelectuais são chamados no sentido de colaborarem a edificar uma "nova cultura da vida humana"[18].

Em suma, trata-se de compatibilizar o Estado de Direito e Estado Social, ou seja, "tudo se reconduziria, em geral, à alegada impossibilidade de conciliar a propriedade social dos meios de produção com a garantia dos direitos fundamentais e, logo, o socialismo com o Estado de Direito e, por definição, com o Estado social de Direito"[19] (...) por forma a que na comunhão plena de uns com os outros se determinem sempre pelo interesse vital de proteger a dignidade da pessoa humana e garantir liminarmente as condições do livre desenvolvimento da sua personalidade individual através da comum intenção de realizar a justiça material e a emancipação do homem[20].

Fechamento

Muito se podia ter dito dada a dimensão inesgotável do objeto em análise. Porém, a intenção era trazer algumas linhas orientadoras que nos permitissem repensar ou refletir em torno da problemática do Estado Social e da crescente crise dos direitos sociais que o envolve. Assim, numa palavra conclusiva-inconclusiva chamo atenção para admoestação advogada pelo Professor Jurgen Habermas: «A mudança de mentalidade não constitui razão para censura; mas a nova indiferença tem consequências para a perceção política dos desafios atuais. Com efeito, ninguém pode equivocar-se no que concerne a vontade das maiorias das popula-

---

[18] Vide Silva, Manuel Gomes (1965) Esboço de Uma Conceção Personalista do Direito, pp. 131 ss e 179 ss.

[19] Novais, Jorge Reis (2013) Contributo para a Teoria do Estado de Direito, p. 215.

[20] Idem, pp. 216 e s.

ções no que toca à possibilidade de moderar um capitalismo financeiro exacerbado e que se tornou selvagem»[21].

O Estado social é uma conquista tardia e como atualmente se pode constatar, visivelmente fragilizado. No entanto, esta constitucionalização bem-sucedida do Estado e da Sociedade aponta, hoje, pelas mesmas razões funcionais e, após uma fase inegável de globalização económica, no sentido da constitucionalização do Direito Internacional e da sociedade mundial que se encontra dividida[22].

Numa *perspectiva objectiva*, traduz, uma consequência da afirmação constitucional do princípio estruturante do respeito pela dignidade da pessoa humana e jurídica – enquanto razão de ser do Estado e do Direito, e expressão de um verdadeiro "Estado de direitos fundamentais" sendo certo que, tal como recomendava o PAPA JOÃO PAULO II[23], o estudo do Direito da Vida[24], procurando evidenciar um primado da pessoa sobre as coisas, pretende ser a expressão de um "Estado Humano" sublinhe-se "Estado Humano" e lutemos pela sua reconfiguração. Para isso, invoco a todos "amantes" do contratualismo moderno, para que, pelo «princípio da unidade humana» e como acentua o Professor BACELAR GOUVEIA[25], lutemos contra aqueles que tencionam escamotear e executar a conquista do Estado Social.

Títulos Bibliográficos

ARNAUT, António (2008) O Discurso Judiciário, a Comunicação e a Justiça. Conselho Superior da Magistratura. V Encontro Anual. Coimbra Editora – Coimbra, Portugal.
BARBAS, Stela (1997) Direito ao Património Genético. Edições Almedina – Coimbra.
–, (2007) Direito do Genoma Humano. Edições Almedina – Coimbra, Portugal.

[21] HABERMAS, J. (2012) Op. Cit., p. 159.
[22] Idem, p. 148.
[23] JOÃO PAULO II – O Evangelho da Vida – Carta Encíclica «Evangelium Vitae», de 25 de Março de 1995.
[24] Poderá, de forma mais esclarecida, compreender a pertinência atual e emergente do estudo do Direito da Vida, se vir: OTERO, Paulo (2004) Direito da Vida, pp. 13-35.
[25] Cfr. GOUVEIA, Jorge Bacelar (2012) Coloquio de Direito apresentado no ISCTEM. Disponível em www.vimeo.com

Beck, Ulrich (2013) A Europa Alemã de Maquiavel a «Merkievel». Edições Almedina – Coimbra, Portugal.
Campos, Diogo Leite (2007) Estudos Sobre o Direito das Pessoas. Edições Almedina – Coimbra.
Gouveia, Jorge Bacelar (2012) Direito Constitucional de Língua Portuguesa: Caminhos de Um Constitucionalismo Singular. Edições Almedina – Coimbra, Portugal.
Habermas, Jûrgen (2012) Um Ensaio Sobre a Constituição da Europa. Edições 70. Lisboa, Portugal.
–, (2006) O Futuro da Natureza Humana. Edições Almedina – Coimbra, Portugal.
Novais, Jorge Reis (2013) Contributo para a Teoria do Estado de Direito. Edições Almedina – Coimbra, Portugal.
Otero, Paulo (2004) Direito da Vida: Relatório Sobre o Programa, Conteúdos e Métodos de Ensino. Edições Almedina – Coimbra.
Papa, João Paulo II – O Evangelho da Vida – Carta Encíclica «Evangelium Vitae», de 25 de Março de 1995.
Silva, Filipe Carreira (2013) O Futuro do Estado Social. Lisboa – Portugal.
Silva, Manuel Duarte Gomes (1965) Esboço de Uma Conceção Personalista do Direito. Lisboa.
Sousa, Rabindranath Capelo (1995) O Direito Geral de Personalidade. Coimbra Editora – Coimbra.
Steger, Manfred (2006) A Globalização. Quasi edições. Vila Nova de Famalicão – Portugal.

Diplomas Legais

CRPM de 1975 – Constituição da República Popular de Moçambique de 1975.
Carvalho, H. S. S. (2012) Breve Momento de Reflexão: O Atual Estádio do Princípio da Jurisdicidade Moçambicana. Publicado no Jornal Canal de Moçambique a 04.07.12. Disponível em: http://ambicanos.blogspot.com/2012/09/edicao-de-04-de-setembro-de-2012-canal.html

A Arbitragem em Angola
1975/2013 – Evolução Legislativa e Aplicação Prática

HERMENEGILDO CACHIMBOMBO[1]

1. Introdução – Caracterização do(s) modelo(s) econômico(s) de 1975 a 2013

Para melhor compreensão da dinâmica do instituto-jurídico processual da Arbitragem, quer no plano da respectiva evolução legislativa quer no plano da aplicação prática, julgamos avisado fazer, em linhas gerais, uma breve caracterização dos vários modelos econômicos que se foram sucedendo em Angola até à presente data.

A este propósito, como de resto é de domínio público, com a obtenção da independência em 1975, a República de Angola aprovou e publicou a sua primeira Lei Constitucional. Fruto do contexto geopolítico vigente na altura, que no essencial se caracterizava pela divisão do mundo em dois blocos, o socialista, em que Angola se enquadrava, e o capitalista, a Lei Constitucional de 75 incorporou traços orientadores próprios de um Estado socialista.

Vemos assim que a Lei Constitucional de 75, entre outros, no plano econômico consagrava os seguintes fundamentos: (i) desenvolvimento de um sistema econômico cujo objectivo principal era o bem-estar social das camadas populares mais exploradas pelo colonialismo, (ii) reconhecimento e protecção dos diversos sectores da economia (pública, cooperativa e privada) e, (iii) acentuado dirigismo do Estado.

---

[1] Bastonário da Ordem dos Advogados de Angola.

Não obstante o reconhecimento constitucional dos três sectores da economia supra referidos, na prática fomos assistindo uma cada vez mais forte intervenção (directa e indirecta) do Estado na economia, o que impedia qualquer pretensão de desenvolvimento do sector empresarial privado – na medida em que o sistema económico era bastante administrativo, com barreiras burocráticas e planos rígidos.

Como consequência lógica das convicções ideológicas dominantes na época, neste período o Estado produziu um conjunto de actos jurídicos – normativos, nomeadamente, nacionalizações e confiscos, por via dos quais a quase totalidade dos activos patrimoniais mobiliários e imobiliários ingressaram na esfera patrimonial do Estado, para além da reforma geral do sistema financeiro.

Segundo o Professor Carlos Teixeira, de 1975 a 2010, a carta magna de Angola conheceu 186 revisões pontuais com reflexos para o modelo económico, onde destacamos a Lei Constitucional revista de 7 de Fevereiro de 1978, a Lei Constitucional revista de 23 de Setembro de 1980, a Lei nº 23/92 de 16 de Fevereiro, de Revisão Constitucional e a Constituição de 2010.

Todavia, os principais indícios de reforma do modelo econômico começaram a surgir em 1988, como consequência natural das mudanças da política econômica angolana que, por sua vez, decorriam de um conjunto de factores endógenos e exógenos.

Entre os factores endógenos, salientamos o acentuar da guerra civil, o que conduzia à profundas assimetrias económicas-sociais entre as várias regiões do país, os elevados índices de inflação e a degradação do poder de compra dos salários da função pública, ao passo que entre os factores exógenos destacamos a crise nos Estados protectores do bloco socialista, com especial relevo para a União das Repúblicas Socialistas Soviéticas e para a República Democrática Alemã.

Nesse circunstancialismo, em 88 foi ensaiado o primeiro programa de recuperação económica e financeira, conhecido em Angola por SEF – Programa de Saneamento Econômico e Financeiro.

Este programa económico constitucional, tornou possível a criação de empresas privadas, mistas e familiares, sem embargo do princípio das áreas económicas de reserva pública, absoluta e relativa.

As áreas de reserva económica pública integravam o banco central, a indústria bélica, e as actividades consideradas por lei como serviços públicos reservados à administração pública, enquanto que a reserva pública relativa enquadrava as áreas de distribuição de água para o consumo público, saneamento básico, telecomunicações e correios, comunicação social, transportes aéreos, ferroviários e marítimos e transportes públicos colectivos urbanos.

Podemos afirmar que neste período testemunhamos o início do corte com o modelo económico centralizado, que se iniciou com a Lei Constitucional de 75.

Em 1992, com a entrada em vigor da Lei nº 23/92 (Lei de Revisão Constitucional), iniciamos uma nova era na história económica de Angola, cujo modelo económico passou a assentar na ideia da coexistência de diversos tipos de propriedade, pública, privada, mista, cooperativa e familiar, gozando todos de igual protecção.

A Lei Constitucional em primeira instância e a legislação ordinária em segunda, propiciaram a criação de um ambiente que passou a estimular a livre iniciativa económica, o que conduziu rapidamente aos sinais de recuperação económica que assistimos nos dias de hoje.

Com a criação de um quadro jurídico que protege a propriedade privada, foi com bastante naturalidade que investidores nacionais e estrangeiros manifestaram interesse em aplicar as suas poupanças em Angola, para além de todo esforço que o Estado vem fazendo para recuperação das infra-estruturas económicas destruídas com o esforço da guerra.

Com fim do conflito armado, no desenvolvimento das sementes lançadas pela Lei Constitucional de 1992, em 05 de Fevereiro de 2010, passou a vigorar a Constituição da República que veio, por um lado, desenvolver e consolidar princípios económicos introduzidos pela Lei Constitucional de 92 e, por outro lado, introduzir novos elementos subjacentes a um modelo económico preocupado com a justiça social.

É assim que, entre os princípios fundamentais consagrados na Constituição da República actualmente em vigor, encontramos os princípios da: (i) livre iniciativa económica empresarial, a exercer nos termos da lei, (ii) respeito e protecção à propriedade e iniciativa privadas, (iii) função social da propriedade,(iv) redução das assimetrias regionais e desigualdades sociais e, (v) concertação social.

A dinâmica da actividade económica em Angola foi mais ou menos seguindo os passos dos modelos económicos que acabamos de sucintamente descrever, daí que, como adiante melhor explicitaremos, o desenvolvimento da arbitragem enquanto meio alternativo de resolução de litígios também andou alinhado na mesma velocidade.

2. Desenvolvimento legislativo e aplicação prática

Nos termos da Lei Constitucional de 75, as leis e regulamentos que na altura vigoravam, desde que não contrariassem o espírito da Constituição e do processo revolucionário angolano, manter-se-iam em vigência – artigo 58º

Foi ao abrigo da disposição constitucional acabada de citar que a vigência do Código de Processo Civil português de 1961 transitou para o período pós-independência e se mantem em vigor até aos dias de hoje. Porque assim é, podemos pacificamente afirmar que em Angola, as primeiras normas sobre a arbitragem, voluntária e necessária, são justamente as que se enquadravam no Livro IV (artigo 1508º a 1527º).

Na senda da fonte histórica do Direito angolano da arbitragem, que por compreensíveis razões é o Direito português, do ponto de vista conceitual, entendemos arbitragem como sendo um modo de resolução de litígios entre particulares (ou entre particulares e entes públicos, quando esses litígios emerjam de relações jurídicas em que tais entes intervenham despidos de prerrogativas de autoridade), que se caracteriza pela subtração aos tribunais integrados na organização judiciária do Estado da competência para julgarem um diferendo actual ou eventual, e pela sua atribuição a uma ou mais pessoais designadas para o efeito, a cujas decisões pode ser conferida a mesma eficácia que possuem as sentenças judiciais.

Mas, como o objecto da presente comunicação não passa por uma abordagem teórica do instituto, mas sim por traçar um roteiro do desenvolvimento legislativo que sobre o tema ocorreu na Angola independente e, mais importante, sobre os índices de utilização deste meio de resolução de litígios nas várias etapas do crescimento económico do país, vamos efectivamente centrar-nos ao que interessa.

Regressando ao período compreendido entre 1975 a 1988, etapa em que, como já acima tivemos oportunidade de referir, a economia angolana era centralizada e com um cariz fortemente assente na ideologia dos Estados socialistas, as trocas comerciais internas, assim como o comércio internacional, quase não tinham qualquer expressão. Era o Estado que, por intermédio das empresas públicas, mas precisamente, das Unidades Económicas Estatais (U.E.E), se encarregava da distribuição de bens e serviços essenciais à população e, no âmbito da cooperação que mantinha com os chamados países do bloco socialista, tratava da importação dos bens que não se produziam internamente.

Nesse contexto, quase não existia tráfico jurídico negocial susceptível de gerar conflitualidade cuja resolução implicasse a intervenção dos tribunais estaduais ou, alternativamente, os tribunais arbitrais. Os litígios que entretanto surgissem, quer no âmbito das relações comerciais internas quer no âmbito das relações internacionais, essencialmente eram dirimidos por intermédio de mecanismos político-partidários.

Mas, ainda que existissem, face ao que consagrava o artigo 44º da Lei Constitucional de 75 «Cabe em exclusivo aos Tribunais o exercício da função jurisdicional, visando a realização de uma justiça democrática» e aos princípios ideológicos então dominantes, temos fundadas dúvidas sobre a possibilidade da legal constituição de tribunais arbitrais – *ad hoc* ou institucionais.

De qualquer maneira, o facto é que nesse período não há memória do funcionamento em Angola de qualquer tribunal arbitral, quer para dirimir conflitos internos (arbitragem interna) quer para dirimir litígios internacionais (arbitragem internacional).

Seja como for, o sistema de arbitragem que pelo menos formalmente estava consagrado no Código de Processo Civil tinha a particularidade de depender fortemente do poder judiciário, o que de certa forma, caso efectivamente fosse aplicado, poderia reduzir os reflexos das vantagens que tradicionalmente são reconhecidas a esse meio alternativo de resolução de litígios – celeridade processual, liberdade na definição do local da arbitragem, escolha das pessoas melhores capacitadas para análise e julgamento dos factos controvertidos.

Aqui, é de salientar que, sendo as regras então vigentes, o tribunal arbitral deveria funcionar no tribunal da comarca (província) em que a causa devia ser proposta, segundo as normas sobre a competência dos tribunais, as regras do processo seriam as que segundo o CPC corresponderiam à causa a decidir, e a remuneração dos árbitros e dos funcionários era regulada pelo Código das Custas Judiciais.

Reiterando o já supra referido, com a entrada em vigor da Lei Constitucional de 92, o sistema económico angolano conheceu uma acentuada mudança, passando a ter na sua gênese o princípio da democracia económica. Neste período, para além da estimulação da participação no processo económico de todos os agentes, o Estado expressamente consagrou o princípio da livre iniciativa da actividade privada (artigo 10º da Lei Constitucional de 92) e fez publicar um conjunto de legislação ordinária que permitiu um "boom" da actividade empresarial – Lei nº 15/94, 23 Setembro (Lei do Investimento Estrangeiro), Lei nº 19/91, de 25 Maio (Lei da Venda do Patrimônio Habitacional do Estado) e a Lei nº 10/94, de 31 de Agosto (Lei das Privatizações).

Neste período, apesar das modificações legislativas entretanto ocorridas, em virtude do perpetuar da guerra civil, os investimentos estrangeiros em Angola incidiam fundamentalmente no sector petrolífero e diamantífero, sendo que internamente os empresários nacionais não tinham o suporte de um sistema bancário que os pudesse catapultar para grandes investimentos.

Porém, no que à administração da justiça diz respeito, o Estado angolano, pelo menos no plano programático, começou já a estruturar um sistema judiciário que previa a possibilidade da existência de tribunais arbitrais, como se lê no nº 3 do artigo 125º da Lei Constitucional de 92 – «nos termos da lei podem ser criados tribunais militares, administrativos, de contas, fiscais, tribunais marítimos e arbitrais».

Se o legislador constitucional de 92, reconhecendo as vantagens próprias da arbitragem enquanto meio alternativo de resolução de litígios, retirou do ordenamento jurídico angolano quaisquer dúvidas que com referência ao que consagrava o artigo 44º da Lei Constitucional de 75 pudessem ser levantadas sobre a constitucionalidade e/ou legalidade dos tribunais arbitrais, o facto é que até 2003, ano em que foi publicada a Lei nº 16/03 de 25 de Julho (actual Lei da Arbitragem Voluntária), no plano da legislação ordinária, bem como no plano da aplicação prática do instituto nada se verificou, ou seja, mantiveram-se em vigor as normas do livro IV do CPC de 1961 e, relativamente aos cidadãos, empresas e dos vários operadores judiciários, assistimos uma cultura de não recurso ao meio.

A aludida cultura de não utilização dos meios alternativos de resolução de litígios, pelo menos no âmbito das relações jurídicas negociais e/ou empresarias, de alguma forma revelou-se incongruente, senão vejamos;

Neste período, como consequência do prolongar da guerra, o nível dos serviços prestados no âmbito da administração pública em geral e, em particular, da administração da justiça, degradou-se consideravelmente. Os tribunais angolanos se deparavam com um conjunto de dificuldades, nomeadamente, mas sem se limitar, falta de instalações condignas para funcionamento dos vários serviços, falta de recursos humanos especializados, número insuficiente de Magistrados Judiciais e do Ministério Público, desadequação de alguns instrumentos normativos herdados do período colonial, factores esses que conjugados faziam que o tempo médio para julgamento dos processos nos tribunais estaduais fosse superior a cinco anos.

Como se vê, o quadro acabado de descrever, por si só, deveria potenciar o recurso aos meios alternativos de resolução de litígios, no caso, a arbitragem – mas, incompreensivelmente, não foi isso o que constatamos.

Em 2003, com entrada em vigor da Lei nº 16/03 (Lei da Arbitragem Voluntária) começou-se a traçar um quadro jurídico sobre arbitragem que, por um lado, se pretendia livre dos constrangimentos diagnosticados no sistema herdado do período colonial e, por outro lado, procurasse ser o mais harmonizado possível com as normas de arbitragem vigentes em outras latitudes – procurando, tanto quanto possível, aglutinar os princípios basilares das regras procedimentais das principais instituições internacionais, em especiada da UNCITRAL.

No seguimento da Lei da Arbitragem Voluntária, o legislador ordinário, num número considerável de leis que pôs a vigorar, passou a prever a arbitragem como meio de resolução de litígios. Nesse particular, dada a elevada importância para a economia nacional, destacamos aqui o que vem disposto no artigo 53º da Lei nº 20/11 de 20 de Maio (Lei do Investimento Privado), segundo o qual nos contratos de investimento privado é lícito convencionar-se que os diferentes litígios sobre a sua interpretação e execução possam ser resolvidos por via arbitral, no artigo do 79º da Lei nº 9/04 de 9 de Novembro (Lei de Terras), que refere que sem prejuízo do disposto nas secções anteriores os eventuais litígios sobre a transmissão ou constituição de direitos fundiários devem ser submetidos a arbitragem e no artigo 89º da Lei nº 10/04 de 12 de Novembro (Lei das Actividades Petrolíferas), que indica que na falta de consenso entre as partes, entenda-se, entre o Ministério de tutela e as licenciadas ou entre a Concessionária Nacional e as suas associadas, os litígios sobre matérias estritamente contratuais devem ser resolvidos por recurso à arbitragem, nos termos que forem estabelecidos na licença de prospecção e nos contratos celebrados.

Se nos atermos ao regime de arbitragem estabelecido em cada uma das leis acabadas de citar, verificamos que existe uma certa tendência do legislador angolano em limitar a vontade das partes na fixação da convenção arbitral, nomeadamente, impondo o local da arbitragem, no caso o território angolano, e a lei substantiva aplicável, concretamente, a lei angolana – nº 5 do artigo 53º da Lei 20/11, nºs 3 e 4 do artigo 80º da Lei 9/04 e nº 3 do artigo 89º da Lei 10/04.

Se nem sempre esta tendência que o legislador angolano demonstra poderá melhor corresponder aos interesses das partes em litígio, sempre lhe poderemos atribuir a virtude que mais adiante referiremos, quando nos debruçarmos sobre os constrangimentos do sistema actual.

Importante se torna referir aqui que, a partir da publicação da Lei Sobre Arbitragem Voluntária, não podem subsistir dúvidas sobre o engajamento do Estado angolano na dinamização da arbitragem como meio alternativo de resolução de litígios. Para salientar o que acaba de ser dito, temos a Resolução 34/06 de 15 de Maio (da Assembleia Nacional) que reafirma o propósito do Estado em promover e incentivar a resolução de litígios por via da arbitragem, obrigando-se a, nos contratos que celebrar, recorrer preferencialmente a arbitragem institucional.

Nessa conformidade, foi com bastante naturalidade que testemunhamos a entrada em vigor do Decreto nº 4/2006, de 27 de Fevereiro, que autoriza a criação de centros arbitragem e, em 2012, assistimos a institucionalização dos primeiros centros de arbitragem em Angola, nomeadamente, Arbitral Iuris e Harmonia.

A montante do novo quadro legal criado sobre a arbitragem voluntária, como é do domínio público, em 2002 a guerra civil com que o país se confrontava chegou ao seu fim e, por via de consequência, a actividade econômica passou a registar índices de crescimento aceitáveis para além da desejada diversificação, ou seja, ainda que timidamente, começamos a receber investimentos fora das áreas do petróleo e dos diamantes – com especial relevo para o sector da construção civil, banca, transporte e energia.

Será que as transformações que acabamos de testemunhar tiveram reflexos práticos na alteração da supra denunciada cultura de não utilização dos meios alternativos de resolução de litígios, maxime, a Arbitragem?

Até aonde vai o nosso conhecimento, à resposta a questão levantada infelizmente é negativa, na medida em que são muito poucos os litígios que em Angola são resolvidos com recurso à arbitragem, pelo que se impõe a obrigação de diagnosticar as razões que eventualmente estejam a determinar a retracção.

Se olharmos para o regime da Lei da Arbitragem Voluntária (LAV), e nos afastarmos um pouco das disposições sectoriais acima aludidas que de algum modo mitigam a vontade das partes na formação da convenção arbitral, concluímos que o nosso sistema incorpora as características que com alguma unanimidade são consideradas essenciais para um sistema de arbitragem que se pretenda eficaz, como sejam;

- As partes gozam de autonomia para acordar sobre as regras do processo, podendo inclusive fazê-lo por adopção das regras de uma instituição de arbitragem (artigo 16º da LAV);
- O procedimento arbitral deve respeitar determinados princípios estruturantes, cuja violação pode constituir fundamento para anulação da decisão arbitral, como sejam, o princípio da igualdade processual e do contraditório (artigo 18º da LAV)
- A decisão arbitral deve ser proferida em tempo útil (artigo 25º da LAV)
- Liberdade de escolha das normas substantivas aplicáveis, podendo optar-se pelo recurso a equidade e/ou ao costume, nacional ou internacional (artigos 24º e 43º da LAV)
- Competência dos tribunais arbitrais para, sem prejuízo das competências dos tribunais estaduais sobre a matéria, ordenarem medidas provisórias relacionadas com o objecto do litígio, nomeadamente, a prestação de garantias que julgarem necessárias (artigo 22º da LAV)
- Regime de recorribilidade distintos para a arbitragem interna e internacional, sendo que no primeiro caso a regra é da recorribilidade e no segundo da irrecorribilidade (artigos 36º e 44º da LAV)
- Possibilidade de anulação da decisão arbitral, por via respectiva acção de anulação (artigo 34º da LAV)
- Directa exequibilidade das sentenças arbitrais proferidas no âmbito da arbitragem interna (artigos 37º e 38º da LAV).

Se assim é, porque então que se mantem a tendência da pouca utilização do meio?

Julgamos que a principal razão do índice manifestamente reduzido da utilização da arbitragem como meio de resolução de litígios prende-se com a falta de conhecimento dos instrumentos legislativos em vigor sobre a matéria, o que é agravado pela cultura criada ao longo dos cerca de 38 anos de independência em que, pelas sobreditas razões, não havia muito espaço para utilização dos meios alternativos de resolução de litígios.

Na decorrência do que fica dito no parágrafo precedente, a título meramente exemplificativo, salientamos que quando os tribunais estaduais, nos termos da LAV, são chamados a intervir para prestar a necessária colaboração (auxílio) aos tribunais arbitrais a resposta não tem sido a que legitimamente se espera – o que tem contribuído para o insucesso da justiça arbitral.

Neste particular, os principais momentos de estrangulamento são os que se prendem com a necessidade de intervenção do Tribunal Provincial do lugar fixado para arbitragem para suprir a falta de indicação de árbitro por parte de um dos litigantes (artigo 14º da LAV), ou ainda para suprir a falta de colaboração de uma das partes no âmbito das diligências de prova (artigo 21º).

Focalizando alguns sectores da economia angolana em que os índices de crescimento são mais acentuados, nomeadamente, o sector do petróleo e gás, diamantes, banca, telecomunicações, energia e construção civil, dada a inerente complexidade da factualidade subjacente aos potenciais conflitos, não é de excluir entre os factores impeditivos do maior recurso à arbitragem a ausência de profissionais com qualificações adequadas para correcta apreciação e julgamento dos litígios.

Aqui chegados, outra alternativa não nos restará que não seja o ensaio de um conjunto de medidas organizativas e legislativas que possam viabilizar a mudança da actual tendência

Contudo, porque a actual legislação não foi suficientemente aplicada para que seja possível fazer um diagnóstico objectivo sobre as suas eventuais insuficiências e/ou deficiências, em nossa opinião, o acento tónico deve ser deslocado para as medidas de cariz organizativo.

Assim sendo, no plano da arbitragem interna, pensamos que o reverter do quadro passa, por um lado, por uma maior divulgação da legislação sobre a matéria entre os vários operadores judiciários, o que pressupõe a realização de várias acções de formação e, se possível, um estudo mais aprofundado do instituto no contexto dos cursos de graduação e, por outro lado, a criação de mais centros de arbitragem institucionalizada que possam dar garantias de segurança e imparcialidade no serviço que se predispuserem prestar.

Já no plano da arbitragem internacional, o facto de Angola não ser ainda signatária das convenções de Nova York de 1958 de Genebra de 1927, sobre o reconhecimento de sentenças arbitrais estrangeiras, certamente funciona como um constrangimento. Para que uma sentença proferida por um tribunal arbitral estrangeiro possa ser executada em Angola, previamente, terá que passar pelo burocratizado processo de revisão de sentença estrangeira regulado no artigo 1094º e ss do C.PC.

É justamente por esta razão que, quando acima nos referimos sobre a tendência do legislador angolano em limitar a vontade das partes na formação da convenção da arbitragem, impondo o lugar e a lei aplicável, afirmamos poder retirar-se aí alguma vantagem. Esta vantagem traduz--se no facto de pelo menos se poder fugir do burocratizado processo de reconhecimento de sentença estrangeira, na medida em que tendo funcionado em Angola o tribunal arbitral, a respectiva sentença, desde que transitada em julgado, pode ser directamente executada – seguindo o respectivo processo de execução a forma sumária, isto independentemente do valor da causa, artigo 38º da LAV.

3. Conclusões:

- Apesar de o actual quadro legal sobre arbitragem voluntária ter procurado uma harmonização possível com os instrumentos internacionais sobre a matéria, a arbitragem em Angola não está suficientemente difundida;
- Como consequência da pouca divulgação dos instrumentos legais vigentes, a montante dos aspectos culturais decorrentes de todo processo de evolução política económica, o índice de utilização deste meio de resolução de litígios não é satisfatório;
- Para reverter a tendência, impõe-se a necessidade de introduzir um conjunto de medidas técnicas organizativas, como sejam, realização de várias acções de formação, criação de mais centros de arbitragem

institucional e a ratificação das convenções de NY de 1958 e Genebra de 1921 – ambas sobre o reconhecimento e execução de sentenças arbitrais estrangeiras;
- Depois de um período de intensa utilização da LAV, nunca inferior a cinco anos, avaliar a possibilidade de inovações legislativas, com base nas insuficiências que entretanto se verificarem no actual quadro legislativo

Obrigado.

Bibliografia

Teixeira, Carlos (FDUAN), A Nova Constituição Económica de Angola e as Oportunidades de Negócio e Investimentos, 2011

Prata, Helena (FDUAN), in comunicação sobre A Arbitragem na Indústria Petrolífera: Perspectiva Nacional, Coimbra, Setembro de 2012;

Vicente, Dário Moura – da Arbitragem Comercial Internacional, Direito aplicável ao Mérito da Causa, Coimbra Editora 1990, pág. 27.

Autocomposição de Litígios no Brasil e Reformas Processuais[1]

FERNANDO HORTA TAVARES[2]

Resumo: Enunciam-se os fundamentos teóricos estruturadores da Autocomposição de Litígios no Brasil, com especial destaque para a técnica da "Mediação Processualizada" fundada na Autonomia da Vontade Privada Legal e Responsável e nos Princípios constitucionais da ampla defesa, do contraditório e da isonomia como mecanismo resolutivo das contradições e dos interesses contrapostos dos Sujeitos de Direitos e um conjunto de regras democráticas disciplinadoras do agir em um Mundo pós-moderno permeado de significados díspares e plurais. Conceitua-se a Mediação e se apresenta seus contornos constitucionais, técnicas, princípios estruturantes e estágios procedimentais e, por fim, mencionam-se alguns mecanismos legais de resolução de controvérsias existentes no Direito brasileiro, trazendo-se

---

[1] Comunicação ampliada no âmbito do III Congresso do Direito de Língua Portuguesa "Justiça, Desenvolvimento e Cidadania", realizado em março/2013 na cidade de Maputo, Moçambique, sob os auspícios da Faculdade de Direito da Universidade Nova de Lisboa, do Instituto do Direito de Língua Portuguesa (IDILP) e do Instituto Superior de Ciências e Tecnologia de Moçambique (ISCTEM)

[2] Professor Adjunto IV da Faculdade Mineira de Direito, da Pontifícia Universidade Católica de Minas Gerais, Brasil. Pós-Doutorado em Direito Constitucional pela Faculdade de Direito da Universidade Nova, de Lisboa. Doutor e Mestre em Direito e em Direito Processual pela Pontifícia Universidade Católica de Minas Gerais. Advogado. Avaliador de Cursos e de Instituições de Ensino do Ministério da Educação do Brasil. Presidente do Instituto de Investigação Científica Constituição e Processo (BR). Pesquisador da Fundação para a Ciência e Tecnologia (FCT-POR)

ainda a análise dos impactos da introdução da Mediação no Projeto de Lei nº 8046/2010, que instituirá o Novo de Código de Processo Civil no Brasil.

Palavras-chave: Mediação – Processo – Constituição Brasileira – Jurisdição – Autocomposição de litígios

1. Introdução

Neste artigo pretende-se discorrer sobre a aqui denominada "autocomposição de litígios" no Brasil, nomenclatura que se reputa melhor consentânea com as hipóteses legais que lhe dão suporte, ao invés de resolução *alternativa* de controvérsias, por que a autocomposição de litígios não se afigura uma "alternativa" à solução desenvolvida perante o poder judiciário, antes pelo contrário, é meio eficaz solvência de controvérsias, como adiante se discorrerá.

O estudo de maior profundidade se debruçará, entretanto, sobre o instituto da Mediação sob a perspectiva constitucional e sob o enfoque procedimental. O primeiro aspecto cuidará de apontar, na estruturação e aplicabilidade do referido instituto, a possibilidade da incidência dos princípios processuais presentes na Constituição brasileira. Já no que concerne ao segundo aspecto, apresentar-se-á comentários acerca dos impactos da inclusão da Mediação no âmbito das reformas processuais que provavelmente resultarão da vigência do Projeto de Lei do Novo Código de Processo Civil nº 8.046/2010, em curso e debate perante o Parlamento brasileiro, o qual tem como eixo central o oferecimento de maior efetividade às soluções autocompositivas dos conflitos intersubjetivos.

É bem de ver, à partida, que o referido Projeto de Lei Processual brasileiro está, na realidade, em franco alinhamento com recentes mudanças ocorridas no Direito da União Europeia. De fato, trata-se de temática que cada vez mais vem ocupando o centro da atenção dos estudos do Direito de Estado e Processual, tanto que o Parlamento Europeu e o Conselho Europeu aprovaram a Diretiva 2008/52/CE, de 21 de Maio de 2008, a qual procurou assegurar "uma relação equilibrada entre a mediação e o processo judicial", dispositivo legal vinculativo no território dos 28 países que integram a União Europeia, numa perspectiva de promoção de direitos fundamentais e, em especial, do acesso e exercício do Devido Processo ("acesso à justiça").

Pretende-se ainda neste artigo, não apenas trazer comentários à novidade legislativa-processual, mas iniciar um ensaio rumo à elaboração de proposta de enunciação de uma *"Teoria da Mediação Processualizada fundada na Autonomia da Vontade Privada Legal e Responsável"*. Com ela, procurar-se-á contribuir para o estabelecimento de novas bases teóricas e práticas na condução dos litígios postos a debate democrático e processual perante os órgãos judiciários (como previsto no Projeto de Lei nº 8046/2010 brasileiro), como também fora da esfera estatal-judiciária, ainda que se fale rapidamente das controvérsias finalizadas em juízo.

Centrando-se o foco no exame dos contornos da mencionada Teoria da Mediação, mais adiante explicitados, assevera-se que as Pessoas têm forte grau de *autonomia* para resolver seus próprios conflitos, a partir do exercício do direito fundamental de participar procedimentalmente em situação de liberdade de fala ampla, irrestrita, igualitária, fundada na ordem jurídica, com adequado conhecimento situacional normativo, social, econômico e político, processualmente construído ao longo do *iter* procedimental resolutivo das controvérsias eventualmente existentes no decorrer da Vivência do Ser.

Por fim, serão levadas a cabo algumas considerações acerca das modificações processuais provocadas pelo Projeto de Lei do Novo Código de Processo Civil brasileiro como mais um contributo para a solução das controvérsias submetidas processualmente ao Estado-Juiz, especificamente as normas atinentes à aplicabilidade da Mediação tal como estatuídas no referido projeto reformador.

2. Novas Perspectivas dos Conteúdos Normativos Conducentes à Efetividade da Autocomposição de Conflitos

De há muito afirmam-se como recorrentes os estudos conducentes à afirmativa do desgaste da função pública estatal de conhecer, processar e julgar os litígios postos ao Estado-juiz, isto é, o exercício da jurisdição em moldes que nos remetem à indagação se ainda não estaríamos dependentes, no Brasil e em boa parte do Mundo, de um aparato de resolução de controvérsias submetido a estruturas estatais ainda burocráticas, lentas, pesadas, complexas e que são resultantes de decisões "tudo ou nada" para os Sujeitos do conflito, revelador de alto grau de insatisfação e de frustração por parte dos cidadãos, a re-ensejar a continuidade do conflito pela utilização indiscriminada, conquanto constitucional, de Recursos aos Tribunais.

Parece ser assente nas teses lastreadas nas Teorias do Processo e no Direito Constitucional, passando pela Sociologia Jurídica e a Teoria do Direito, que está instalada uma crise do Estado-Nação em vários quadrantes do Globo, cujos resultados para as Instituições Públicas e Privadas se traduzem, tradicionalmente, por uma "legitimação formal do direito e da jurisdição, a partir de uma lógica de subordinação", como afirma Ricardo Hermany (2007: p. 17).

De fato, prossegue o mesmo Hermany, vivemos em um sistema "fechado recursivamente, em que as decisões públicas se legitimam tão somente pela adequação os requisitos do processo legislativo ou pela natureza representativa do poder", atitude que não se coaduna com uma sociedade que presencia uma *proliferação de outros espaços de poder*, afetando o monopólio estatal e propiciador de uma auto-regulação reflexiva fundamentada em valores já normatizados constitucionalmente em características de Vivência Digna e Responsável.

Nesta linha de raciocínio e por várias razões, os agentes públicos ocupantes da máquina estatal – mercê da estrutura do chamado Poder Judiciário – não estavam preparados para o aumento da chamada "litigiosidade contida" que se apresentou após a instituição do Estado de Direito Democrático a partir dos anos 70 e da vaga dos novos direitos de quarta e quinta dimensões (consumidor, direito ao meio ambiente ecologicamente equilibrado, direito à informação, às situações de privacidade – ou de desrespeito a ela em face da grande massa de informações advindas da WEB –, engenharia genética e direito à paz).

As características monopolistas do sistema jurisdicional, tradicionalmente entregues ao Estado de "derivação oitocentista", na expressão de Eligio Resta (2004:101), vai paulatinamente se chocando com duas fortes tendências do tempo presente: o nascimento de um *droit sans lÉtat* e a erosão da cidadania estatal, fruto, na visão de RESTA (2004), das

> "profundas mudanças que verificamos nos últimos anos, caracterizadas, de um lado, por um processo sempre mais intenso de globalização dos direitos e de uma integração internacional e, de outro lado, por uma forte expansão da intervenção judiciária no terreno econômico e social (...) no qual confluem empurros heterogêneos e contrastantes...[não sendo] de se desprezar

a profunda desarticulação do conceito de soberania estatal, como fonte e fundamento da função jurisdicional (o geo-direito do qual fala Natalino Irti, 2001)"(RESTA, 2004: p. 101).

Neste quadro, afigura-se necessário suplantar a tradição brasileira de buscar soluções de conflitos somente pelo acesso aos órgãos judiciais, em que pese sua criação e funcionamento em bases constitucionais, pois a grande maioria das controvérsias entre particulares e entre estes e a Administração Pública têm roupagem de direitos disponíveis, ou que admitem transação, e que podem e devem ser geridas por cidadãos autolegisladores e esclarecidos de suas possibilidades de Vivência Digna.

A proposta que ora se apresenta segue no sentido de se tentar uma solução para a contundente crítica que faz o mencionado Eligio Resta para a crise da relação entre *democracia e jurisdição* e a consequente *anômala hipertrofia do sistema judiciário* "chamado a decidir sobretudo, e com poderes muitas vezes discricionários e, nos fatos, pouco controláveis, é o lugar que oculta quotas fortes de irresponsabilidade: consente álibis e cobre a forte diferença entre aquilo que o sistema da jurisdição diz que é, e o que faz, e aquilo que na realidade é e faz" (RESTA, 2004: p. 97), apesar do processo garantir os direitos fundamentais do cidadão, "cada um se encontra diante de um melancólico esvaziamento da jurisdição".

Esta tradição – quando possível outro caminho, muitas vezes mais rápido e sobretudo eficaz – vem contribuindo para uma ainda mistificação do Estado como "guardião das promessas" dos projetos de vida e dignidade constitucionalmente garantidos quando, pela atual estrutura dos direitos processuais (civil, penal, trabalhista, administrativo, etc), os resultados obtidos são exatamente outros, vale dizer, a continuidade do litígio pelas vias dos Tribunais Regionais e Superiores, aumentando a massa de autos de processos, de funcionários, de edifícios, de idas e vindas ao turbilhão do Tempo da Vivência, frustrando as expectativas cidadãs pelos efeitos deletérios da longa tramitação das demandas postas perante o Estado Juiz, muitas vezes causadoras de uma "legitimação pela dominação", como há tempos dissera Max Weber.

De toda forma, a partir deste mesmo cenário pode-se dizer, novamente com Eligio Resta, que "se consolida o conhecimento de que o conflito é um mecanismo complexo que deriva de multiplicidade dos fatores; que existe continuidade entre o *micro* dos conflitos inter-individuais e o *macro* dos conflitos sociais (sejam estes bélicos, inter-étnicos, culturais, econômicos, regulados ou não regulados, etc); que isso é ruptura, mas também reafirmação do vínculo social um lugar autônomo de regulação e decisão" (RESTA, 2004: p. 107).

Faz-se coro à idéia, como sói acontecer em uma sociedade que prima pelo respeito à normatividade democraticamente construída, do "direito em si mesmo" de Agnes Heller, para quem "na sociedade moderna, o serviço [estatal de solução de conflitos] é substituído pela rede de deveres (obrigações) e direitos [...] em reciprocidade simétrica" (HELLER, 1999: p. 22), consubstanciado em três tipos de direitos: lei estatutária (legal), o direito ao desenvolvimento de nossa personalidade (ao lado do direito à nossa própria concepção de bom) e, como corolário dos Estados modernos pós-revoluções liberais, "o direito tal como é incorporado na Constituição"(HELLER, 1999: p.23), de que se reclama efetiva aplicabilidade nas chamadas Esferas Pública e Privada.

É que, conforme afirma Boaventura de Souza Santos, é possível buscar-se outras dimensões "das exigências cosmopolitas da reconstrução do espaço-tempo da deliberação democrática [...] dc um novo contrato social" (1999: p. 60), até porque os conflitos deste século XXI não podem mais "confinar-se ao espaço-tempo nacional estatal e [pois] deve incluir igualmente os espaços-tempo local, regional e global" (1999: 60), ainda que tal situação de novo tipo não se assente em distinções rígidas entre Estado e sociedade civil, em seus aspectos sociais, econômicos, culturais e, especialmente, *entre público e privado.*

Realmente, como esclarece Richard Rorty (1994), se os escritos referentes à *autonomia privada* conduziram a indagações acerca do significado do "que é ser um ser humano" e da "natureza humana" como "algo profundo dentro de nós" – na esteira dos pensamentos de Heidegger, Foucalt, Kirkegaard, Nietsche, Baudelaire, Proust e Nabokov – as teorias sobre o papel da *esfera pública* ajudou-nos na viragem de substituição da verdade pela liberdade, conduzindo a uma comunidade humana mais justa e livre mas que, por outro lado, nos leva à indagação do que vem a ser "habitar uma sociedade crítica e democrática do século XX e qual o papel do homem" (Rorty menciona, na direção que indica, os ensaios de Dewey, Habermas, Marx, Mill, Rawls e de Popper).

Ademais, nas palavras do mesmo Rorty (1994: p. 16), deve-se desenvolver estudos numa "perspectiva filosófica de maior grau de compreensão que nos permitisse abarcar a autocriação e a justiça, a perfeição privada e a solidariedade humana numa única visão", se traduzindo na tentativa de se fundir o público e o privado, de modo a se ofertar resposta à pergunta de Platão: "porque é que ser justo é do interesse de cada um".

Com efeito, a partir do constitucionalismo pós-segunda guerra mundial, criaram-se novas condições de atuação de Homens e Mulheres do Viver do Mundo no Espaço Público, em que o Estado pode conviver com interesses, organizações não-estatais e *soluções autônomas apresentadas pelos próprios Indivíduos*, na tentativa de reconstruir a tensão entre democracia e a ordem jurídica assentada no capitalismo em sua feição redistributiva e participativa, em que o Estado possa atuar e se dedicar ao programa de implementação de direitos fundamentais da Vivência como a Segurança, a Saúde, a Educação, o Planejamento Familiar, à Criança, ao Adolescente e aos Idosos, segundo o Projeto Político de uma dada comunidade jurídica historicamente situada e lastreado na Constituição Democrática.

A elevação do grau de conhecimento dos direitos e garantias fundamentais presentes no texto constitucional, e que confluem para efetiva aplicabilidade do Princípio da Dignidade e da Solidariedade, podem resultar na estruturação de uma outra e requisitada Autonomia Privada, dotando-a de duplo caráter: fiscalizatório-participativo das atividades estatais mas responsabiliatório das obrigações assumidas no contexto de uma esfera privada libertada das amarras tradicionais da sanção e castigo.

Neste sentido, há estreita ligação entre *responsabilidade* e *autonomia*. Por um lado, explica Laurence Thomas, "nenhum indivíduo pode ser autônomo, se carece de capacidade de reconhecer que é responsável por seus atos; por outro, cada indivíduo, a reconhecer a responsabilidade dos seus atos, exerce em parte sua autonomia de agir" (THOMAS, 2007: p. 144).

A partir destas considerações, no capítulo seguinte vão-se enunciar os fundamentos teóricos estruturadores de uma ao mesmo tempo nova e velha fórmula resolutiva das contradições e dos interesses contrapostos dos Sujeitos de Direitos – a Mediação Processualizada fundada na Autonomia da Vontade Privada Legal e Responsável – um conjunto de regras democráticas disciplinadoras do agir em um Mundo permeado de significados díspares e plurais.

Mas, antes disso, uma rápida apresentação das hipóteses legais das chamadas "resoluções extrajudiciais de litígios" presentes na ordem jurídica brasileira, exclusive a Mediação, pois esta será objeto de considerações no capítulo 3.

2.1. Resolução extrajudicial de litígios: hipóteses legais

Pode-se apontar, de primeiro, a Lei de Arbitragem brasileira nº 9307/1996, de âmbito nacional, autorizadora da resolução de litígios de natureza patrimonial em grau definitivo, pois faz coisa julgada material, vale dizer, resolve de definitivamente as controvérsias envolvendo pessoas de direito privado e, em algumas hipóteses, de direito público (nas licitações, por exemplo). A mencionada lei admite a inserção, nos contratos em geral, da cláusula compromissória ou, não estando prevista, a instalação da arbitragem pela via comum do Compromisso Arbitral. A decisão daí advinda equivale a um título executável nos mesmos moldes que as sentenças e acórdãos prolatados pelo poder judiciário.

O Código Civil brasileiro, a seu turno, pela regra do artigo 840, prevê que "é lícito aos interessados prevenirem ou terminarem o litígio de natureza patrimonial mediante concessões mútuas", estabelecendo dois tipos de transação, isto é, *i)* transação extrajudicial, de natureza contratual e que pode constituir-se título extrajudicial se adotada a forma de escritura pública ou documento particular assinado pelo devedor e duas testemunhas ou, ainda, se referendados pelo Ministério Público, pela Defensoria Pública ou pelos Advogados dos transatores e *ii)* a transação judicial, no qual a controvérsia instalada em juízo é finalizada com resolução de mérito, ocasião em que se reveste da clássica conciliação.

A conciliação também é admitida nos chamados "Juizados Especiais Cíveis" criados a partir de 1995 no Brasil para julgamento das causas de menor complexidade, estas entendidas sob o aspecto econômico da ordem de US$ 14.000,00 (quatorze mil dólares), aproximadamente, nos juízos instalados nos Estados que compõem a federação brasileira, ou US$ 20.000,00 (vinte mil dólares), para as causas de interesse da União Federal em tramitação perante os órgãos que compõem a justiça federal, de âmbito nacional.

3. Mediação Processualizada: contornos teórico-constitucionais

A Mediação, vista sob as vestes constitucionais e principiológicas e moldada segundo requisitos normativo-operacionais da legislação infraconstitucional brasileira, afigura-se uma tentativa séria de resposta à solução concreta e efetiva dos conflitos intersubjetivos sob a ótica da autonomia e responsabilidade da ação humana em uma sociedade democrática, não fechada, em que "os indivíduos são confrontados com decisões pessoais", como diria Karl Popper, e que por isto mesmo estão aptos a superar o que este mesmo autor chamou "tensão da civilização".

A Mediação que se defende neste artigo, todavia, é aquela que aqui se denomina de "Mediação Processualizada fundada na Autonomia da Vontade Privada Legal e Responsável", a qual repousa na observância dos princípios constitucionais da Liberdade com Dignidade em Contraditório, da Isonomia, da Ampla Defesa, do Acesso e Exercício ao Direito, do Direito ao Advogado e da Duração Razoável dos Procedimentos de Solução de Controvérsias.

Com a Mediação sob a ótica aqui proposta, pretende-se deixar de lado a atribuição pura e simples de responsabilização do tempo por males ocultos e que se apresentam na via tradicional, ainda que legítima, de tramitação processual perante os órgãos de Estado, o qual a seu turno é chamado a afastar os males da chamada "crise de cooperação" entre os Sujeitos da Vivência, no âmbito das relações jurídicas privadas e públicas, solvendo não só litígios sobre os considerados "direitos disponíveis", mas também, como novidade do Projeto de Lei nº 8046/2010 – reformador do Código de Processo Civil brasileiro – envolvendo a solução consensual no âmbito administrativo: o mencionado Projeto de Lei prevê, inclusive, a celebração de termo de ajustamento de conduta com os órgãos e entidades da administração brasileira, conforme art. 156, uma novidade no direito brasileiro.

E assim é porque, como dissemos em outra oportunidade, "A Mediação se apresenta... como fonte de obrigações, fruto da vontade das partes... os litígios solucionados à luz da intermediação ou mediação *lato sensu* e da mediação *stricto sensu*, como aqui denominamos as variadas formas alternativas de solução de controvérsias, trazem, em seu bojo, uma grande e maior possibilidade de serem naturalmente adimplidos, considerando a <u>autoridade</u> dos participantes do procedimento, vale dizer, as próprias partes em dissídio". (TAVARES, 2002: p. 79 e 135).

Por ser um procedimento adaptado às necessidades das partes *"é mais provável que os acordos obtidos por via de mediação sejam cumpridos voluntariamente e preservem uma relação amigável e estável entre as partes"*, como afirmado pelo considerando de número 6, da mencionada Diretiva 2008/52/CE do Parlamento Europeu e do Conselho, de 21 de Maio de 2008.

O procedimento resolutivo, assim estruturado, contribui efetivamente para que os sujeitos, individuais e coletivos, se vejam como co-responsáveis não só pela formulação de soluções de seus problemas no campo privado e administrativo mas como responsáveis pela implementação do consenso surgido após a etapa discursiva e democraticamente estruturada e com duração razoável do procedimento, resolvendo os conflitos em grau de definitividade.

Ao demais disto, em razão da autonomia e do grau de confiança existentes entre sujeitos participantes, iniludível que a "Mediação Processualizada" pode resultar em ganhos de economia de escala, financeiro, de tempo, e de dispêndio da máquina pública judiciária, deixando esta última para cuidar de conflitos de natureza penal ou quando a opção à jurisdição for aquela adotada pelos interessados.

É se acreditar, pela submissão dos conflitos intersubjetivos à procedimentalidade delineada pela "Mediação Processualizada", a ampliação do grau de esclarecimento dos indivíduos que compõe uma comunidade jurídica de falantes e ouvintes em uma dada Esfera Privada e Pública, em razão do conhecimento dos elementos que compõe a realidade subjetiva. Sabendo-se que o Sujeito do conflito pode falar e contradizer a fala do Outro (Princípio Constitucional do Contraditório), apresentar as argumentações que lhe aprouver em defesa de suas teses (Princípio Constitucional da Ampla Defesa), que ele se encontra em grau Isonômico de fala e de interpretação em face do Outro e que terá condições de conhecer do Direito formatador da solução do conflito, a partir destes pressupostos, não há dúvida que os Sujeitos da Vivência passam a efetivamente e com responsabilidade exercitar o Direito a ter Direitos.

Por fim, na medida em que a "Mediação Processualizada" se estrutura segundo princípios constitucionais cuja roupagem é de direito fundamental aplicável às relações individuais tradicionalmente listadas no campo do Direito Privado, põe em xeque a velha dicotomia direito público/direito privado, especialmente a partir da constitucionalização das linhas fundantes da normatividade, tanto estatal quanto privada, advindas da instituição do modelo teórico-normativo do Estado de Direito Democrático na pós-modernidade.

Assevere-se, em remate, que o Preâmbulo da constituição brasileira, nesta mesma linha de coerência define como norte a Vida Digna estruturador de uma "Sociedade fraterna, pluralista e sem preconceitos, fundada na harmonia social e comprometida, na ordem interna e internacional, com solução pacífica de controvérsias (...)", em mais uma contribuição hermenêutica apta a demonstrar a viabilidade teórica do presente estudo.

No capítulo seguinte vai-se estudar a Mediação Processualizada sob uma ótica eminentemente técnica, a partir dos mecanismos de sua operacionalidade introduzidos pelo Projeto de Lei nº 8046/2010, reformador do Código de Processo Civil brasileiro, em debate no Parlamento.

4. A Mediação e suas Características no Projeto de Lei Reformador do Novo Código de Processo Civil Brasileiro

Seguindo a dinâmica do painel temático do Congresso onde se fez a apresentação do presente artigo, como antes se deu notícia, passar-se--á a discorrer acerca da Mediação como espécie normativa direcionada à autocomposição de litígios tal como prevista na lei reformadora do Código Processual Civil, atualmente em debate no Parlamento brasileiro.

Acrescente-se que a Mediação, como se vem discorrendo ao longo deste artigo, é um instituto jurídico autônomo e, por isto mesmo, dotado de eficácia normativa que independe de homologação por órgão judicial, inclusive por que pode assumir a roupagem de título executivo. Logo, afasta-se a Mediação do formato de uma antiga e hoje inconcebível "solução alternativa de controvérsias" pois ela, em sendo autônoma e independente *não se afigura alternativa à jurisdição*, antes caracteriza-se por ser uma concreta e legal opção dos Sujeitos apta em solver conflitos, tanto quanto os demais procedimentos que têm a mesma finalidade, inclusive aquele que se desenvolve perante os órgãos judiciais.

4.1. Das características legais da Mediação e dos conciliadores e mediadores judiciais

Na busca de uma uniformização conceitual quando se fala em Mediação, pode-se sem dúvida inseri-la no contexto das chamadas "Soluções Autocompositivas de Controvérsias", campo em que se pode acrescentar também a transação, a conciliação e a arbitragem, como se descreveu no capitulo 2.1 e, como novidade no direito processual brasileiro reformado, as respectivas projeções introduzidas no Projeto do Novo Código de Processo Civil (art. 346 a 351).

Cabe destacar, entretanto, que o referido Projeto de Lei procurou estruturar o Novo Código de Processo Civil dotando-o de uma "Parte Geral" em direta vinculação aos princípios constitucionais do Devido Processo, e nesta parte, criou o Livro I intitulado "Das Normas Processuais Civis". No referido Livro, em título único, o legislador reformador alinhavou as chamadas *Normas Fundamentais e Aplicação das Normas Processuais*, nas quais se afirma que "o processo civil será ordenado, disciplinado e interpretado conforme as normas e os valores consagrados na Constituição da República Federativa do Brasil" (art. 1º.).

É dentro deste núcleo principiológico-constitucional vinculativo para todos os demais artigos do Novo Código (art. 1º) que se constata o *mandamento* ao Estado no sentido de promover a autocomposição como <u>meio preferencial</u> para a solução dos conflitos (art. 3º, § 2º), como corolário lógico do direito fundamental "das partes obterem em prazo razoável a solução integral do mérito" (art. 4º), aí incluída a Mediação como uma das atividades procedimentalmente estruturadas em nível cooperativo entre as partes (art. 8º), rumo à solução satisfativa do litígio pela via da transação (art. 498, III).

A eficácia irradiante às demais normas processuais promanada pela Parte Geral, resultou, todavia, na redução da envergadura e do significado da Mediação como forma preferencial na solução dos conflitos, pois submeteu-a à orientação do órgão judicial possivelmente retirando o grau de autonomia do instituto: a opção do legislador da novel codificação procedimental civil foi o de juntar o ofício de mediadores e conciliadores judiciais no quadro dos "agentes auxiliares do juízo", ao lado do escrivão, do chefe de secretaria, do oficial de justiça, do perito, do depositário, do administrador, do intérprete, do tradutor, do partidor, do distribuidor, do contabilista e do regulador de avarias (art. 130 e 147 a 157), não obstante classificá-los, no Livro III, entre os Sujeitos do Processo.

Na mesma Seção VI que tratou dos "conciliadores e mediadores judiciais" o referido Projeto de Lei nº 8046/2010 criou "Centros Judiciários de Solução de Conflitos e Cidadania" os quais serão "responsáveis pela realização de sessões e audiências de conciliação e mediação" e, também, no "desenvolvimento de programas destinados a auxiliar, orientar e estimular a autocomposição", sob as *diretrizes gerais* do **Conselho Nacional de Justiça** (órgão de controle administrativo do judiciário brasileiro) que publicará tabelas de remuneração dos mencionados auxiliares, indicará os requisitos a serem exigidos para a existência de um "cadastro de conciliadores e mediadores" e das "Câmaras Privadas de Conciliação e Mediação", estes últimos em conjunto com os Tribunais, podendo o concurso público ser adotado para o preenchimento das vagas dos ocupantes do referido cadastro (art. 149 e 151).

Em mais um dado pouco usual na direção regulatória das atividades da Mediação, sobretudo, e da Conciliação pelos órgãos judiciais, o Tribunal as regulamentará, ainda, quando forem realizados como trabalho voluntário (§ 1º do art. 151) e poderá excluir do cadastro os conciliares e mediadores que atuarem em desacordo as regras deontológicas definidas pelo art. 155. O Projeto também coloca sob o controle dos órgãos judiciários os casos de impedimento e impossibilidade temporária de atuação de conciliadores e mediadores, como se pode ver pela redação dos artigos 152 a 154.

Como a fugir um pouco da regulação pelos órgãos judiciais e, portanto, em linha com a autonomia privada das partes – mais consentânea com as características do Instituto da Mediação, mais adiante descritas – o conciliador e mediador escolhido pelos litigantes *poderá ou não* estar cadastrado junto ao tribunal (parágrafo 1º, do art. 150), hipótese que não alcança, todavia, as Câmaras Privadas de Conciliação e Mediação, não obstante o caráter privado destas, em um evidente contra-senso, sem dúvida, especialmente quando o §2º do art. 151 alude à situações em que tais Câmaras realizarão audiências não remuneradas destinadas ao processamento dos casos em que foram deferidas "gratuidade de justiça como contrapartida de seu credenciamento".

O Projeto, como se vê, cuidou de disciplinar a *atuação* dos mencionados "agentes auxiliares do juízo". Mas, afinal, qual o significado da Mediação e da Conciliação?

Em princípio, pode-se dizer que tanto a Mediação quanto a Conciliação são entendidas como um processo de resolução de conflitos através do qual uma ou ambas as partes modificam as suas exigências até alcançarem um compromisso aceitável para elas. A negociação advinda do diálogo é componente de qualquer meio de resolução alternativa de conflitos, inclusive a Mediação, mas difere desta, pois pode não haver a presença de um terceiro.

4.2. Da Mediação: primeiras notas e apontamentos teórico-procedimentais

Por ser um instituto jurídico ainda pouco estudado no Brasil, ao contrário do que acontece no cenário europeu e no estadunidense, optou-se neste ensaio por tratar especificamente de uma das formas de "autocomposição de conflitos", no caso a *Mediação*, não só em razão da novidade de sua introdução em um Código Processual Civil brasileiro provavelmente reformado, mas também porque é mais adequada a sua utilização nas diversas situações em que esteja presente um conflito entre pessoas (inclusive de direito público interno e externo), como é o caso da mediação familiar, mediação em conflitos de vizinhança, mediação penal (Estados Unidos, Portugal) e, agora pelo Projeto do Novo Código de Processo Cijvil, no processo administrativo, caso seja o mesmo aprovado pelo Parlamento.

De resto, pode-se dizer que existe um conjunto de princípios e técnicas transversais atinentes à Mediação (aplicáveis, a seu turno também à conciliação), tanto assim que o art. 148 do Projeto de Lei ora em estudo acentua que a Conciliação e a Mediação são informadas pelos mesmos princípios, isto é, da independência, da imparcialidade, da autonomia da vontade, da confidencialidade, da oralidade, da informalidade e da decisão informada, adiante comentados.

4.3. Mediação: definição e características resultantes da possível reforma processual

Tendo em vista os Princípios Processuais constantes da Constituição brasileira (artigo 5º) e da redação do parágrafo 4º, do Projeto de Lei nº

8046/2010, a Mediação Processualizada pode ser conceituada como sendo um *Procedimento Informal de Auxílio às Pessoas a restabelecerem o diálogo e, a partir daí, compreenderem as questões e os interesses em conflito, de modo que possam identificar por si mesmas, alternativas consensuais que gerem benefícios mútuos, sempre tomando com fundamento estrutural o debate livre, aberto e democrático, em bases isonomicamente contrapostas e em contraditório e ampla defesa argumentativa.*

Na elaboração dos contornos da Mediação Processualizada fundada na Autonomia Privada Legal e Responsável aqui exposta, procurar-se-á estruturar um pacto resolutivo de controvérsia intersubjetiva de acordo com o conceito popperiano de *racionalidade crítica*.

Uma atitude racionalista ou uma "atitude da razoabilidade", segundo Karl Popper, é uma "disposição a ouvir argumentos críticos e aprender da experiência", isto é, uma atitude de admitir que "eu posso estar errado e vós podeis estar certos e, por um esforço, poderemos aproximar-nos da verdade", e para isso precisamos de cooperação com auxílio da argumentação. (POPPER: 1987, p. 231).

A *busca do consenso* apontado por Karl Popper passa, necessariamente, pela atitude dos Sujeitos em conflito de "se alcançar alguma espécie de acordo sobre muitos problemas de importância, e que, mesmo onde as exigências e os interesses se chocam, é muitas vezes possível discutir a respeito das diversas exigências e propostas e alcançar um entendimento, em consequência de sua equidade, seja aceitável para a maioria, senão para todos. Em suma, a atitude racionalista, ou, como talvez possa rotulá-la, "a atitude da razoabilidade", é muito semelhante à atitude científica, à crença de que da busca da verdade precisamos de cooperação e de que, com a ajuda da argumentação, poderemos a tempo atingir algo como a objetividade". (POPPER, 1987: p. 232).

Segundo Karl Popper é importante que se faça uma análise cuidadosa das consequências correspondentes às diversas alternativas entre aquelas que se deve optar diante das viscissitudes da Vivência Intersubjetiva, que nos exige a tomada da "consciência das próprias limitações, a modéstia intelectual dos que sabem quantas vezes erram e quanto dependem dos outros, até para esse conhecimento. É a verificação de que não devemos esperar demasiado da razão, de que a argumentação raras vezes resolve uma questão, embora seja o único modo de aprender – não a ver claramente, mas a ver mais claramente do que antes" (POPPER, 1987: p. 235).

A partir desta exposição, a Mediação Processualizada passa pelas seguintes características:

a) fora da esfera do controle pelos órgãos judiciários por ocasião da tramitação procedimental dos litígios, à vista da leitura que se pode fazer dos art. 147 a 154, do Projeto do Novo Código de Processo Civil, a Mediação é aplicável tradicionalmente, no Brasil, aos chamados "Direitos Disponíveis", isto é, aqueles bens e direitos que admitem transação e que se constituem na esfera patrimonial do seu titular.

Renova-se, contudo, a importante observação que o referido Projeto reformador, pela letra do art. 156, instituiu a possibilidade de solução consensual de conflitos no âmbito administrativo envolvendo os entes da federação de todas as esferas da Administração Pública, inclusive por intermédio de "Câmaras de Mediação e Conciliação", do que resulta que se ampliaram as hipóteses de solvência de quaisquer conflitos, a exigir, entretanto, novos instrumentos normativos considerando as cuidados que se devem observar quando presentes os denominados Interesses da Coletividade ou Interesse Público.

b) a Mediação tem caráter "Confidencial", vale dizer, todas as questões tratadas pelo procedimento não podem ultrapassar os muros da controvérsia e da linguagem e os interesses privados dos envolvidos, estando o mediador e demais membros da sua equipe jungidos ao dever de sigilo;

c) é um procedimento "Voluntário", de modo que as pessoas que pretendam resolver suas controvérsias adotam-no de forma livre, sem quaisquer ingerências ou determinações de quem quer que seja. É esta, aliás, a expressa recomendação constante do § 3º, do art. 147, do Projeto de Lei nº 8046/2010;

d) ainda que se coloquem interesses antagônicos em debate, em juízo ou fora dele, a Mediação se reveste de uma roupagem *não adversarial*, isto é, os envolvidos estão desarmados do "espírito guerreiro", talvez próprio das lides forenses, já que todos estão imbuídos de chegarem a um denominador comum, que seja de soluções convergentes. Para tanto se fazem presentes, como elementos estruturais do agir resolutivo, os princípios constitucionais do Contraditório e da Ampla Argumentação como garantia da realização de um diálogo em bases de Isonomia e Dignidade da Pessoa.

e) a Mediação tem mais uma importante característica, qual seja, a "participação ativa e direta das partes", que, sabedoras de suas limitações e dos exatos contornos da controvérsia, têm um alto grau de influência na condução do acordo a que se procurará chegar.

f) a Mediação Processualizada, ao contrário da clássica situação presente nos litígios prolongados em Tribunais, propicia o restabelecimento do diálogo entre as partes, algo extremamente valioso especialmente quando estão envolvidos interesses de incapazes, que não podem ser olvidados por ocasião das rupturas das sociedades conjugais, por exemplo, à vista do contido no artigo 227, da Constituição brasileira, que estatui o Princípio do Melhor Interesse do Menor".

4.4. Mediação como técnica normativa-resolutiva de conflitos: princípios estruturantes

Para que a Mediação possa se desenvolver regularmente de modo a alcançar resolução definitiva das controvérsias, faz-se necessário observar algumas *técnicas negociais*, as quais, uma vez empregadas, podem resultar em um alto grau de satisfação e de alcance prático na solvabilidade de conflitos sem, inclusive, ofender o dever de imparcialidade como, aliás, previsto no parágrafo 3º, do art. 148, do Projeto reformador do Código de Processo Civil brasileiro.

Essas técnicas negociais são as seguintes:

a) *plenos poderes das partes* como consequência da autonomia privada da vontade – um dos princípios da Mediação a que alude o já mencionado Projeto. Assim, os envolvidos mantêm poder decisório: *i)* quanto ao desenrolar da Mediação, vez que estão autorizados a definirem as regras procedimentais norteadoras e *ii)* quanto ao fundo das questões objeto do diálogo resolutivo;

b) a solução da controvérsia é *sempre consensual*, pois isso preserva o respeito mútuo e a cooperação atual e no futuro;

c) *informação* completa e total de todos os fatos que envolvem as situações conflituosas, de modo que as partes devem perceber exata-

mente o que se passa, e isso sem intermediários, ainda que estejam acompanhadas por seus advogados o que, aliás, é sempre recomendável;
d) *mediador* como um terceiro independente e que não decide, antes apresenta sugestões de resolução do conflito, extraídas das próprias partes;
e) *confiança e confidencialidade* como corolário da técnica procedimental da Mediação provocadora de solução "ganha-ganha" e, ao demais disso, reveladora da preocupação com a convivência futura (para além do acordo!);
f) *conhecimento dos elementos componentes dos conflitos*, utilizando-se da técnica de *i)* saber comunicar (sem diálogo, não há comunicação possível nem solução racional para os problemas), *ii)* saber ouvir (metas e intenções não compreendidas levam sempre a uma resolução sem sucesso) e *iii)* saber perguntar (quem pergunta conduz a conversa).

4.5. Fases ou estágios do procedimento da Mediação Processualizada

Não obstante a informalidade ser também uma característica da Mediação – o Projeto do novo Código de Processo Civil a denomina de princípio informador –, é possível estabelecer um plano procedimental expresso em <u>fases</u> ou <u>estágios</u> para se chegar à obtenção de um resultado satisfatório para as partes, a saber:

a) *fase preliminar ou introdutória do procedimento*: caracterizada pelos contatos iniciais entre o mediador e as partes, nos quais se estabelecem algumas premissas como *i)* o direito de cancelar ou interromper o procedimento e de se fazer quaisquer questionamentos, *ii)* o compromisso dos interessados com o próprio procedimento da Mediação e sua natureza consensual e voluntária e, *iii)* a duração das sessões de mediação, de modo que as partes tenham a noção exata do tempo despendido para o exame das situações em contraste;
b) *ingresso do mediador no conflito e estabelecimento de regras*, entre as quais, os princípios informadores da mediação; qual o papel histórico de atuação do mediador e seu compromisso com a neutrali-

dade e imparcialdade e, por último, a informação de que vai observar, sempre, a <u>regra única</u> e mais importante do procedimento: *uma pessoa fala de cada vez;*

c) *identificação dos temas a serem resolvidos,* de modo a se fazer a separação das pessoas e dos problemas, a concentração nos interesses (e não nas posições individuais de cada participante) e, ao final, a construção conjunta de uma agenda;

d) *estabelecimento de padrões objetivos,* procurando-se excluir preconceitos de ordem subjetiva, distantes dos fatos, bens e números concretos;

e) *criação colaborativa de alternativas, opções e critérios hipotéticos,* direcionados a produzir benefícios mútuos;

f) *evolução e comparação de alternativas,* e, após, o estabelecimento de um compromisso de parte a parte, em que se respeitará o combinado; e

g) *conclusão do acordo total ou parcial sobre a substância do conflito,* com o oferecimento de um plano de implementação do acordo e monitoramento de seu cumprimento, configuradora da <u>decisão informada</u> prevista no Projeto de Lei sob comento (art. 148).

A transação ou acordo assim operados põe <u>fim definitivo ao litígio</u> e atinge-lhe o mérito, em que se poderá adotar o formato de título executivo extrajudicial nos moldes do atual Código de Processo Civil brasileiro (art. 585, inciso II) ou a norma correspondente no Projeto de Lei do Código que se pretende reformar (art. 810, incisos II e ou IV).

Considerações Finais

Os conflitos e as situações litigiosas podem e devem ser resolvidos pelos Sujeitos envolvidos diretamente na disputa, utilizando-se da via democrática e autônoma da Mediação Processualizada porque, além de resolver em grau de definitividade as controvérsias da Vivência entre Seres, é, de igual sorte, preservadora do respeito mútuo e das relações entre as pessoas.

Pela tradicional saída das longas tramitações perante os órgãos estatais da jurisdição, normalmente referidos conflitos, ainda que respeitados os ditames do Devido Processo Legal, resultam em *soluções de adjudicação*, vez que o bem da vida pretendido na disputa judicial é entregue a um "vencedor", sem falar nas situações em que a angústia do tempo atordoa mas não refina as frustrações advindas da insolubilidade prática, pela ausência de estruturas estatais aptas a viabilizar as portas de entrada e saída do chamado "Acesso à Justiça".

Ao demais disso, a avalanche de litígios em tramitação nos tortuosos e às vezes insondáveis caminhos das "causas em Tribunal" na maioria das vezes resulta no aprofundamento da ruptura das relações sociais e exacerba-se o conflito pela utilização dos vários recursos ainda que previstos constitucionalmente e, também na maioria das vezes, procede-se à execução do julgado, em novas e infindáveis situações perturbadoras.

A Mediação Processualizada, nos moldes definidos neste artigo, ao invés, propicia e mantém o equilíbrio das emoções e do próprio conflito e de autonomia do seu procedimento, revestindo-se, pois, *de um alto grau de legitimidade*, à vista da participação direta e ativa das partes. Longe de uma atuação muitas vezes fria e distante dos inúmeros órgãos do Estado, a Mediação propicia a participação do conjunto da sociedade ou da comunidade a que pertencem os interessados.

O Processo e o Procedimento da Mediação são conduzidos pelo princípio da autonomia da privada e responsável, sobretudo, por um diálogo estruturado em bases isonomicamente democráticas pautadas pelo Contraditório e pela Ampla Defesa dos argumentos, e em respeito à Dignidade da Pessoa Humana. Por isso mesmo, os resultados que daí advirão se traduzem em uma muito maior probabilidade de se ter a exata noção da complexidade do conflito e de toda a sua dimensão, muitas vezes parcialmente conhecida no transcorrer da ação judicial.

A Mediação Processualizada constitucional e procedimentalmente estruturada segundo os estágios, as técnicas e características expostas ao longo deste artigo, é capaz de estabelecer uma relação horizontal entre as partes, com igualdade, respeito mútuo e em razão da observância da "regra de ouro" – uma pessoa fala de cada vez – propicia uma atmosfera de cooperação com a continuidade de ligação social entre os sujeitos envolvidos e resulta em altíssimo grau de adimplemento voluntário das obrigações assumidas.

Ao invés de "alternativa", autocomposição de litígios; acordo em lugar de "acórdão exequendo". Um pouco de indisciplina ou de transdisciplina é preferível à muitas vezes rígida disciplina judicial. Por fim, ao contrário da "imposição das obrigações de fazer ou de pagar quantia certa", a informalidade, o consentimento, a confidencialidade e a composição.

Em remate, no campo da técnica, o Projeto de Lei do Novo Código de Processo Civil brasileiro, caso seja aprovado, procura disciplinar a atuação de mediadores e conciliadores sob os olhares excessivamente reguladores do Estado-Juiz, o que pode engessar uma atividade tradicionalmente célere em face da informalidade que lhe é inerente.

Contudo, a reforma processual traz novidade alvissareira ao introduzir a preocupação com o desenvolvimento de programas destinados a auxiliar, orientar e estimular a autocomposição, mas só a sua operacionalidade prática ao longo do tempo é que se concluirá se o referido Projeto de Lei, uma vez aprovado, nos aspectos aqui considerados, alcançará a meta de se promover a autocomposição como meio preferencial para a solução dos conflitos, como pretendido na Parte Geral do novo Código de Processo Civil.

E se, mesmo com a Mediação, o resultado não for alcançado?

"Se não houver frutos, valeu a beleza das flores.
Se não houver flores, valeu a sombra das folhas.
Se não houver folhas, valeu a intenção da semente"
(HENFIL, *poeta brasileiro*)

Referências

CITTADINO, Gisele. *Pluralismo, direito e justiça distributiva: elementos da filosofia constitucional contemporânea*. 3ª ed. Rio de Janeiro: Lumen Juris, 2004. DIMOULIS, Dimitri e MARTINS, Leonardo. *Teoria geral dos direitos fundamentais*. São Paulo: RT, 2008.

GHIRCA, Maria Francesca. *Strumenti alternativi di risoluzione della lite: fugal dal processo o dal diritto?* (Riflessioni sulla mediazione in occasione della publicazione della Direttiva 2008/52/CE). In: Rivista di Dirrito Processuale 2009.

GOYARD-FABRE, Simnone. *Os princípios filosóficos do direito político moderno*. São Paulo: Martins Fontes, 1999.

GUSTIN, Miracy e DIAS, Maria Tereza Fonseca. *(Re)Pensando a pesquisa jurídica*. Belo Horizonte: Del Rey, 2006.

HABERMAS, Jurgen. *Direito e Democracia entre facticidade e validade*. Volume II. Rio de Janeiro: Tempo Brasileiro, 2003.

HABERMAS, Jurgen. *Mudança Estrutural da Esfera Pública*. Rio de Janeiro: Tempo Brasileiro, 2003.

HABERMAS, Jurgen. *A Inclusão do Outro: Estudos de Teoria Política*. São Paulo: Loyola, 2002.
HABERMAS, Jurgen. *A Era das Transições*. Rio de Janeiro: Tempo Brasileiro, 2003.
HARVEY, David. *Condição pós-moderna*. São Paulo: Loyola, 2006.
HELLER, Agnes. *Uma crise global da civilização: os desafios futuros*. In: "A crise dos paradigmas em ciências sociais e os desafios para o século XXI". 1ª reimpressão. Rio de Janeiro: Contraponto-Corecon-RJ, 1999.
HERMANY, Ricardo. *(Re)discutindo o espaço local: uma abordagem a partir do direito social de Gurvitch*. Santa Cruz do Sul: IPR/Edunisc, 2007.
HESPANHA, Antonio Manoel. *O Caleidoscópio do Direito. O Direito e a Justiça nos Dias e no Mundo de Hoje*. Coimbra: Almeida, 2007.
HESPANHA, Antonio Manoel. *Panorama Histórico da Cultura Jurídica Européia*. 2ª ed. Portugal: Publicações Europa America, Ltda, 1998.
Revista Sub Judice nº 37: *Justiça Restaurativa*. Coimbra: Almedina, Dez./2006.
MATA-MACHADO, Edgar de Godói. *Direito e coerção*. São Paulo: Unimarco, 1999.
MARTINS-COSTA, Judith (org). *A reconstrução do direito privado: reflexos dos princípios, diretrizes e direitos fundamentais no direito privado*. São Paulo: RT, 2002.
NEVES, A. Castanheira. *A crise actual da filosofia do direito no contexto da crise global da filosofia: tópicos para a possibilidade de uma reflexiva reabilitação*. Coimbra: Coimbra, 2003.
NEVES, Marcelo. *A constitucionalização simbólica*. São Paulo: WMF-Martins Fontes, 2004.
NORONHA, Fernando. *O direito dos contratos e seus princípios fundamentais: autonomia privada, boa fé, justiça contratual*. São Paulo: Saraiva, 1994.
POPPER, Karl Raimund. *A Sociedade Aberta e Seus Inimigos*. Volume I. Tradução de Milton Amado. Belo Horizonte: Editora Itatiaia, 1987.
POPPER, Karl Raimund. *A Sociedade Aberta e Seus Inimigos*. Volume 2. Tradução de Milton Amado. Belo Horizonte: Editora Itatiaia, 1987.
POPPER, Karl Raimund. *O Mito do Contexto. Em defesa da ciência e da racionalidade*. Lisboa: Edições 70, 1993.
POPPER, Karl Raimund. *Conhecimento Objetivo: uma abordagem evolucionária*. Tradução de Milton Amado. Belo Horizonte: Ed. Itatiaia, 1999.
POPPER, Karl Raimund. *A Lógica das Ciências Sociais*. São Paulo: Cultrix, 1999.
POPPER, Karl Raimund. *A Lógica da Pesquisa Científica*. São Paulo: Cultrix, 2008.
RESTA, Eligio. *O Direito Fraterno*. Santa Cruz do Sul. Edunisc, 2004.
RICOEUR, Paul. *O Justo 1: a justiça como regra moral e como instituição*. Tradução Ivone C. Benedetti. São Paulo: WMF Martins Fontes, 2008.
RORTY, Richard. *Contigência, ironia e solidariedade*. Lisboa: Editorial Presença, 1994.
SARLET, Ingo Wolfgang. "Mínimo existencial e direito privado: apontamentos sobre algumas dimensões da possível eficácia dos direitos fundamentais no âmbito das relações jurídico-privadas". IN: TEIXEIRA, Anderson Vichinkeski e LONGO, Luiz Antonio. (coord.) *A constitucionalização do direito*. Porto Alegre: Sergio Antonio Fabris, 2008.
SANTOS, Boaventura de Souza. *Reinventar a democracia: entre o pré-contratualismo e o pós-contratualismo*. In: "A crise dos paradigmas em ciências sociais e os desafios para o século XXI". 1ª reimpressão. Rio de Janeiro: Contraponto-Corecon-RJ, 1999.

–, *A crítica da razão indolente: contra o desperdício da experiência*. Vol. 1: Para um novo senso comum: a ciência, o direito e a política na transição paradigmática. 4ª ed. São Paulo: Cortez, 2002.

TAVARES, Fernando Horta. *Mediação e Conciliação*. Belo Horizonte: Mandamentos, 2002.

TAVARES, Fernando Horta (coord). *Constituição, direito e processo: princípios constitucionais do processo*. Curitiba: Juruá, 2007.

TAVARES, Fernando Horta. "Acesso ao direito, duração razoável do procedimento e tutela jurisdicional efetiva nas constituições brasileira e portuguesa: um estudo comparativo". IN: MACHADO, Felipe Daniel Amorim e CATTONI DE OLIVEIRA, Marcelo Andrade. *Constituição e processo: a contribuição do processo ao constitucionalismo democrático brasileiro*. Belo Horizonte: Del Rey/IHJ, 2009.

TEPEDINO, Gustavo. *Problemas de direito civil-constitucional*. Rio de Janeiro: Renovar, 2000.

THOMAZ, Laurence. "A autonomia da pessoa". IN: CANTO-SPERBER, Monique. *A inquietude moral e a vida humana. Tít. Orig. L´inquiétude morale et la vie humaine*. Tradução Nicolás Nyimi Campanário. São Paulo: Edições Loyola, 2005.

Reformas Processuais Civis e Resolução Alternativa de Litígios

ABDUL CARIMO MAHOMED ISSÁ[1]

As reformas políticas e económicas ocorridas nas últimas décadas, impuseram transformações profundas na estrutura do Estado, desde logo com a independência nacional, em 1975.

Essas transformações ocorreram, a certo passo, dentro duma óptica integral de ruptura do Estado colonial, de redefinição de novas funções do Estado, da sua natureza e do seu papel dentro da nova estratégia de desenvolvimento.

O Sistema da Administração da Justiça, dentro dos poderes do Estado, não ficou imune ao entrosamento de factores políticos, económicos e sociais, de que é exemplo a Lei da Organização Judiciária, de 1978.

Apesar da Lei nº 12/78, de 2 de Dezembro, regulamentar uma nova estrutura e composição dos Tribunais Populares, não se lhe seguiu, de forma estruturada e sistémica, as reformas processuais que se impunham ao novo modelo de organização. As reformas das principais leis estruturantes do Sistema da Administração da Justiça só acontecem a partir do ano 2000, desta feita, sob a égide da nova Lei Orgânica do Poder Judicial e dentro dum novo figurino constitucional quanto à natureza do Estado e à independência dos poderes.

Moçambique instituiu os Mecanismos Alternativos para Resolução de Conflitos, pela primeira vez, em 1999, para litígios de qualquer natureza, salvo os que por lei especial devam ser submetidos exclusivamente ao tri-

---

[1] Presidente do Conselho de Arbitragem do CACM.

bunal judicial ou ao regime especial de arbitragem não revogado; e os que respeitem a direitos indisponíveis ou não transacionáveis. Isto é, aplicáveis apenas a diferendos de natureza comercial ou empresarial.

A partir daqui, paulatinamente, as reformas que se seguiram, não restritas às processuais civis, foram invadindo áreas antes respeitantes a direitos indisponíveis ou não transacionáveis às partes, como as resultantes das relações laborais, dos contratos administrativos, responsabilidade civil contratual ou extracontratual da administração pública ou dos titulares dos seus órgãos, acidentes de viação, processos de falência e de insolvência, resolução de contratos de arrendamento e infrações criminais de pequena gravidade (ofensas corporais, furto e danos).

Deste modo, Moçambique juntou-se à voz dos que acreditam que as preocupações qualitativas com o sistema de administração da justiça reclamam um descentrar de soluções, e que a resposta à situação de precariedade identificada no domínio da justiça não está certamente no incremento da oferta situada na justiça convencional, materializada nos tribunais comuns.

A complexidade das sociedades modernas constitui um novo paradigma, pelo que o Direito deverá adquirir suficiente plasticidade para intervir com prontidão, oportunidade e previsibilidade num mundo onde a diversidade tende a ser a regra.

Em vez de se propor soluções unívocas, o sistema deve oferecer respostas plurais e propor soluções diferentes para fazer face à conjuntura da crise na justiça dentro da diversidade promovida pela complexidade das sociedades em que vivemos. E essas soluções passam necessariamente por dar respostas mais maleáveis por parte do sistema da justiça, tendo em vista ir ao encontro das novas realidades.

É neste quadro que os meios alternativos de resolução de conflitos ganham permeabilidade, traduzindo uma mudança qualitativa no processo de reformas em Moçambique e não limitada apenas ao domínio do processo civil. Os mecanismos alternativos de resolução de conflitos, constituem, assim, uma proposta diferente tendo por relação o modelo clássico de administração da justiça.

Minhas Senhoras e Meus Senhores:

É certo que a constitucionalização do direito privado, apesar de pouco debatido até ao momento, nos leva a uma reflexão sobre as contradições existentes entre a autonomia privada e o interesse público. A esse propósito, se questionou, se a renúncia ao juiz natural em benefício de um tribunal privado violaria o direito fundamental de acesso a justiça assegurado constitucionalmente? Um Congresso Internacional sobre o tema, promovido pela Associação Andrés Bello, permitiu uma reflexão transversal, pluridisciplinar e prospectiva sobre a visão da relação entre valores colectivos e liberdade individual na sociedade contemporânea, concluindo, que a intersecção entre o direito público e privado é um movimento mundial crescente (a partir da década dos anos 60 e com um grande desenvolvimento na década de 80 da América Latina, África e Ásia)[2] que não retira a efectividade dos mecanismos alternativos de resolução de conflitos; pelo contrário, traz benefícios no tocante à protecção dos direitos fundamentais.

No mesmo diapasão a Constituição da República de Moçambique aponta igualmente para esse caminho ao colocar no Capítulo da Organização dos Tribunais, os tribunais arbitrais e os tribunais comunitários.

Neste contexto, em Moçambique, os mecanismos alternativos de resolução de conflitos têm sido implementados em diversos contextos, formais e informais, apresentando permanentemente propostas de pacificação social, fundamentadas no diálogo, na intercompreensão e na implicação dos sujeitos na construção de soluções pacíficas para os conflitos que vivenciam.

Foi reconhecendo a importância da forma como, tradicionalmente, as comunidades locais, nos seus mais variados sistemas jurídicos, escritos e não escritos, entregavam a resolução das suas disputas a terceiras pessoas, reputadas, imparciais e reconhecidas (verdadeiros antecedentes da mediação, conciliação e arbitragem) e o seu contributo para a paz social, que a Carta Magna da República de Moçambique, em 2004, fez consagrar no Título I dos Princípios Fundamentais o reconhecimento do pluralismo jurídico na sociedade moçambicana.

---

[2] Ver dados estatísticos em anexo.

Minhas Senhoras e Meus Senhores:

O sistema de justiça necessita de reformas profundas na sua natureza, na sua estrutura e nos seus procedimentos e que vão fundo nas causas da sua ineficiência, de forma descomplexada, sem hesitações ou receios, sem estereótipos ou modelos pré-concebidos.

Tal não significa que o sistema de justiça, em Moçambique, tenha sido descurado: foi o que se foi fazendo ao longo das últimas duas décadas, através de abundante legislação que alterou os códigos fundamentais, os processos e as orgânicas. Foi também o que se tentou fazer, gradualmente, com a mudança profissional e material: separação de carreiras, recrutamento e formação de magistrados e oficiais de justiça, novos tribunais, novos edifícios, aquisição de equipamentos. Apesar do crescimento do sector, do aumento de profissionais e das mudanças materiais, nada disto foi proporcional ao crescimento exponencial da procura da justiça e dos níveis de litigância na sociedade. Em suma, a justiça, terá talvez sido o único sistema colectivo em que não se verificou uma revolução mas sim uma permanente reforma, desde 1990.

Se os mecanismos alternativos de resolução de litígios se justificam:

- ✓ pelo colapso que se produziu ante os organismos jurisdicionais civis e penais;
- ✓ pelo sentimento crescente de respostas plurais e soluções diferentes para novas realidades;
- ✓ pela incapacidade intrínseca do sistema poder assegurar a todos o acesso à justiça,

então, a modernização dos sistemas jurídicos e da administração da justiça há-de fazer-se, não só, no sentido de se garantir o reforço da independência do poder judicial, da sua credibilidade, previsibilidade, eficiência, agilidade e oportunidade, mas também, no sentido de se garantir um sistema de administração de justiça assente na institucionalização de um modelo diversificado com meios alternativos de oferta de justiça.

Tornou-se, por isso, inadiável começar uma reforma que progrida para a construção de um sistema em que a administração da justiça haverá de ser caracterizada por maior acessibilidade, multiplicidade, diversidade, informalidade, comunicabilidade, participação, visibilidade, responsabilidade e reparação effectiva.

É nesta abertura, que combine instâncias judiciais e não judiciais, que novos meios de prevenção e diferentes modalidades de superação de conflitos ganham espaço próprio, ao mesmo tempo que as expressões organizativas da sociedade civil são convocadas para acrescentar à sua maior exigência cívica, a responsabilidade de uma nova e verdadeira protagonização na realização quotidiana e concreta da justiça.

ANEXO

DÉCADA DE 60

EUA

Civil Rigths Act, de 1964 que passou a ajudar a conciliação de desavenças raciais e outras da comunidade, nos EUA.

No início da década de 90, encontravam-se em funcionamento 1.200 programas de ADR com a participação de governos locais, estaduais e federais.

Em mais de 200 escolas de administração de empresas, se incluiu matéria referente a ADR nos cursos de licenciatura e pós-graduação.

Das 175 faculdades de Direito mais de 150 possuem cursos sobre a matéria.

Um inquérito realizado em Março de 1992, promovido pelo *National Institute for Dispute Resolution*, dá conta que os americanos que recebem informação sobre as características e vantagens sobre a mediação, 62% dos inquiridos prefeririam aceder à sua utilização antes de recorrerem aos tribunais.

A PARTIR DA DÉCADA 80

Peru, Bolívia, Colômbia, Paraguai e **Uruguai** os MARC são responsáveis pela resolução de mais de 70% das questões laborais, de família e diferendos comerciais.

Argentina, o sucesso da conciliação levou o legislador a impor a obrigatoriedade da tentativa de conciliação antes de submeter-se uma questão ao tribunal.

Bolívia, 67% das queixas criminais tiveram origem nas relações comerciais. A solução das questões comerciais, por outros mecanismos que não os judiciais, contribuíram para a redução da criminalidade que origina.

Colômbia a reforma judicial de 1989 fortaleceu a conciliação judicial e extrajudicial. No judicial criou um espaço próprio em matéria criminal com respeito aos delitos que admitem a desistência da acção penal; instituíu a audiência de conciliação obrigatória nos processos cíveis, ordinários e sumários; estabeleceu a conciliação nos processos de contencioso administrativo; abriu espaço para a conciliação nos processos de falência; impôs a conciliação nos processos agrários. As cifras dizem que a percentagem de êxito da conciliação na Colômbia supera os 70% nas questões de família e 77% nas questões laborais.

Perú a mediação judicial dos juízes de paz atingem 63% de sucesso pela via da conciliação; a reforma processual de 1993 instituíu a instância de conciliação obrigatória no processo civil.

Uruguai, a reforma da lei processual de 1989 fixou a audiência de conciliação obrigatória dentro do processo ordinário. 35% dos casos em disputa se resolvem na primeira audiência de conciliação.

Chile, os dados estatísticos de 1991 indicam que a mediação dos assistentes sociais permitia chegar a um acordo em 40,7% dos casos.

Austrália, em 1991 a mediação passou a fazer parte de um processo judicial.

Ásia é o continente que detém longa tradição em privilegiarem-se soluções baseadas na negociação. A conciliação e a mediação são sistematicamente usadas e com grande sucesso. No caso da **China**, a aversão ao processo judicial levou ao grande desenvolvimento daqueles meios, estabelecendo-se mesmo os chamados Comités Populares de Mediação.

Europa, mais conservadora de todos os continentes no uso dos meios alternativos de resolução de conflitos, estes estão a tornar-se mais difundidos, com alguma diferença entre os países da *Common Law* e os restantes países.

Nos países da **Civil Law**, salvo algumas excepções, de uma forma geral, não existe legislação ou institucionalização deste tipo de mecanismos, havendo mesmo algum cepticismo quanto ao seu sucesso. Não obstante, deve ser referido que o uso de cláusulas de mediação nos contratos é prática corrente na maioria desses países.

Quanto ao **Continente Africano** cabe lembrar que, tradicionalmente, as comunidades locais entregavam a resolução das suas disputas a terceiras pessoas que normalmente eram pessoas mais velhas, chefes ou mesmo reis reputados como imparciais e pessoas reconhecidas. Comparados com os sistemas de resolução de disputas existentes hoje em dia, tais sistemas são considerados os antecedentes da mediação e conciliação e mesmo, em alguns casos, da arbitragem.

Moçambique, a instituição da Comissão de Mediação e Arbitragem Laboral (COMAL), criada em 2009, permitiu que:

1. De Abril a Dezembro de 2010, dos 7.913 pedidos de mediação foram alcançados 5.000 acordos entre as partes, 849 ficaram pendentes e foram emitidos 2064 certidões de impasse. Nesse ano reduziu-se em 62,5% o número de litígios de natureza laboral submetido aos tribunais.

2. Em 2011 foram objecto de mediação 8.862 pedidos dos quais em 5960 alcançaram acordos definitivos entre as partes, 592 ficaram pendentes e foram emitidas 2.310 certidões de impasse. Nesse ano, reduziu-se em 67% o número de litígios que deram entrada nos tribunais.
3. Em 2012 foram submetidos 8.847 pedidos, dos quais 6.357 alcançaram acordos definitivos, transitaram para o ano seguinte 985 pedidos, tendo sido emitidos 1505 certidões de impasse. Deixaram de dar entrada nos Tribunais Judiciais 71.5% de processos.

Quando iniciámos a elaboração da Lei nº 11/99, em 1997, existiam no Tribunal Supremo, 13.000 processos laborais em apreciação há mais de 5 anos.

O Direito Humano à Água

GILDO ESPADA[1]

Introdução

Nota-se, de forma interessante, que muita atenção tem sido dada ao direito à saúde como um direito humano e, como complemento ao primeiro, atenção é também dada ao direito à alimentação. Faz muito sentido que assim seja e, aliás, como nota Stephen McCaffrey[2], este não é um facto novo, uma vez que a Declaração Universal dos Direitos do Homem já normava nesse sentido[3]. Por isso mesmo, durante muito tempo o direito à água era visto como parte integrante do direito à alimentação, do direito à saúde e principalmente, do direito à vida.

Presentemente, o cenário é diferente. A autonomização do direito humano à água, já uma realidade, deveu-se à necessidade do reconhecimento explícito deste direito, pelo papel fundamental que a água exerce na vida das pessoas. De igual modo, olhar para o direito humano à água como corolário de outros direitos não permitia aos Estados implementar políticas relacionadas com a exploração sustentável de recursos naturais às quais se tinham vinculado.

---

[1] Professor e Diretor Adjunto da Escola Superior de Direito do ISCTEM.
[2] STEPHEN C. MCCAFFREY, *A Human Right to Water: Domestic and International Implications*, 5 Geo. Int'l Envtl. L. Rev. 1 1992-1993, p. 2.
[3] Vide Artigo 25 da Declaração Universal dos Direitos Humanos, G.A. Res. **217**, U.N. Doc. A/64 (1948).

Com o crescimento populacional, o desenvolvimento das cidades e o desenvolvimento industrial, a tendência para uma maior competição em relação ao acesso à água a nível interno, e a competência pelos recursos hídricos transfronteiriços, entre outros motivos, levou a que surgisse uma maior competição pela água entre os países, com a consequente discussão da problemática da água.

Assim, a discussão sobre direitos humanos e disponibilidade de água está entre as questões que mais tem chamado atenção em quase todo o mundo, nos últimos anos. O nexo entre desenvolvimento, a existência de água e direitos humanos, reconhecido desde os tempos mais remotos, explica o porquê de este ser um problema global. O facto é que a água é um elemento indispensável para a vida. De igual modo, o desenvolvimento social e económico, depende, em grande medida, da existência de água. É um facto, por exemplo, que os maiores índices de pobreza e doenças estão ligados à regiões com escassez de água. Por isso, quanto maior o desenvolvimento, maior a necessidade de disponibilidade de água. Estes factos fazem com que mesmo nos locais onde a água foi sempre vista como reconhecidamente abundante, se começasse a assistir a uma pressão cada vez maior sobre os recursos disponíveis e, eventualmente, a escassez.

Por estes motivos, o crescente reconhecimento da água como questão central e fulcral para a materialização dos direitos contidos na declaração universal dos direitos do Homem, assim como na Convenção Internacional sobre direitos económicos, sociais e políticos, emergiu.

Neste artigo, pretendemos discutir e analisar o conceito de direito humano à água. Procuraremos analisar direitos humanos e a questão da água, e estabelecer a ligação entre ambos. Para tal, uma análise de resoluções e declarações das várias conferências e fóruns sobre a noção de água como um elemento básico, até à conceptualização da água como direito humano será feita. Analisaremos por isso, a evolução dos direitos humanos, com enfoque para a questão da água.

1. A evolução do direito humano à água

A água e todas as questões sócio-jurídicas a ela conexas, torna-a um bem jurídico não só indispensável para a vida como também um elemento que, caso não disponibilizado na devida quantidade e qualidade, possa ser invocado para fazer valer as mais diversas situações jurídicas que se levantam em relação às necessidades de garantia de desenvolvimento e de respeito das mais diversas categorias de direitos humanos dos povos. O direito humano à água não é explicitamente reconhecido na Declaração Universal dos Direitos do Homem de 1948 e nem em nenhuma das Convenções sobre Direitos Humanos de 1966, que dela emanaram.[4]

O direito humano à água tem uma história própria, que levou cerca de 30 anos numa evolução lenta que terminou com a declaração do Direito humano à água pela Assembleia Geral das Nações Unidas, por via da Resolução A/RES/64/292.

O reconhecimento da seriedade dos problemas enfrentados pelo sector de águas e as primeiras tentativas para enfrentar tal problema, incluindo a declaração e reconhecimento do direito à água, começam no ano de 1972, aquando da Conferência das Nações Unidas sobre o Meio Ambiente, decorrida em Estocolmo.

Naquela Conferência, a água foi identificada como um recurso natural que devia ser protegido. A declaração de Estocolmo prevê, no seu princípio 2 que "os recursos naturais da terra, incluindo a água, a terra, a fauna e a flora e principalmente as amostras representativas de ecossistemas naturais deveriam ser salvaguardados para o benefício das gerações presentes e futuras, através de um ma gestão e planeamentos apropriados".[5]

Cinco anos mais tarde, em 1977, as Nações Unidas realizaram a Conferência Mundial sobre a água, em Mar Del Plata, na Argentina. Nesta conferência, na qual só foram discutidos problemas de água emergentes, foi aprovado o plano de acção de Mar Del Plata, que continha directivas sobre as melhores formas de enfrentar os problemas existentes no domínio das águas.[6]

O Plano de Acção incluía uma série de recomendações e resoluções sobre uma vasta gama de assuntos ligados à água. De entre as várias ques-

---

[4] International Covenant on Economic, social and Cultural Rights, G.A. Res. 2200, 21 U.N. GAOR Supp. 49. U.N. Doc. A/6313 (1967).

[5] A declaração pode ser encontrada em http://www.unep.org/Documents.Multilingual/Default.asp?documentid=97&articleid=1503, acesso em 24.04.13, 15 horas.

[6] *Vide* Report of the United Nations Water Conference, Mar del Plata, March 14-25, 1977.

tões contidas no plano incluem-se a avaliação dos recursos hídricos; o uso eficiente da água; o meio ambiente, a saúde humana e o controlo da poluição; políticas, planeamento e gestão; e a cooperação regional e internacional.

As resoluções saídas da Conferência são referentes à avaliação dos recursos hídricos; ao fornecimento de água às comunidades; o uso da água para a agricultura; a pesquisa e exploração de águas; as comissões de bacias hidrográficas; a cooperação internacional e as políticas de água nos territórios ocupados.

Na mesma Conferência, e como parte do Plano de Acção saído da mesma, e de forma a manter a chama acesa para as acções que deviam ser cumpridas, foi proclamado o período de 1981 a 1990 como "década do fornecimento de água potável e do saneamento básico", na qual os governos se comprometiam a melhorar o sector de fornecimento de água e saneamento básico.

O debate sobre o direito à água é historicamente ligado a esta conferência. A resolução II sobre " Fornecimento de Água às Comunidades" declarou pela primeira vez que " Todas as pessoas, de todos os estágios de desenvolvimento e condição social e económica, tem o direito de acesso a água potável em quantidade e qualidade equivalente às suas necessidades básicas".[7] A declaração repisou ainda o reconhecimento universal de que a disponibilidade de água é essencial para a vida e para o desenvolvimento das pessoas, como parte integrantes da sociedade.

De forma a garantir o acesso à água, a Resolução propôs que houvesse uma maior cooperação internacional, que incluísse a mobilização de recursos físicos, económicos e humanos "... *so that water is attainable and is justly and equitably distributed among the people within the respective countries.*"[8]

Não há dúvidas que esta resolução representou um verdadeiro marco, particularmente se considerarmos a época na qual foi produzida, um quarto de século antes da aprovação do Comentário Geral nº 15, sobre o direito humano à água. Esta resolução, que referia-se ao "direito à água" e não ao "direito humano à água", pode por isso sem sombra de dúvidas

---

[7] Vide Report of the United Nations Water Conference, Mar del Plata, March 14-25, 1977, U.N. Publication, Sales No. E.77.II.A.12 (1977).

[8] Vide Report of the United Nations Water Conference, Mar del Plata, March 14-25, 1977, U.N. Publication, Sales No. E.77.II.A.12 (1977).

ser apresentada como o ponto de partida para o debate sobre o direito à água, que mais tarde levou ao reconhecimento do que hoje é o direito humano à água.

Outro marco importante que contribuiu para a positivação do direito humano à água foi a referência explícita à necessidade de reconhecimento do acesso à água pelas mulheres, como uma forma de combate à discriminação, pela Convenção Sobre a Eliminação de Todas as Formas de Discriminação Contra Mulheres. A Convenção estabelece um conjunto de objectivos com vista a acabar com a discriminação contra as mulheres e refere explicitamente a água e o saneamento no seu texto. O Artigo 14 (2) (h) da Convenção prevê que: "Os Estados signatários deverão tomar todas as medidas apropriadas para acabar com a discriminação contra as mulheres nas zonas rurais de forma a assegurar, numa base de igualdade entre homens e mulheres, que elas participam e beneficiam do desenvolvimento rural e, nomeadamente, deverão assegurar a essas mulheres o direito: ... (h) a usufruir de condições de vida adequadas, particularmente no que respeita à habitação, saneamento, abastecimento de água e electricidade, transportes e comunicações".

A Convenção Sobre os Direitos da Criança, aprovada em Novembro de 1989, veio dar continuidade à desejável proliferação positiva do direito à água nos instrumentos internacionais. A Convenção refere explicitamente a água, o saneamento ambiental e a higiene. O **Artigo 24 (2)** prevê:

"Os Estados signatários deverão assegurar a implementação integral deste direito e, nomeadamente, deverão tomar medidas apropriadas: ...

c) Para combater a doença e a subnutrição, incluindo no âmbito dos cuidados de saúde primários, através de, entre outras medidas, a aplicação de tecnologias já disponíveis e através da disponibilização de alimentos nutritivos adequados e água potável, tendo em conta os perigos e os riscos da poluição ambiental;...

(e) para assegurar que todos os extractos da sociedade, nomeadamente os pais e as crianças, estão informados, têm acesso à educação e são apoiados no uso dos conhecimentos básicos sobre saúde e nutrição infantil, vantagens da amamentação, higiene e saneamento ambiental e prevenção de acidentes.

E a evolução política, legislativa e normativa à volta da água continuou, na incessante tentativa a nível da comunidade internacional de enfrentar os problemas de água. Uma série de conferências mundiais que se seguiram a partir de então são prova deste facto. Em Janeiro de 1992 teve lugar a Conferência Internacional Sobre água e Meio Ambiente, em Dublin, na Irlanda.

O Princípio 4 da Declaração de Dublin proclama que "a água tem um valor económico em todos os seus usos competitivos e deve ser reconhecido como um bem económico". E em jeito de clarificação, o mesmo princípio prevê que "é vital reconhecer primeiro o direito básico de todos os seres humanos a terem acesso a água limpa e saneamento a um preço acessível". Uma interpretação holística dos Princípios de Dublin leva-nos a concluir que o direito humano à água deve ser garantido a um custo suportável. Desta forma, devemos necessariamente concluir que a proclamação do direito humano à água não significa necessariamente que a água deve ser providenciada a título gratuito. Todavia, em nenhum momento os princípios explicam o que seja "preço acessível" nem sugerem a forma de chegar a tal conclusão.

A Conferência de Dublin foi uma reunião preparatória da Conferência das Nações Unidas Sobre Meio Ambiente e Desenvolvimento, que decorreu no Rio de Janeiro, Brasil, em 1992. A Agenda 21, um dos principais documentos saídos da Cimeira do Rio, contém um programa de acção para o desenvolvimento sustentável que inclui um capítulo inteiro (capítulo 18) dedicado aos recursos hídricos.[9] O objectivo geral relativo aos recursos hídricos traçado pelo capítulo 18 é o de "satisfazer as necessidades de água de todos os países com vista a alcançar o desenvolvimento sustentável dos mesmos". No que diz respeito às necessidades de água e ao direito à água, o capítulo 18 estabelece que "...Os recursos hídricos devem ser protegidos, tendo em conta o funcionamento dos ecossistemas aquáticos e a perenidade dos recursos, em ordem a satisfazer e reconciliar as necessidades de água nas actividades humanas, devendo ser dada prioridade à satisfação das necessidades (humanas) básicas e a protecção dos ecossistemas".[10]

Mais ainda, o Capítulo 18 refere com algum enfoque a Resolução saída da Conferência de Mar Del Plata em relação ao direito de acesso a água potável.

---

[9] Vide Agenda 21, Programa de Acção das Nações Unidas.
[10] Vide *ibidem*, parágrafo 18.

Em Setembro de 1994 teve lugar a Conferência Internacional das Nações Unidas Sobre População e Desenvolvimento, da qual saiu um Programa de Acção que afirma que todos os indivíduos: "Têm direito a um nível de vida adequado para si próprios e para as suas famílias, incluindo alimentação, agasalhos, habitação, água e saneamento adequados."

A preocupação contínua da comunidade internacional em enfrentar os problemas relacionados com os recursos hídricos resultou no estabelecimento, em 1996, do Conselho Mundial de Água[11] e da Parceria Global para a Água.[12] O Conselho Mundial de água foi estabelecido para funcionar como uma antecâmara de discussão dos problemas de água a nível global, enquanto a Parceria Global para a Água foi estabelecida como uma parceria de trabalho entre todas as entidades envolvidas no sector de águas para ajudarem os países a alcançarem uma gestão integrada dos recursos hídricos.

Estas duas instituições foram as protagonistas do trabalho que resultou no Primeiro Fórum Mundial da Água, que decorreu em Marrakech, Marrocos, em 1997, o Segundo Fórum Mundial da Água que decorreu em Haia, na Holanda, em 2000,[13] e o Terceiro Fórum Mundial da Água decorrido no Japão, em 2003.

A Declaração de Marrakech, produzida no Primeiro Fórum Mundial da Água a 22 de Março de 1997 não foi tão eloquente como a Declaração saída das conferências de Mar del Plata, Dublin, ou Rio de Janeiro, no que diz respeito ao direito humano à água. A Declaração de Marrakech simplesmente recomenda acções que visam reconhecer que as necessidades básicas humanas necessitam de acesso a água limpa e saneamento básico.

Uma afirmação idêntica consta na Declaração Ministerial de Haia, que chamou atenção para a necessidade de reconhecimento do acesso à água potável e suficiente e ao saneamento serem necessidades humanas básicas.[14] Pior ainda foi a Declaração Ministerial de Kyoto, que somente

---

[11] Para mais detalhes, vide <http://www.worldwatercouncil.org/>.
[12] Para mais detalhes, vide <http://www.gwpforum.org/servlet/PSP>.
[13] Para mais detalhes, vide <*http*://www.waterlink.net/gb/secWWF.htm>.
[14] *Vide* <http://www.waterlink.net/gb/secwwf12.htm>.

referiu que "...comprometemo-nos a melhorar o acesso à água potável e saneamento básico aos pobres".[15]

Em 1999, a Assembleia Geral das Nações Unidas aprovou a resolução sobre o Direito ao Desenvolvimento.[16] A Resolução afirmou o direito ao desenvolvimento, tal como previsto na Declaração sobre o Direito ao Desenvolvimento, como sendo um direito universal e inalienável, a enfatizou que a promoção, protecção e a realização de tal direito faz parte da promoção e protecção dos direitos humanos, como um todo.

Ainda nos termos da resolução, a materialização do direito ao desenvolvimento, *inter alia*, "o direito à alimentação e à água potável são direitos fundamentais, e a sua promoção constitui um imperativo moral"[17], sendo esta afirmação virtuosa por declarar o direito humano à água de forma objectiva e igualmente por relacioná-lo de forma clara e directa com o direito ao desenvolvimento.

As resoluções, declarações e os planos de acção analisados acima[18] não são juridicamente vinculativas, tanto mais que elas não carecem de assinaturas e ratificações, sendo-lhes reconhecido todavia o impulso que muitas vezes dão para futuras adopção de instrumentos vinculativos, assim como na definição de políticas e princípios em áreas específicas, diferentemente do que acontece com os tratados e convenções devidamente ratificados e considerados válidos nos ordenamentos jurídicos internos dos Estados.

O único tratado que até então aludia ao direito humano à água é a Convenção das Nações Unidas Sobre O Uso dos Cursos de Água para Fins Diversos da Navegação, adoptado pela Assembleia Geral das Nações Unidas a 21 de Maio de 1997.

O parágrafo 1 do Artigo 10 da Convenção, relativa a "relação entre os diversos tipos de usos" prevê que na falta de acordo ou costume contrário nenhum uso de um curso de água internacional goza de prioridade sobre os demais usos.

---

[15] Para mais detalhes, vide <http://www.world.water-forum3.com/jp/mc/md_info.html>.

[16] *Vide* A/Res/54/175 of December 17, 1999.

[17] Idem, parágrafo 12.

[18] Para mais detalhes, vide Salman M. A. Salman, *From Marrakech Through The Hague to Kyoto – Has the Global Debate on Water Reached a Dead End? Part One*, 28 Water International, 491 (2003); and *Part Two*, 29 Water International, 11 (2004).

O Parágrafo 2 do mesmo Artigo estabelece que "Na eventualidade de um conflito sobre usos de um curso de água internacional o conflito deve ser resolvido nos termos dos artigos 5 a 7 da Convenção, devendo ser dada atenção especial às necessidades vitais humanas".

O Artigo 5 da Convenção é referente à utilização equitativa e razoável; o Artigo 6 estabelece os factores que determinam um uso equitativo e razoável e o Artigo 7 é referente à obrigação de não causar dano.

O Artigo 10 da Convenção tem uma história longa, que vem desde os tempos da discussão da proposta a nível da Comissão do Direito Internacional, antes mesmo da adopção dos parâmetros finais da Convenção terem sido adoptados. Apesar de um dos factores determinantes do que sejam um uso equitativo e razoável, nos termos do Artigo 6 ser relativo às "necessidades sociais e económicas dos Estados de bacia", havia a preocupação entre os membros que elaboravam a proposta sobre a ausência de um princípio prioritário sobre a lista dos factores sociais e económicos considerados relevantes. Para resolver esta questão, o Comité sugeriu que, de entre os factores a levar em conta para resolver um conflito entre usos, atenção especial devia ser dada ao fornecimento de água necessária para garantir a subsistência humana, incluindo água potável ou água necessária para a produção de alimentos. Esta explicação foi aceite pelo grupo de trabalho, que acrescentou ao artigo 10 (2) a seguinte declaração de entendimento: Na determinação de "necessidades humanas vitais", atenção especial deve ser dada à disponibilização de água suficiente para a subsistência humana, incluindo água potável e para a produção de alimento para o combate à fome.[19]

Assim, a Convenção de Nova Iorque não alude, de forma directa, ao direito humano à água. Todavia, confirmou o interesse e a preocupação existente em relação às "necessidades humanas vitais", cujo significado e implicações práticas das quais são ainda difíceis de articular.

Todas as Conferências e Fóruns realizados nos anos 1980 e 1990 produziram declarações, resoluções e planos de acção detalhados, dirigidos à procura de soluções para os problemas de água. A mais notável de entre todas foi a Declaração do Milénio das Nações Unidas, aprovada em Setembro de 2000. A Declaração foi adoptada por unanimidade pela

---

[19] Vide *Report of the Sixth Committee convening as the Working Group of the Whole*, April 11, 1997, U.N. Doc.A/51/869, p. 5.

Assembleia Geral das Nações Unidas e foi assinada pelos 147 chefes de Estado e ou de Governo presentes na Cimeira.

A Declaração estabeleceu oito Objectivos de Desenvolvimento do Milénio a serem alcançados até 2015. Esses objectivos incluem reduzir para metade a percentagem de pessoas que vivem sem um acesso sustentável à água potável. A Cimeira das Nações Unidas sobre o Desenvolvimento Sustentável realizada em Joanesburgo em Setembro de 2002 acrescentou um objectivo similar em relação ao saneamento básico.[20]

Para além da Resolução aprovada em 1999 e os Objectivos do Desenvolvimento do Milénio aprovados em 2000, a Assembleia Geral das Nações Unidas adoptou duas outras resoluções sobre águas. Em Dezembro de 2000, a Assembleia Geral aprovou uma resolução na qual é proclamado o ano de 2003 como "Ano Internacional da água (doce)" e mais tarde, em Dezembro de 2003, aprovou outra resolução, referente a "Década Internacional para Acção, 'Água para a Vida' 2005-2015".[21]

Depois de referir-se à Declaração do Milénio e ao Plano de Implementação de Joanesburgo, a Resolução que referimos proclamou o período 2005-2015 como a Década Internacional para Acção, Água para Vida, e estabeleceu que a contagem de tal período começaria no dia Mundial da Água, a 22 de Março de 2005.[22] A mesma Resolução estabeleceu ainda que os objectivos das Década deviam incluir um maior enfoque nas questões ligadas à água, e na implementação de programas e projectos ligados à água.

Entretanto, nota-se claramente em quase todas as resoluções e declarações acima estudadas andaram sempre longe do conceito de direito humano à água. Mas, o debate sobre o direito humano à água volta a ganhar nova dinâmica com a aprovação, em Novembro de 2002, pelo Comité dos Direitos Económicos, Sociais e Culturais das Nações Unidas do Comentário Geral número 15, referente ao direito humano à água.

---

[20] Para mais detalhes, vide <http://www.johannesburgsummit.org>.

[21] Resolução 58/217 (78th Plenary Meeting, December 23, 2003).

[22] A Assembleia Geral das Nações Unidas proclamou a 22 de Dezembro de 1992 por via da Resolução A/Res/47/193, declarar o dia 22 de Março de cada ano como dia mundial da água.

2. O Comentário Geral número 15 – O direito humano à água

O Comentário Geral n. 15 foi aprovado pelo Comité dos Direitos Económicos, Sociais e Culturais na sua vigésima-nona sessão, que teve lugar em Genebra, de 11 a 29 de Novembro de 2002. Este Comentário Geral estabelece o quadro normativo substantive do direito humano à água, numa perspectiva de obrigações exigíveis aos Estados. Sendo certo que o Comentário Geral foi aprovado de forma a reconhecer o direito humano a água de forma geral, é necessário todavia fazer uma análise holística dos temas nele tratado, para que se tenha uma percepção cabal dos objectivos que o mesmo visa alcançar. O Comentário Geral nº 15 estabelece nove obrigações principais, cuja interpretação e deve ser feita por remissão às demais normas nele contidas e que versam sobre os mais diversos aspectos relativos ao direito à água.

As nove obrigações principais são inderrogáveis e têm um efeito imediato.[23] Pela interpretação do Comentário Geral nº 15 como um todo conclui-se que são seis os elementos que podem ser considerados como vinculativos aos Estados no que diz respeito à obrigação de satisfazer o direito à água, nomeadamente:

i. A satisfação de direitos que permitam viver com dignidade.[24]
ii. O direito de qualquer um "a água suficiente, limpa, aceitável, fisicamente e economicamente acessível para fins pessoais e domésticos."[25]
iii. A "garantia de que o direito à água é usufruído sem descriminação e de forma igual"[26]
iv. "O direito de requerer e receber e informações relativas à questões ligadas à água."[27]
v. Obrigações dos Estados a nível interno de respeitar, proteger e cumprir com o direito à água.[28]

---

[23] GC15, parágrafos. 17, 37, 40.
[24] GC15, parágrafos 1 & 11.
[25] *Id.* parágrafo 2.
[26] *Id.* parágrafos 13.
[27] *Id.* parágrafos 12(c) (iv).
[28] *Id.* parágrafos. 21-29.

vi. Obrigações dos Estados a nível internacional de cooperar, de não interferir e prevenir violações feitas por organizações das quais o Estado em questão é membro ou administra.[29]

Nos termos do parágrafo 2 do Comentário Geral nr 15, "everyone is entitled 'to sufficient, safe, acceptable physically accessible and affordable water for personal and domestic uses."
Na alocação da água, o Comentário Geral no. 15 estabelece que deve ser dada prioridade ao direito a água para usos pessoais e domésticos, assim como para prevenir a fome e doenças e ainda a água necessária para satisfazer as obrigações principais previstas em cada uma das Convenções. O Comentário sublinha ainda que a água deve ser tratada como um bem social e económico, e não primariamente como um bem económico (para. 11), referindo o mesmo parágrafo que a satisfação do direito à água deve igualmente ser sustentável, de forma garantir a satisfação das necessidades das gerações presentes e futuras.
O Comentário Geral no. 15 enfatiza ainda a necessidade de cooperação ente os Estados e os actores não estatais.
Podem-se apontar muitas outras virtudes ao Comentário Geral no. 15. Apesar de não proibir a privatização, o Comentário Geral no. 15 exige que a água seja tratada como um bem social, e não necessariamente como um bem económico. De igual modo, prevê que a água não pode ser objecto de desconexões arbitrárias, aumentos de preços astronómicos e não suportáveis, e ainda contaminação do sistema de fornecimento de água que possa perigar vidas humanas. O Comentário Geral nº 15 obriga aos Estados a garantirem uma distribuição equitativa da água para grupos desfavorecidos.[30] De igual modo, o comentário estabelece que, de forma alguma, a água pode ser usada para exercer pressão política e económica às populações.

3. O Direito Humano à Água

O *status* do acesso à água como um direito humano autónomo e separado só volta a ser discutido a nível do Comité de Direitos Humanos das

---

[29] *Id.* parágrafos. 30-36.
[30] Vide parágrafos 22, 23.

Nações Unidas, que aprova a Resolução nº 7/22, de 28 de Março de 2008, que aprova a indicação de um perito independente junto das Nações Unidas para analisar a questão deveres e obrigações relativas ao direito humano à água.

Pouco mais de dois anos depois, e com a apresentação do relatório da perita independente sobre a situação geral do cumprimento do direito humano à água, a Assembleia Geral das Nações Unidas, reunida na sua 108 sessão plenária a 28 de Julho de 2010, reconheceu o direito humano à água como um direito humano essencial para o cabal exercício do direito à vida e dos direitos humanos, por via da Resolução nº A/RES/64/292.

Pelo facto de o mais desenvolvido instrumento que antecedeu à declaração do direito humano à água ter sido o Comentário Geral 15, a interpretação do conceito e conteúdo do direito humano à água extrai-se, em grande medida, daquele instrumento. Na verdade, o CG15 Comentário Geral 15 cristalizou as obrigações legais substantivas das Nações e da Comunidade Internacional, no que diz respeito ao direito humano à água.

Esta demora em declarar o direito humano à água deveu-se por um lado ao receio de os Estados não poderem garantir o direito humano à água e com isto violando o direito internacional, isto porque sendo a água um bem precioso e pela qual todos disputam, incluindo o próprio Estado, este seria um compromisso grande demais a ser assumido.

Deste modo, muitos Estados assim como muitos círculos de negócios, apresentaram várias justificações para que não se declarasse a água como um direito humano básico fundamental, podendo-se indicar aqui algumas dessas razões:

(1) Cria uma responsabilização internacional;
(2) Impede a comoditização da água;
(3) Receio de o mesmo implicar o acesso gratuito à água;
(4) Pode impedir a liberalização ou privatização do sector de águas;
(5) Facilita o embaraço das autoridades públicas;

Por outro lado porque, há o receio por parte de alguns Estados de se criar um demérito à figura dos direitos humanos, na medida em que a proliferação dos direitos pode perigar os já existentes.

Entretanto, parece-nos que tais justificações não são auto-suficientes. Na verdade, tal como já analisado, tais interpretações são fruto de um imperfeito entendimento do preciso conceito e da natureza e objectivos dos direitos económicos e sociais, uma vez que se os receios levantados e atrás indicados fossem reais já estaríamos a assistir situações muito complicadas, uma vez que outros direitos humanos, não menos delicados que o direito humano à água, foram aprovados e reconhecidos sem que tal significasse uma ruptura das relações sociais ligadas a esses direitos, quais sejam o direito à alimentação, à habitação e à saúde, que mesmo tendo sido proclamados há vários anos não tem sido motivo de alteração do Mercado nem de embaraço de entidades públicas e nem privadas, apesar do elevado número de pessoas que continuam sem ter uma casa ou alimentação condigna.

Por outro lado, é preciso levar em conta o facto de o direito humano à água não ser um direito civil, tal como o direito ao voto, que qualquer pessoa pode exigir o cumprimento imediato.

Os direitos económicos são satisfeitos de forma progressiva, de acordo com um quadro programático, que neste caso pode implicar o estabelecimento de metas para a disponibilização de água canalizada para determinado número de pessoas, ou determinadas regiões, de cada vez.

Entretanto, a aprovação do direito humano à água traz consigo inúmeras vantagens para a sociedade, uma vez que permite alcançar certos objectivos que doutro modo dificilmente se conseguiriam. A primeira, tem a ver com o facto de a proclamação do direito humano à água criar um maior sentido de responsabilidade junto dos Estados e Governos, uma vez que sublinha a importância e prioridade que deve ser dada à redução da escassez de água para a satisfação das necessidades básicas das populações, o que se reforçou grandemente em virtude de doravante, com a proclamação do direito, esta ser uma obrigação dos Estados. Em segundo lugar, a declaração da água como um direito humano fundamental permite reafirmar a situação presente e futura, cuja perspectiva é drástica, o que torna a questão da satisfação das necessidades humanas básicas de água, por ser um dever jurídico dos Estados, uma questão prioritária das suas agendas internas e até da comunidade internacional. Em terceiro lugar, porque o direito humano à água é vital para a materialização de outros direitos fundamentais, tais como o direito à vida, à alimentação, à dignidade, etc., e pelo papel primordial que tem na vida das pessoas, é de esperar que se faça um esforço para a materialização do direito humano à água, como forma de materializar vários outros. Por último, com tanta atenção devotada à satisfação do direito humano à água, é suposto que instituições, instrumentos legais e políticas sejam desenhados a curto e médio prazo com vista a garantir a materialização do direito humano a água, o que faz com que este direito ganhe uma nova dinâmica a nível da comunidade internacional.

A opinião por nós formulada tem muito a ver com a necessidade urgente de dar um salto em relação à forma pela qual são vistos os direitos humanos por parte dos Estados, que, apesar de reconhecerem e aceitarem a importância dos mesmos, continuam a fugir à responsabilidade de garantir a sua correcta materialização, de tal sorte que cria-se inclusive alguma confusão em relação à precisa natureza e respectivo papel dos direitos humanos no direito internacional.

Deste modo, com a declaração do direito humano à água, para além do natural cumprimento de que se espera por parte dos Estados, é necessário o urgente monitoramento do cumprimento de tal dever, e o accionamento de medidas que permitam garantir um comprometimento sério por parte dos Estados na satisfação do direito humano à água das populações.

Conclusão

A definição e aprovação do direito humano à água não foi tarefa fácil. Como vimos, o crescimento da população, da urbanização e as mudanças hidrológicas, a degradação ambiental e outros factores que colocaram um maior pressão sobre a água levaram a que a disputa pela água fosse mais acirrada, o que levou a um repensar sobre o acesso a este recurso, que é na verdade um dos recursos naturais básicos para a subsistência do homem.

Tais discussões, iniciadas na década de 1970, arrastaram-se até muito recentemente, tendo sido objecto de várias conferências e fóruns que vacilaram entre declarar a água como um direito humano básico ou um direito humano, sendo neste contexto que foi aprovado o Comentário Geral 15 das Nações Unidas, que reconheceu o direito humano à água e dinamizou as discussões sobre o assunto.

Porque é um facto, hoje em dia, a existência do direito humano à água, proclamado pelas Nações Unidas, procurámos explicar como é que tal direito evoluiu para o contexto actual, e como é que, sendo uma norma vinculativa, deve o mesmo ser interpretado e aplicado a nível dos ordenamentos jurídicos interno e internacionais, incluindo a questão da sua justiciabilidade, factos estes que passam a ser um ónus legal para os Estados de todo mundo.

O Ensino do Direito e Profissões Forenses no Contexto do Processo de Bolonha – o caso de Angola[1]

CARLOS TEIXEIRA[2]

Introdução

O presente trabalho responde ao desafio lançado pelo Professor Doutor Jorge Bacelar Gouveia, para o III Congresso do Direito de Língua Portuguesa reflector sobre o ensino do direito e profissões forenses no contexto do Processo de Bolonha olhando para ele como um elemento de comparação e aprendizagem, para alguém que como eu dedica-se há mais de 23 nos ao ensino e a investigação nesta apaixonante área do conhecimento que é o direito.

Procurando responder cabalmente ao desafio procurei muito sumariamente dissecar o processo de Bolonha, sua origem e propósitos, bem como os princípios que a informam.

Olhando para o contexto em que melhor me movimento, que é o do País que me viu nascer, que é Angola, imediatamente aprestar-me-ei a fazer o enquadramento constitucional do ensino do Direito, ligando-o o princípio do acesso à justiça, a ele intrinsecamente ligado.

E como não há justiça sem direito, também a Constituição de Angola veio reconhecer o importante que para a sua materialização joga o advo-

---

[1] Comunicação Apresentada no III Congresso de Direito de Língua Portuguesa.
[2] Decano e Professor da Faculdade de Direito da Universidade Agostinho Neto.

gado, que enquanto profissional de fora e não só, recebe a sua preparação de base nas instituições de ensino do direito que são as faculdades e ou entidades afins. Neste prisma catalogaremos pelo menos sete funções jurídicas que podem ser exercidas por esses profissionais de direito e que constituíram o foco da minha comunicação.

E como as faculdades constituem unidades orgânicas das universidades, procuraremos também aqui conceptualiza-la nas suas dimensões possíveis. Considerando que inventos como este Congresso são para trocar conhecimentos e saberes concretos, não resisto à tentação de partilhar o meu olhar sobre como o comando Constitucional que consagra o acesso à justiça e ao direito em Angola busca a sua materialização e efectividade em fase da insuficiência de profissionais forenses tendo em atenção a dimensão e as particularidades do País.

O papel das instituições de ensino do direito será nesta minha reflexão chamado a colação, por enquanto não há acesso à justiça e ao direito, consagrado constitucionalmente sem profissionais forenses.

Não resisto à tentação neste meu estudo de ver como a SADC, a organização que pilota o nosso sonho de integração económica regional vê o problema, por enquanto ela não é alcançável sem harmonização jurídica e mobilidade profissional, que começa com a mobilidade de académicos, estudantes, investigadores e até de funcionários das instituições de ensino de investigação.

É aqui constatado que não obstante a importância dos investimentos feitos no sob sector do ensino superior dos Países da região, pelo menos em alguns deles, continuamos falhos no que a eficiência e competitividade diz respeito, também motivado por insuficiência de estudos ou ao menos por falta da sua divulgação.

Apesar desta constatação, não deixarei de partilhar o que acontece com a minha Escola e com o meu País a partir de estudos relativamente recentes feitos por mim e demonstrativos a meu ver do *gap* entre a eficiência e competitividade no processo de ensino e de formação de profissões jurídicas e forenses.

O Processo de Bolonha vai tendo seguidores um pouco, que seja do meu conhecimento, muito pouco para além do Continente Europeu. Assim e embora saiba que tem alguns adeptos convictos neste País que nos acolhe, preferi neste meu trabalho tomar com exemplos duas instituições universitárias do meu País e que mais adiante irei identificar.

Saber se no contexto angolano será ou tem sido um processo bem conseguido, levar-nos-ia a um projecto de pesquisa com bastante trabalho de campo, que o tempo que tive disponível para preparar esta comunicação já não comportaria.

Concluirei a minha apresentação com algumas breves conclusões, que entendo como preliminares e correspondente ao meu actual estado da arte com relação a esse importante assunto que em boa hora o Professor Doutor Jorge Bacelar Gouveia me colocou, ao qual atrevi-me tratar sem deixar de o fazer na perspectiva mais local e regional, sendo certo porém que não tenho simpatias pela solução, principalmente no que toca à redução do número de anos de formação e que reputo debilitadores do processo de preparação de habilidades, do saber fazer e das artes das profissões jurídicas e forenses.

É este o caminho que vos convido a seguir e a acompanhar-me nesta minha apresentação.

No quadro do III Congresso do Direito de Língua Portuguesa, que este ano tem como lema "Justiça, Desenvolvimento e Cidadania", foi-me feito o desafio pelo Senhor Professor Doutor Jorge Bacelar Gouveia de falar do Ensino do Direito e Profissões Forenses no Contexto do Processo de Bolonha.

Aceitei o desafio, mas convicto de que não é um exercício fácil porquanto provenho de uma escola, a Faculdade de Direito da Universidade Agostinho Neto, que não tem simpatia pelo modelo que advém de Bolonha. Ainda assim irei expender o meu olhar sobre o ensino do direito e profissões forenses no contexto do processo de Bolonha.

Importa então e para início de conversa saber *o que é este Processo de Bolonha?*

É pois algo que advém da Declaração de Bolonha, assinada em 19 de Junho de 1999 pelos Ministros da Educação de 29 países europeus que estiveram reunidos na cidade italiana de Bolonha.

Pretenderam os ministros com esta declaração efectuar uma mudança no domínio das políticas públicas ligadas ao ensino superior dos países signatários e a partir dela construir um **espaço comum europeu de ensino superior**.

Na base desse instrumento, os países signatários comprometeram-se a promover reformas nos respectivos sistemas de ensino.

A declaração assinada em 1999 potencia a educação como uma importante alavanca para o desenvolvimento sustentável das sociedades que se pretendem tolerantes e democráticas, como é apanágio do modelo europeu.

Mas qual é então o valor da Declaração de Bolonha?

Sendo certo de que não estávamos perante um tratado internacional, os governos dos países que firmaram a declaração, comprometem-se a reorganizar os sistemas de ensino superior nos termos dos princípios dela constantes.

Os Princípios de Bolonha

Quais eram então os Princípios e Objectivos da Declaração de Bolonha?

Como objectivo principal os 29 países signatários tem como propósito elevar a competitividade internacional do sistema europeu do ensino superior, desenvolvendo acções que o tornem atractivo ao nível mundial, tal como as suas tradições culturais e científicas.

Para atingir esse objectivo estabeleceram determinados princípios a saber:

    1. Promoção entre os cidadãos europeus a empregabilidade e a competitividade internacional do sistema europeu do ensino superior.

    2. Estabelecimento de um sistema de créditos transferíveis e acumuláveis (ECTS), comum aos países europeus, de modo a promover a mobilidade mais alargada dos estudantes.

    3. Adopção de um sistema assente em três ciclos de estudos:
- **1º Ciclo**, com a duração mínima de três anos que confere o grau de licenciado, comporta entre 180 a 240 créditos (ECTS);
- **2º Ciclo**, com a duração de um ano e meio a dois (em casos excepcionais de um ano), que confere o grau de mestre, após a obtenção de entre 90 a 120 créditos, num mínimo de 60 créditos;
- **3º Ciclo** Conducente ao grau de doutor.
- Constam dos princípios a implementação de um **suplemento ao diploma**;
- Promoção da mobilidade académica de estudantes, professores, investigadores e pessoal administrativo, com o propósito de reconhecer e valorizar os períodos passados num contexto europeu de investigação, de ensino e de formação, sem prejuízo das especificidades dos respectivos direitos estatutários;

- Promoção da cooperação europeia na avaliação da qualidade, tendo em vista o desenvolvimento de critérios e metodologias comparáveis;
- Promoção das dimensões europeias do ensino superior, domínios como:
  a) desenvolvimento curricular;
  b) cooperação interinstitucional;
  c) mobilidade de estudantes, docentes e investigadores;
  d) programas integrados de estudo, de formação e de investigação.

O projecto desencadeado com o Processo de Bolonha tinha ou tem como objectivo a reorganização do processo formativo em base de novos valores: as competências e não só os conteúdos, bem como as aprendizagens, para além do simples ensino.

A participação e o envolvimento de todos os actores implicados, para além das aulas, estudos e exames.

As unidades de créditos, conhecidas pelo acrónimo, ECTS e o suplemento ao diploma vêm dar um outro sentido a formação, dando-lhe uma outra densidade, levando a formação para além da preocupação com a obtenção de um grau académico, ou título. Pretende-se pois que o processo de formação corresponda à aquisição de conhecimentos, competências e habilidades justificativas da equação ensino/aprendizagem.

O Ensino do Direito e o Acesso a Justiça na Constituição da República de Angola

A actual Constituição da República de Angola, consagra no seu artigo 79º o direito ao ensino, cabendo ao Estado promover o acesso a ele bem como estimular a participação de outros agentes particulares na sua efectivação.

A carta magna consagra ainda o acesso ao direito e à justiça no seu artigo 195º, por via da ordem sócio-profissional respectiva, ou seja a ordem dos Advogados, a quem incumbe neste âmbito a assistência jurídica, o patrocínio forense em todos os graus de jurisdição, nos termos regulados pela investigação ordinária.

A própria Constituição, considera a advocacia uma instituição essencial à justiça e por esse facto incumbe ao Estado a provisão de meios financeiros para a sua concretização.

Com toda a importância que se reconhece ao direito na vida em comunidade e na justa composição dos litígios que possam emergir, cabe as universidades e em especial as faculdades de direito, a formação dos juristas em geral e em particular dentre estes, aqueles que hão de se dedicar a advocacia.

O Advogado

O advogado é como já vimos um jurista, profissional liberal, licenciado em direito, autorizado por instituições com competência bastante para exercer a *jus postulandi*, ou seja, a representação dos legítimos interesses dos seus clientes em juízo ou fora dele, quer seja entre si ou diante do Estado.

Estamos pois diante de um profissional e de uma profissão, que representa também um múnus público, dito doutro modo um encargo público, que não sendo embora o agente do Estado, constitui como já vimos uma **instituição essencial à administração da justiça**[3].

A advocacia que, permite o exercício de pelo menos sete função jurídicas a saber:

1. Assessoria jurídica (interna ou externa, em que se inclui o apoio as negociação)
2. Consultoria jurídica (externa ou interna)
3. Procuradoria jurídica
4. Auditoria jurídica
5. Controlo jurídico
6. Planeamento jurídico
7. Ensino jurídico

Desde a longínqua idade média que a formação do jurista e em especial do advogado, com as valências que acabamos de escalpelizar, é responsabilidade das universidades, em especial das Faculdades de Direito.

É neste prisma que devemos questionar – nos se o ensino que é ministrado responde as necessidades desta profissão e no contexto concreto de Angola?

---

[3] Vide, artigo 193º da Constituição da República de Angola.

Os advogados que hoje formamos têm a clara percepção da mundividência em que se insere?

Durante o seu processo de formação e aprendizagem, as disciplinas que integram o plano curricular preparam-no para decisão, para a resolução do caso concreto ou para a lide?

Passados 38 anos desde a independência de Angola e mais do que **34 anos de ensino do direito**[4], parece-nos capital que ministramos e dos títulos académicos que outorgamos.

Devemos a meu ver aferir se outorgamos títulos bastantes do ponto de vista material para atender as necessidades do exercício da profissão de advogado em Angola, num contexto de integração regional e de mercado global.

Estas e outras questões podem e devem ser respondidas em fóruns como este e pela Ordem dos Advogados de Angola, a nossa associação socioprofissional com a autonomia que se lhe reconhece.

A liberalização do ensino universitário e o surgimento de novas universidade públicas, sendo embora uma resultante da necessidade imperiosa do nosso desenvolvimento como País, não está livre de constituir uma fonte de perigos próprios destes processos e relativamente aos quais toda a sociedade e em especial os profissionais do direito, mas em particular os advogados não podem deixar de oferecer a merecida e empenhada atenção.

Actualmente, o País conta com 18 universidades, das quais 7 são públicas e 11 privadas.

Destas, 14 ministram cursos de direito, sendo 8 privadas e 6 públicas.

Este cenário de expansão, obriga-nos a proceder a uma avaliação cautelosa do papel das faculdades de direito na formação do advogado.

É uma avaliação que reputo fundamental, em defesa do comando constitucional que consagra o acesso ao direito e a justiça, e do próprio mercado da advocacia, que não estando entretanto saturado, estamos mesmo longe disso; mas que em face da disparidade da formação e preparação oferecida, vai aprofundar a disparidade no mercado profissional.

Esta nossa abordagem e chamada de atenção não pode ser entendida como limitativa ao ensino do direito, mas tão só percebida como um

---

[4] A Faculdade de Direito da Universidade Agostinho Neto, comemora em 15 de Agosto.

sinal a quase indiferenciação das licenciaturas hoje ministradas por um corpo docente sem as necessárias credenciais académicas e científicas, a adequada preparação pedagógica, programas curriculares desajustados a realidade angolana e regional e conteúdos programáticos desactualizados.

Por outras palavras, pretendemos dizer que o ensino do direito, pelo papel que lhe esta reservado na formação de juristas e dos advogados em especial, não pode ser deixado ao saber de flutuações circunstanciais.

A avaliação e a reflexão que proponho é a meu ver capital, digo uma vez mais, porquanto a maior ou menor qualidade do ensino do direito ministrado nas várias faculdade do País, terá as suas consequências no acesso ao direito e a justiça, no exercício da advocacia e sobre a vida jurídica dos angolanos.

Nesta perspectiva proponho a elaboração de regras e ou princípios para a abertura de faculdades de direito e ensino da ciência jurídica balizados no rigor e seriedade, assentes na preparação académica e científica e pedagógica do corpo docente, adequação dos planos de estudo e actualidade dos conteúdos programáticos.

O que é a universidade?

A universidade é uma instituição social com uma missão civilizatória e responsável perante a sociedade e a cultura.

Nesta perspectiva, cabe a ela introduzir as dimensões subjectivas e simbólica no dia-a-dia da sociedade.

Pelo que fica aqui dito nesta, tentativa de definição da universidade, deve essa instituição académica por excelência ter a necessária abertura para a sociedade em que se insere e lhe dá sustentação, indo para além do Estado, do mercado, família e movimentos sociais.

Esta apaixonante instituição a que chamamos universidade agrega os seus vários corpos com responsabilidade de operacionalizar o papel que a ela cabe em sociedade, porquanto sendo aquela por excelência uma instituição de conhecimento científico, deve dar resposta a problemas concretos.

O Acesso a Justiça e ao Direito na Constituição da República de Angola – Um olhar entre a Previsão dos Comandos Constitucionais e a Realidade

A constituição da República de Angola consagra no seu artigo 29º o acesso ao direito e tutela jurisdicional efectiva, ao estabelecer que tal acesso é a todos assegurados para a defesa dos direitos que se lhes assiste, bem como dos interesses legalmente protegidos independentemente da condição económica.

Nesta perspectiva constitucional, a todos deve igualmente ser assegurado a informação e consulta jurídicas, o patrocínio judiciário, bem como o direito de se fazer acompanhar por advogado perante qualquer autoridade.

Como operacionalizar o Comando Constitucional de Acesso ao Direito e Tutela Jurisdicional Efectiva?

O País é hoje servido por 775 advogados[5] territorialmente divididos dos seguintes modo:

    Bié – 1
    Bengo – 1
    Benguela – 19 (15 Benguela e 4 Lobito)
    Cabinda – 14
    Cunene – 1
    Luanda – 703
    Luanda – Norte – 1
    Malange – 3
    Huambo – 16
    Huila – 10
    Namibe – 3
    Uige – 1
    Kuanza-Sul – 2

Este número de causídicos pode responder a demanda de 16.000.000 de habitantes do País divididos ao nível de Províncias em:

    Bengo – 315.000
    Benguela – 670.000

---

[5] Para estabelecer uma comparação e considerando a devida proporção, dados da Ordem dos Advogados do Brasil apontam para a existência de 713 000 advogados.

Bié – 1.200.000
Cabinda – 170.000
Cunene – 230.000
Huambo – 1.000.000
Huila – 800.000
Luanda – 6.000.000
Lunda-Norte – 250.000
Malanje – 700.000
Namibe – 85.000
Uige – 500.000
Kuanza-Sul – 610.000

Ainda que aos 775 advogados façamos o acréscimo de 1878 advogados estagiários, os resultados não são nada animadores[6] como veremos a seguir.

O Papel das Faculdades de Direito na Redução da Carência da Assistência Judiciária ao Cidadão

O País conta hoje com 18 universidades cujas faculdades de direito preparam profissionais para o exercício de profissões de matriz jurídica.
Destas, 7 são públicas[7] e 8 privadas[8].
Considerando que todas elas juntas não estão ainda capazes de fornecer quadros juristas para colmatar as enormes necessidades do país, há que encontrar soluções para os problemas que a sociedade nos coloca, ou seja assistência jurídica e judiciária a todos os cidadãos que dele careçam independentemente da sua condição económica.

---

[6] Média de 0,16% de causídicos para Angola inteira.
[7] Universidade Agostinho Neto, Universidade 11 de Novembro, Universidade José Eduardo dos Santos, Universidade Mandume Ya Ndemufayo, Universidade Kinpa, Universidade Lweji Akonde e Universidade Katiavala Buila.
[8] Universidade Católica de Angola, Universidade Jean Piaget, Universidade Lusíada de Angola, Universidade Independente de Angola, Universidade Metodista de Angola, Universidade Gregório Semedo, Universidade Óscar Ribas e Universidade de Belas.

Considerando apenas as 13 províncias actualmente servidas com a prestação destes profissionais do direito e considerando a sua população constatamos uma proporção de 0,6 advogados para 12.530.000 habitantes e a escala nacional 0,4 advogados para 16.000.000 de habitantes.

Estes dados são a meu ver, verdadeiramente desoladores, se consideramos que com o alcance da paz em 2002 e com a reconstrução de infra-estruturas, o País vem desenvolvendo uma nova dinâmica económica e social que demandam cada vez mais a assistência jurídica e judiciária aos cidadãos e as entidades empresariais que intervenham no mercado e na sociedade em geral.

A dinâmica da interacção social e económica impõe tal intervenção aprioristicamente, no seu decurso, mas também no momento em que o conflito ou a controvérsia se instala.

É pois perante este cenário, que temos que operacionalizar o comando constitucional que consagra o acesso a justiça e as direito. O que fazer então?

Parece-me ser aqui que as universidades e os universitários, em particular aqueles que nas faculdades de direito se preparam para o exercício de profissões de matriz jurídica podem jogar um importante papel na redução da carência da assistência jurídica e judiciária aos cidadãos.

No quadro da relação que deve existir entre a universidade e a sociedade, bem como no âmbito da necessidade de oferecer uma valência mais prática e mais intimamente ligada a realidade, as faculdades de direito, no quadro de uma cadeira de práticas jurídicas e judiciais ou através da abertura nestas instituições de clínicas jurídicas ou clínicas legais, poderíamos nelas envolver estudantes do 4º e 5º anos necessariamente acompanhados por docentes e ou advogados em trabalho "pro--bono", prestando a assistência jurídica e judiciária naqueles domínios e matérias que se compaginem com a previsão do estatuto da Ordem dos Advogados de Angola.

Este caminho, certamente que não proporcionará a resolução "in totum" do problema da assistência jurídica e judiciária ao cidadão, mas reduzir, comprometendo ainda mais e desde o processo formativo, a universidade com a sociedade que a acolher e com a resolução de problemas concretos.

Como a SADC encara o Problema?

O Plano Estratégico Indicativo de Desenvolvimento Regional da SADC, projecta alguns indicadores quanto ao índice de ingresso no ensino superior com naturais consequências também para as instituições de ensino de profissões jurídicas e forenses.

Nos termos do citado documento não obstante os consideráveis investimentos, a região não explorou ainda a totalidade desse potencial. Tal situação acarreta sérias implicações para o desenvolvimento da região, no que a competitividade diz respeito, se considerarmos que a formação ao nível superior joga um importante papel na economia global baseada no conhecimento.

Questões como os custos por unidade de educação e de formação superior na região por falta de dados actualizados, não nos permitem fazer uma abordagem comparativa quanto aos níveis de eficiência no processo de ensino superior em geral e em particular no que toca as instituições de ensino de profissões jurídicas e forenses.

No que a Angola diz respeito, particularmente no que tange a Faculdade de Direito da Universidade Agostinho Neto, Carlos Teixeira, procurou dissecar numa comunicação em Setembro de 2011, apresentada na IIª Jornada Cientificas da Faculdade de Direito, quanto custa aos cofres públicos uma licenciatura naquela instituição[9].

Nos termos daquele estudo com dados de referência de 2009, uma licenciatura à "aquela data tinha um custo de AKZ.1,077005,00 (um milhão, setenta e sete mil e cinco kwanzas) equivalente na época a USD 11.336,68.

E os problemas de eficiência económica colocam-se porque a cada 300 alunos que anualmente entram, para a instituição apenas metade deles termina a licenciatura num período de 7 anos para estudantes numa faixa etária até aos 30 anos e acima desta a média do tempo de formação é de 15 anos.

A olhar para o nosso exemplo estamos numa clara situação de níveis de eficiência baixo.

---

[9] Ver outros desenvolvimentos in CARLOS TEIXEIRA, *Quanto Custa aos Cofres Públicos uma Licenciatura na Faculdade de Direito da Universidade Agostinho Neto?*

Nesta perspectiva e considerando os elevados custos de educação ou formação superior e a provisão das infra-estruturas necessárias e adequadas para a ministração de um ensino jurídico de qualidade e excelência, impõem-se a criação ao nível da região de padrões de qualificação comparáveis, a meu ver sem que tal signifique a redução do número de anos de formação, que deve preparar profissionais de profissões jurídicas e forenses que as necessidades de desenvolvimento de Angola em particular e da região neste contexto impõem.

Voltando a olhar para a questão do ensino de direito e profissões forenses no contexto de Bolonha, dentro de portas, existem instituições de ensino, que sem o dizerem expressamente, parece terem adaptado o modelo, como são os casos da Faculdades de Direito da Universidade Gregório Semedo e da Universidade Jean Piajet de Angola.

Assente no enfoque ensino-aprendizagem, espírito crítico, criativo e aberto, o projecto educativo da Faculdade de Direito da Universidade Gregório Semedo chama a si a referência de ser um dos mais modernos e competitivos, evocando como mais-valia a especialização em determinadas áreas do saber jurídico.

Organizado em ciclos semestrais, o curso de direito na Faculdade de Direito da Universidade Gregório Semedo tem uma duração de quatro anos e uma carga horária total de 2400 horas.

Conclusões

Pelo que precede, entendo o ensino do direito e profissões forenses no contexto do Processo de Bolonha, como uma opção que corresponde às necessidades de desenvolvimento e particularidades próprias da Europa com as suas virtudes e insuficiências.

A universidade é uma instituição social com uma missão civilizatória e responsável perante a sociedade e a cultura.

A Constituição da República de Angola consagra o acesso ao direito e a justiça procurando assegurar a tutela jurisdicional efectiva.

Os 775 advogados de que o País dispõe são insuficientes para garantir a materialização do direito de acesso a justiça a escola nacional.

As 18 instituições nacionais públicas e privadas não são ainda capazes de fornecer os quadros juristas necessários aos projectos de desenvolvimento do País e a edificação do Estado Democrático e de Direito.

Considerando que a dinâmica da interacção social e económica impõem uma intervenção apriorística, de contexto e de resolução de conflitos e controvérsias, há que encontrarmos soluções possíveis fundadas na criatividade e na realidade concreta.

A criação de clínicas jurídicas ou clínicas legais ou por via da cadeira de práticas, jurídicas e judiciais, pode ser uma formula de fazer intervir os estudantes universitários do 4º e 5º anos das faculdades de direito na prestação da assistência jurídica e judiciária em matérias e domínios que por lei não seja requerida a intervenção de advogado.

Esta prática ligaria ainda mais a universidade à sociedade e ajudará na formação do profissional comprometida com ela, através da consolidação da ética, valores e da solidariedade.

Que com base no balanço do processo de Bolonha e dando corpo à Convenção de Arusha em matéria de mobilidade, os Estados membros e ou respectivas instituições de ensino deveriam ensaiar acções tendentes a uma harmonização realística dos processos de ensino e aprendizagem das profissões de matriz jurídica e não só em correspondência com as particularidades e diversidade dos estádios de desenvolvimento dos Países da região, sem que tal exercício implique a redução do número de anos do processo de formação e aquisição de habilidades.

O projecto de integração regional impõe este exercício, tornando a SADC mais do que uma instituição de integração política e mais de integração de cidadãos e de organizações sociais, como as universidades, faculdades e centros de investigação, que devem hoje e agora assumir sem tibiezas o papel que lhes está reservado de alavancagem do processo de desenvolvimento regional e catalizador do desenvolvimento continental na perspectiva da relação sul-sul balizados por uma equação win/win, que melhor nos prepararia para a economia do conhecimento global.

Estas são pois as conclusões provisórias da reflexão e estudos que venho fazendo sobre o assunto e que neste evento quero partilhar com tão renomados juristas de Países e Regiões que tem o português como património comum.

Bibliografia

Associação Internacional do Direito Judiciário. *Papel e Organização de Magistrados e Advogados nas Sociedades Contemporâneas*, 1995.

CABRITO, Belmiro. *O Financiamento do Ensino Superior*. Educa, Lisboa; 2002.

CERDEIRA, Luísa. *O Financiamento do Ensino Superior Português*. Almedina, Outubro, 2009.

COSTA, José de Faria. *O Papel da Universidade na Formação dos juristas (Advogados)*. Boletim da Faculdade de Direito da Universidade de Coimbra, 1996, páginas 411-420.

NEVES, A. Castanheira. *O Papel do Jurista no Nosso Tempo*. Boletim da Faculdade de Direito da Universidade de Coimbra, 1968.

NEVES, Clarissa Eckert Baeta. *Reforma e Desafios da Educação Superior*. O Processo de Bolonha Dez Anos Depois.

SANTOS, Boaventura de Sousa/FILHO, Naomar de Oliveira. *A Universidade do Século XXI: Para uma Universidade Nova*. Almedina, 2008.

SANTOS, Fernando Seabra/FILHO, Naomar de Oliveira. *A Quarta Missão da Universidade – Internacionalização Universitária na Sociedade do Conhecimento*. Imprensa da Universidade de Coimbra. Editora Universidade de Brasília, Setembro 2012.

SANTOS, Hermínio. *Trabalhar em Angola*. Planeta, 2011.

TELES, Adriane Cecília Teixeira de Oliveira. *Internacionalização académica; um percurso de desafios*. Revista da UFG, Dezembro de 2005.

TEIXEIRA, Carlos. *Quanto Custa aos Cofres Públicos uma Licenciatura na Faculdade Agostinho Neto?* Setembro 2011.

VICENTE, Dário Moura. *Mobilidade de Professores e Estudantes e Ensino do Direito*. Comunicação apresentada na Faculdade de Direito de Lisboa, em 27 de Novembro de 2008, na I Conferência sobre Direito Angolano e Português.

Ensino do Direito e Profissões Forenses no Contexto do Processo de Bolonha

José Levi Mello do Amaral Júnior[1]

Introdução

Fala-se, em tom de blague, que o Brasil é o país dos bacharéis, em especial dos bacharéis em Direito. Porém, a blague é verdadeira.

Victor Nunes Leal, em sua tese de cátedra, obra clássica publicada em 1949, "Coronelismo, Enxada e Voto", já mostrava que o coronel tornara-se doutor[2].

Cursos Jurídicos do Brasil

Dados de 2010 apontavam que existiam, no Brasil, **1.240** cursos de Direito, número superior à soma dos cursos de Direito havidos em todos

---

[1] Professor de Direito Constitucional da Faculdade de Direito da Universidade de São Paulo, Doutor em Direito do Estado pela USP e Procurador da Fazenda Nacional. *E-mail:* jose.levi@usp.br.

[2] LEAL, Victor Nunes. *Coronelismo, enxada e voto: o município e o regime representativo no Brasil*, 3ª edição, Rio de Janeiro: Nova Fronteira, 1997, p. 41-44. "Coronel" aqui entendido como líder político oligárquico – em geral local – com poder paralelo e parasitário ao Poder Público.

os demais países do mundo (algo em torno de outros **1.100** cursos)[3]. Em 2012, a Ordem dos Advogados do Brasil recomendou apenas **89** desses cursos.

Segundo dados da Coordenação de Aperfeiçoamento de Pessoal de Nível Superior – CAPES e do Instituto de Estudo e Pesquisas Educacionais "Anísio Teixeira" – INEP, entidades vinculadas ao Ministério da Educação brasileiro, publicados em 03 de março de 2013 no *site* Universo *On Line*, do Grupo Folha de São Paulo, **95.008** concluíram a graduação em Direito no Brasil em 2011[4].

Ainda segundo esses dados, em 2011, havia **4.469** matriculados em cursos de mestrado em Direito e **1.590** matriculados em cursos de doutorado em Direito.

Relativamente aos cursos de doutorado, os dados mostram que havia no Brasil, em 2011, **vinte e nove** cursos de doutorado em Direito, **dezessete** deles em instituições privadas (ou seja, cursos pagos), **dez** em instituições federais e **dois** em instituições estaduais (USP e UERJ)[5].

Por outro lado, nos Estados das regiões Norte e Centro-Oeste brasileiras havia, em 2011, apenas **22** e **49** doutorandos matriculados, respectivamente.

A Universidade de São Paulo

Os registros constantes do Catálogo Institucional da Universidade de São Paulo, relativo a 2012, mostram porque a USP é a instituição de ensino e pesquisa mais importante da América Latina.

---

[3] http://colunistas.ig.com.br/leisenegocios/2010/10/13/brasil-e-campeao-em--faculdades-de-direito/Por sua vez, o *blog* Exame de Ordem, citando o Censo da Educação Superior de 2011, refere que o número de cursos de Direito no Brasil passou de *505,* em 2005, para *1.120* em 2011 (aumento de 121,8%). Fonte: http://www.portalexamedeordem.com.br/blog/category/estatisticas/

[4] http://www1.folha.uol.com.br/cotidiano/1239876-advogados-vao-a-argentina-fazer-doutorado-express.shtml

[5] Estudo de Marcelo Dias Varella e Cláudia Rosane Roesler, "Reinventar a pós--graduação em Direito no Brasil?", ainda no prelo, anota que – em 1980 – havia apenas *onze* programas de mestrado e *três* de doutorado em Direito no Brasil. Em 2012, contam-se *76* programas.

Criada em 1934, a USP possui **246** cursos de graduação, **225** cursos de pós-graduação, **5.800** professores, **16.000** funcionários e **89.000** estudantes matriculados. Com isso, a USP é responsável por **28%** da produção científica brasileira e forma o maior número de doutores do mundo. A posição de destaque da USP não é apenas em termos quantitativos, mas, também, em termos qualitativos, pois a CAPES classifica como cursos "excelentes" um quinto dos programas da USP[6].

A Faculdade de Direito da USP

A Faculdade de Direito da USP é a mais antiga unidade da USP. Mais: é a mais antiga, a mais tradicional e a mais importante Faculdade de Direito brasileira. Foi criada por Decreto do Imperador D. Pedro I, assinado em 11 de agosto de 1827, e instalada no Largo de São Francisco, no centro de São Paulo[7].

Segundo se lê no *site* da Faculdade de Direito da USP, a Faculdade "foi a primeira instituição a integrar a Universidade de São Paulo no momento de sua criação, em 1934. O primeiro Reitor, Professor Reynaldo Porchat, era docente da Faculdade de Direito e nela sediou-se a Reitoria naqueles primeiros tempos."[8]

Possui, hoje, aproximadamente **2.500** alunos de graduação. O curso dura cinco anos. A Faculdade possui algo em torno de **160** professores concursados, todos doutores. A carreira docente tem três níveis, Professor Doutor, Professor Associado e Professor Titular. Os professores estão alocados em nove Departamentos: Direito Civil, Direito Comercial, Direito do Trabalho e da Seguridade Social, Direito do Estado, Direito Penal, Direito Processual, Direito Econômico, Financeiro e Tributário, Direito Internacional e Comparado e Filosofia e Teoria Geral do Direito.

---

[6] *Catálogo Institucional 2012*, São Paulo: USP, 2012, p. 3.
[7] Esse mesmo Decreto também criou a Faculdade de Direito de Olinda, que foi instalada posteriormente. Hoje se encontra em Recife, compondo a Universidade Federal de Pernambuco.
[8] http://www.direito.usp.br

O Curso de Pós-Graduação em Direito da USP

Segundo levantamento feito em 07 de março de 2013, o Curso de Pós-Graduação da Faculdade de Direito da USP tem **1.436** alunos matriculados, entre mestrandos e doutorandos (quase **um quarto** do total de matrículas no Brasil).

Para atendê-los, há **260** orientadores credenciados (credenciamento esse que precisa ser renovado a cada cinco anos). Considerando que a Faculdade de Direito conta com aproximadamente **160** professores concursados, todos com, no mínimo, título de doutor, importa esclarecer que os demais orientadores credenciados são professores de outras unidades da USP, bem assim professores visitantes ou colaboradores episódicos de outras instituições de ensino superior nacionais e internacionais.

Em 2012, o Curso de Pós-Graduação em Direito da USP contabilizou a defesa de **125** dissertações de mestrado e de **107** teses de doutorado.

O Curso de Pós-Graduação em Direito da USP está em processo acelerado de internacionalização. A internacionalização se realiza de diversos modos, tais como programas internacionais de mobilidade docente e discente, publicações em outros países, inclusive de obras traduzidas, participação em bancas no exterior, etc. Um dos modos mais importantes de internacionalização é a co-tutela ou co-orientação, em que docentes de instituições de diferentes países, para tanto conveniadas, orientam doutorando que, findo o curso com o cumprimento exitoso de todos os requisitos aplicáveis, receberá dupla titulação, o que dispensa processo de reconhecimento ou de revalidação de título estrangeiro. As vantagens são evidentes relativamente ao, por exemplo, chamado "doutorado sanduíche", que se limita a uma estada de pesquisa em instituição estrangeira.

O último levantamento realizado pela Secretaria do Curso de Pós-Graduação em Direito da USP sobre co-tutelas, datado do final de 2012, revela **22** co-tutelas em curso, envolvendo algumas das mais renomadas universidades do mundo, como, por exemplo, as Universidades de Lisboa e Coimbra (portuguesas), de Barcelona e Salamanca (espanholas), *Panthéon Sorbonne, Panthéon Assas, Paris Ouest Nanterre* e *Paris Descartes* (francesas), "La Sapienza", "Tor Vergata", Milão, Turim e Camerino (italianas), Munique e Münster (alemãs).

Vale anotar que o Curso de Pós-Graduação em Direito da USP proporciona a realização de mestrado e de doutorado interinstitucionais (Minter e Dinter) com instituições de ensino superior de regiões carentes do Brasil, em especial as Regiões Norte e Centro-Oeste, de modo a permitir acesso à pós-graduação *stricto sensu* a docentes e pesquisadores que, titulados, passarão a ser multiplicadores de conhecimento de alta qualidade em suas próprias regiões. Portanto, trata-se de iniciativa estratégica para capilarizar e democratizar o ensino de pós-graduação no Brasil[9].

Na última avaliação trienal da CAPES (2007 a 2009), em uma escala que vai até a nota sete, o Curso de Pós-Graduação em Direito da USP é um dos seis cursos brasileiros que obtém a nota seis[10]. Tem chance real de ascender à nota sete (para o que é essencial o processo de internacionalização, bem como a realização de Minter e Dinter).

Processo de Bolonha

No contexto do chamado "Processo de Bolonha" (cujo objetivo é harmonizar os títulos acadêmicos europeus), universidades portuguesas criaram período complementar de estudos que, não obstante confira o título de "mestre", não se confunde com o tradicional mestrado acadêmico[11].

Veja-se, por exemplo, como a tradicional e respeitada Faculdade de Direito da Universidade de Coimbra apresenta o seu "Mestrado Jurídico-Forense", decorrente, precisamente, do Processo de Bolonha:

> O Mestrado Jurídico-Forense privilegia o aprofundamento dos conhecimentos adquiridos no 1º Ciclo com o objectivo de consolidar a formação jurídica indispensável ao exercício de profissões forenses. Aliás, a al. c), do nº 1,

---

[9] Em chamada pública realizada em 2012 classificaram-se, em primeiro lugar, para Minter e Dinter, respectivamente, o Centro Universitário de Ensino Superior do Amazonas e a Universidade Federal da Grande Dourados.

[10] Os demais são da PUC-SP, UEJR, UFPR, UFSC e Unisinos.

[11] Para análise minuciosa de diplomas portugueses, inclusive em face do Processo de Bolonha, *vide* Marcelo Dias Varella e Martonio Mont'Alverne Barreto Lima, *Políticas de revalidação de diplomas de pós-graduação em Direito no Brasil*, in Revista Brasileira de Políticas Públicas, vol. 2, nº 1, pp. 154-158.

do art. 15º, do DL nº 74/2006, retrata as competências ensejadas para os mestrandos desta área, quando dispõe sobre a "capacidade para integrar conhecimentos, lidar com questões complexas, desenvolver soluções ou emitir juízos em situações de informação limitada ou incompleta, incluindo reflexões sobre as implicações e responsabilidades éticas e sociais que resultem dessas soluções e desses juízos ou os condicionem". Um mestrado forense com a duração de 3 semestres e com 90 ECTS, sem *numeri clausi*, composto por um curso de especialização anual e por uma dissertação semestral. Este mestrado enseja proporcionar, a todos os graduados em Direito, uma especialização direccionada para o exercício das profissões forenses tradicionais, maxime para o ingresso na Ordem dos Advogados e no Centro de Estudos Judiciários.

Portanto, em verdade, trata-se de especialização com nítido caráter profissionalizante. Revela-o o próprio título ("Mestrado Jurídico-Forense) e seus objetivos declarados ("aprofundamento dos conhecimentos adquiridos", "consolidar formação jurídica indispensável ao exercício de profissões forenses", "proporcionar... uma especialização direcionada para o exercício das profissões forenses tradicionais, máxime para ingresso na Ordem dos Advogados").

Ademais, a experiência revela que eventuais bancas realizadas em "mestrado" do Processo de Bolonha por vezes não contam com examinadores com o título de doutor, o que também é impeditivo do reconhecimento do título estrangeiro como mestrado.

Por isso, sem fazer nenhum juízo de desvalor, a Comissão de Pós-Graduação da Faculdade de Direito da USP não tem acolhido pedido de reconhecimento de diploma de mestre expedido por universidade europeia no escopo do Processo de Bolonha.

Razões da Popularidade dos Cursos de Direito no Brasil

Como explicar a popularidade do bacharelado em Direito no Brasil?

Os cursos de Direito são populares no Brasil – e, por isso, numerosos – porque a constatação de Victor Nunes Leal continua atual, ainda que com adaptações.

No Brasil, ser "doutor", no sentido de formar-se em Direito, ao natural, implica perspectiva plausível de ascensão social.

Isso porque o bacharelado em Direito abre as portas não apenas à advocacia, mas a uma série de concursos públicos com remunerações bastante razoáveis para o contexto brasileiro (algo entre US$ 7 mil e 10 mil mensais, pelo menos).

Com efeito, o bacharelado em Direito permite inscrição não apenas em concursos públicos para profissões forenses (para além do exame de ordem, notadamente magistratura, ministério público e advocacia pública), mas, também, a diversas outras carreiras não forenses tão bem remuneradas como aquelas propriamente forenses, que exigem, genericamente, formação superior, em Direito ou não (por exemplo, as carreiras de Diplomata, Auditor da Receita Federal, Auditor de Contas, Consultor Legislativo, etc.).

Com isso, há enorme concorrência quando da realização de concursos para ingresso nessas carreiras. No entanto, o índice de sucesso é baixíssimo, consequência direta de ensino massificado e – em muitos casos – de baixa qualidade.

Talvez o sintoma mais evidente do diagnóstico aqui esboçado seja o percentual muito pequeno de aprovação no Exame de Ordem. Ser aprovado no Exame de Ordem é requisito indispensável para o exercício da advocacia no Brasil. Nos últimos três exames unificados, promovidos pela Ordem dos Advogados do Brasil, houve algo em torno de 111 mil a 118 mil inscritos. Menos de um quinto dos inscritos lograram aprovação.

A popularidade das profissões forenses no Brasil também parece reforçada pelo heroísmo com que se apresentam certos personagens dessas carreiras. A repercussão jornalística de processos de grande impacto na opinião pública, o exibicionismo, consciente ou inconsciente, de alguns profissionais, às vezes com ares de salvadores da pátria, inclusive em cruzada contra instituições políticas apresentadas, justa e injustamente, como inapetentes, inoperantes, incompetentes ou, até mesmo, criminosas, cria na juventude a ideia de que ser "doutor" é um desafio a ser vivido.

Claro que se tem nisso uma distorção. Porém, essa distorção, em nenhuma hipótese, pode servir para deturpar a importância fundamental do Direito e das profissões forenses para o desenvolvimento saudável de uma sociedade plural e democrática.

O Ministério da Educação, desde a gestão Paulo Renato de Souza (1995-2002) até a atual, do Senador Aloizio Mercadante, vem tornando efetiva a avaliação dos cursos de graduação em geral por fatores vários, entre os quais a titulação dos respectivos docentes. Com o imenso número de Faculdades de Direito, seus docentes não titulados procuraram cursos de mestrado e doutorado. Daí o aumento no número desses cursos no Brasil, mas ainda muito aquém da demanda. Então, também cresceu a busca desses cursos no exterior. Inclusive, algumas universidades portuguesas mantêm cursos de pós-graduação *stricto sensu* que, na prática, são dedicados a brasileiros, pois fora do Processo de Bolonha (para que não haja problema de reconhecimento da titulação expedida).

Em se tratando de país com diversas frentes de desenvolvimento, mormente em infraestrutura, parece momento de fomentar cursos técnico-profissionalizantes, em especial para o aperfeiçoamento de mão-de-obra. Governo Federal e Governos estaduais brasileiros estão atentos a isso.

Da sua parte, o Governo Dilma Rousseff merece muitos elogios pelo Programa Brasil sem Fronteiras, cujo objetivo mais evidente é "promover a consolidação, expansão e internacionalização da ciência e tecnologia, da inovação e da competitividade brasileira por meio do intercâmbio e da mobilidade internacional"[12].

Tem-se, nisso, sobretudo, fomento à área tecnológica. É natural que assim seja, pois já há, no próprio Brasil, ensino de ponta em outras áreas, inclusive na jurídica. O desafio no ensino jurídico é evitar que a quantidade macule a qualidade, coibindo-se o doutor que se comporta como coronel.

---

[12] http://www.cienciasemfronteiras.gov.br/web/csf/o-programa

Ensino do Direito, Interdisciplinaridade e História (cultural) do Direito

Cristina Nogueira da Silva[1]

Bolonha e ensino

Quando fui convidada para participar neste Encontro, pediu-me o seu organizador que falasse de *Bolonha* e do ensino da História nas licenciaturas e mestrados em direito[2]. Ocorreram-me imediatamente as duas dimensões do processo que ficou conhecido como "processo de Bolonha". Uma delas, relacionada com a introdução de um sistema de comparabilidade de graus de ensino. Um sistema que favorecesse e incentivasse, através do reconhecimento automático da certificação, a mobilidade de estudantes e docentes na União europeia. Esse sistema avançou, e creio que com pelo menos alguns resultados positivos do ponto de vista dos objetivos prosseguidos. Garantindo maior inclusão nos sistemas de ensino europeus, através, por exemplo, da não-discriminação no acesso a

---

[1] Professora Auxiliar e Membro da Direção do CEDIS da Faculdade de Direito da Universidade Nova de Lisboa. Membro da Comissão para a Reforma Curricular dos Cursos de Licenciatura, Mestrado e Doutoramento em Direito da Faculdade de Direito da Universidade Nova de Lisboa.

[2] Agradeço ao Professor Jorge Bacelar Gouveia, o meu colega que organizou o Encontro e me convidou para nele participar. Pois de outro modo não só teria perdido a oportunidade de assistir às sessões, de cujo interesse os temas que constaram do programa e a multiplicidade de pertenças nacionais dos participantes testemunham; mas também porque sem o seu convite e, posteriormente, a sua insistência, estas linhas que agora escrevo, e onde tento colocar por escrito as ideias que expus oralmente, não teriam passado para o papel.

graus de ensino em função da nacionalidade ou residência. Favorecendo também a formação de uma identidade coletiva europeia e de um mercado europeu de trabalho comum. Nesta dimensão, *Bolonha* relaciona-se de forma direta com o processo de integração europeia. Se existe Europa, ela está a construir-se aí mesmo.

A outra dimensão do processo é também conhecida e foi também debatida, um pouco por toda a Europa e também em Portugal. Relaciona-se com a introdução de métodos de ensino mais centrados nos alunos e com a maior responsabilização destes pelo seu trabalho e percurso académicos. Com isso se articula a importância atribuída ao número de horas consagradas em cada unidade curricular, ao trabalho não presencial, o alargamento da escolha de perfis formativos diversos, por meio da seleção livre de unidades curriculares ou de grupos de unidades curriculares opcionais, dentro ou fora dos cursos, como também uma combinação mais flexível dos vários ciclos educativos. Incluindo a possibilidade de prosseguir ciclos de estudo em áreas diferentes. Estas últimas possibilidades têm vindo a concretizar-se, e nomeadamente na Faculdade de Direito da Universidade Nova de Lisboa, a escola onde leciono as unidades curriculares em história (História do Direito, História das Ideias Políticas, História das Instituições). Além de ter recebido, no seu segundo ciclo, muitos licenciados vindos de outras faculdades de direito, nela se inscreveram já, em disciplinas avulsas ou mesmo com o objetivo de concluir o segundo ciclo, alunos de formações diversas (Economia e Ciência política, por exemplo). Recebeu igualmente alunos de diversas formações (filosofia, psicologia) no doutoramento geral em Direito. As outras possibilidades que o *processo de Bolonha* veio incentivar já eram amplamente praticadas na mesma faculdade, antes de formalmente se ter iniciado a reforma que atualmente está em curso.

Este último objetivo articulava-se com um outro, que constituiu também um dos objetivos que esteve na origem da Faculdade de Direito da Universidade Nova de Lisboa, mas que acredito ter sido menos discutido e mais entregue à iniciativa e disponibilidade individual de cada docente: a rejeição da transmissão passiva de conhecimentos, substituída por um processo educativo orientado para a discussão e produção de conhecimento. Creio ter sido esse o motivo que explica a valorização, no âmbito do *processo de Bolonha*, dos tempos letivos não presenciais, o desenvolvimento de metodologias de ensino como a tutoria, o envolvimento dos estudantes em trabalhos de investigação, as aulas dadas em regime de seminário. A esta dimensão está ainda associada a ambição de um ensino dirigido para o desenvolvimento de competências e atitudes ligadas à análise crítica, ao raciocínio reflexivo, à capacidade de auto-aprender e de produzir e organizar conhecimentos, como também de organizar o trabalho pessoal e coletivo e de participar neste último de modo solidário e produtivo. Algumas destas atitudes e competências – nomeadamente, competências mais técnicas, ou relacionadas com a produção de trabalho científico, a que aqui não me refiro, mas que fazem parte das listas de objetivos elencados na legislação associada à reforma –, foram pensadas em função do futuro desempenho profissional/ocupacional dos estudantes. Mas outras prosseguem também o objetivo de garantir que o ensino seja uma experiência transformadora, com reflexos igualmente importantes, ainda que menos mensuráveis, no seu futuro desempenho no mercado de trabalho (maior capacidade de aprender ao longo da vida, de adaptação às regras flexíveis do mercado de trabalho, de inovação); mas, sobretudo, com reflexos na sua formação geral enquanto cidadãos que venham a ser capazes de resolver, de modo inovador e eficaz, problemas complexos que a sociedade do século XXI vive, alguns dos quais debatidos neste encontro: a sustentabilidade dos sistemas de saúde, educativos e, em geral, da segurança social, por exemplo; mas também a procura de equilíbrios entre desenvolvimento económico e preservação dos recursos naturais e dos equilíbrios ambientais; a superação das insuficiências dos sistemas judiciais estaduais, que obriga à invenção de novas formas de resolver conflitos; entre outras.

Confrontada com a possibilidade de desenvolver alguma destas dimensões do *processo de Bolonha*, optei pela segunda. Não apenas por ter sido, do meu ponto de vista, a que ficou mais descurada, a que provavelmente menos resultados gerou[3]. Mas, sobretudo, por ser nesta última dimensão referida que a interdisciplinaridade e, em particular, o ensino da história

---

[3] A generalidade dos cursos portugueses, na área do direito e em outras áreas, foi reformada de acordo com os parâmetros de Bolonha: alterou-se a duração dos cursos, generalizaram-se os ects, introduziu-se o suplemento ao diploma, etc. Mas não creio que de tudo isto tenha resultado uma reforma generalizada dos métodos de ensino na universidade portuguesa.

do direito nos cursos de direito, vista como um elemento de interdisciplinaridade, tem maior impacto. Devo dizer, antes de continuar, que as reflexões que aqui desenvolvo são o resultado de muitas horas de diálogo e de muitos textos e mensagens trocadas com o meu professor e, anos depois, orientador, interlocutor privilegiado, colega e amigo, António Manuel Hespanha. Que alguns dos exemplos que aqui refiro são retirados das aulas de história do direito que ainda hoje preparo com base no seu livro hoje intitulado *Cultura Jurídica europeia. Síntese de um milénio*, cuja inscrição teórica e metodológica (nas perspetivas dos "critical legal studies", da "linguistic turn", da sociologia crítica e, mais recentemente, do pós-modernismo) é conhecida. As nossas divergências são muitas, em parte porque, como ele mesmo diz, eu tendo a ser "moderna", individualista; ele tende a ser "pós-moderno" e comunitarista. Mas o meu diálogo com ele foi e continua a ser um diálogo transformador. Como o foi, e é, o seu ensino e toda a sua intervenção académica. Mesmo antes, muito antes, da Reforma de Bolonha ter batido à porta das Universidades Portuguesas.

Sobre a interdisciplinaridade

A interdisciplinaridade, num curso de Direito, como em qualquer outro, é importante, desde logo, por ser uma prática científica e educativa que convida ao que poderia designar como uma indisciplina produtiva. As disciplinas são também formas, como o nome de resto indica, de disciplinar o espírito[4]. Têm as suas narrativas próprias, as suas referências bibliográficas clássicas, os seus métodos tradicionais e, por isso, aceites de validar o conhecimento perante os pares. Tendem, por outro lado, a impor de forma mais ou menos autoritária essas tradições, métodos e referências aos que quiserem movimentar-se, com sucesso, dentro das diversas áreas de saber; elas próprias construídas com base em fronteiras disciplinares muitas vezes arbitrárias, ditadas por critérios que podem chegar a ser, em alguns casos, de conveniência corporativa, como ensinou o sociólogo Pierre Bourdieu nos seus estudos clássicos sobre os modos de produção e reprodução do mundo social. Tendem, finalmente, a criar,

---

[4] Estará aí a explicação para a terminologia "unidade curricular", em vez de "disciplina"?

internamente, a ilusão da completude do saber, da sua centralidade na explicação dos fenómenos que convertem em objeto de conhecimento. São todas estas tendências que o contacto com outras disciplinas é capaz de matizar. Esse contacto permite relativizar a ideia da centralidade que cada disciplina concede a si mesma, até porque ele permite dar conta de que essa centralidade é uma convicção partilhada por quase todas; torna permanente a consciência da natureza parcial e incompleta do conhecimento produzido dentro das fronteiras de cada uma delas, incentivando a sua transposição; favorece a problematização e o repensar dos métodos e resultados do trabalho científico que cada um (ou cada grupo) desenvolve no interior dessas fronteiras. Facilita ainda a identificação dos pressupostos e das pré-compreensões associadas às várias áreas disciplinares, que se tornam mais visíveis a partir do "ambiente exterior" constituído pelas outras disciplinas ou a partir das zonas de fronteira que tradicionalmente as separam[5]. São esses os lugares que permitem ver melhor aspetos da realidade quase invisíveis para os investigadores e estudantes quando estão excessivamente encerrados no interior dos limites da sua área disciplinar. São também esses os lugares que permitem obter visões mais complexas, e tendencialmente mais completas, sobre fenómenos neles estudados em comum por várias disciplinas. As coisas passam-se, permito-me fazer esta comparação, como quando o indivíduo se esforça por olhar para si através do olhar dos outros, nos momentos em que estes se dispõem a transmitir o resultado do que nele observam.

Sobre o ensino da história nos cursos de direito

A observação do saber jurídico a partir de outras áreas do saber, de acordo com metodologias e fontes diferentes das que lhe são habituais, potencia estes benefícios. É por isso que o ensino da história nos cursos de direito desenvolve nos estudantes competências que a reflexão sobre o ensino/aprendizagem que esteve envolvida no *processo de Bolonha* identifica como sendo desejáveis: o espírito crítico, a capacidade de olhar a realidade a partir de pontos de vista diversos. Em primeiro lugar, porque,

---

[5] Ajuda também a identificar aqueles pressupostos e pré-compreensões que são universalmente partilhados, tarefa bastante mais exigente.

ao descrever os sistemas jurídicos do passado, demonstra que o direito não é autónomo relativamente aos outros níveis da existência social. O direito de uma época é o produto de realidades que não se esgotam no ato puro de raciocinar dos juristas que viveram nessas épocas. É em grande medida o resultado da vontade política (mesmo nas épocas em que investiu fortemente numa descrição de si próprio como não o sendo; um investimento que também é socialmente explicável, pois apresentar o direito como discurso neutro é uma das formas de o tornar legítimo). Está sempre "contaminado" por interesses sociais, jogos de poder e também por pré-compreensões culturais que vão mudando ao longo do tempo, provocando ou favorecendo alterações, que ocorrem historicamente de forma mais gradual ou mais brusca. O facto de confrontar os estudantes com ordenamentos jurídicos muito diversos e com o papel diverso que os juristas neles desempenharam no passado, permite-lhes compreender que o direito, o discurso jurídico e os valores e instituições que lhes estiveram associados foram (são) social e culturalmente determinados. Mostra também que são contingentes, continuamente sujeitos a mudanças que só se explicam recorrendo aos contextos em que essa mudança (ou também as permanências) ocorreram. As mudanças, por sua vez, mostram como dificilmente podemos fundar na história a ideia da intemporalidade de alguns valores jurídicos, ainda que a história do direito tenha sido por vezes usada pelos jus-historiadores para realizar esse fim. O primeiro desafio a que a história convida os estudantes e futuros juristas é então a um constante esforço de identificação dos contextos em que o direito, os discursos jurídicos e os valores e instituições que lhes estão associados emergem e, depois, desaparecem; e, por vezes, reaparecerem, assumindo formas diferentes (como acontece, tradicionalmente, com o direito romano, sucessivamente recebido e reapropriado, em épocas diferentes; e quase sempre olhado como a origem da ideia de direito como sistema específico de resolução de conflitos na civilização ocidental). Outro desafio é o de desenvolver nos estudantes capacidades e disponibilidade para decifrar pontos de vista aparentemente incompreensíveis, cuja racionalidade a investigação histórica ajuda a reconstituir (na medida do possível). Por estes motivos, a história contribui para formar juristas mais capazes de compreender realidades jurídicas diferentes. E, com isso, favorece a sua capacidade/vontade de encontrar/criar formas de entendimento, níveis de consenso, quando confrontados com sensibilidades jurídicas diversas, uma hipótese sempre provável no mundo cada vez mais globalizado. Assim, e para dar um exemplo retirado do programa do curso de História do Direito a que atrás fiz referência, chamo a atenção para a importância que nele ocupa a descrição do sistema jurídico europeu anterior àquele, que, na aparência, é mais familiar: o sistema jurídico que se foi constituindo após as revoluções liberais, que inauguraram aquela que os historiadores convencionaram chamar de época contemporânea. As perguntas que orientam essa descrição e a tornam pertinente no programa de uma disciplina de história num curso de Direito são as seguintes: porque é que no sistema jurídico "pré-moderno" a lei era uma fonte fraca do direito, nele se valorizando as fontes jurisprudenciais e doutrinais, ou os costumes; tudo fontes que, pelo menos momentaneamente, foram fortemente desvalorizadas, e até rejeitadas, pelo clima reformista e depois revolucionário dos finais do século XVIII/inícios do século XX? Esta pergunta encadeia-se numa outra, que é a de saber porque é que aquela perceção mudou nos séculos XVIII/XIX. Uma das respostas sobre a qual os estudantes são chamados a refletir consiste na descrição das crenças/formas de entender o mundo que caracterizaram aquelas épocas, apresentadas como variáveis explicativas do modo de ser do direito. De forma esquemática, procura-se que compreendam as articulações que existem entre a crença religiosa na ordem benigna do mundo, a relativização do poder da razão humana e a atitude de aceitação da "ordem tradicional do mundo" como elemento da mundividência do período "pré-moderno". Essa mundividência favorecia, no plano da reflexão jurídica (que muito contribuía para a consolidar), as fontes jurídicas que revelavam a ordem e a tradição. Pelo contrário, a crença no progresso, na capacidade humana para mudar o mundo, o desejo de o transformar, traduziu-se juridicamente, a partir de finais do século XVIII, na valorização da lei, por ser a fonte do direito mais capaz de operar essa transformação voluntarista da "ordem das coisas". A lei foi o instrumento por excelência de realização da vontade política do reformismo setecentista e das revoluções oitocentistas, sendo exemplo disso, na história portuguesa, a reforma pombalina do direito e da universidade. A inteligibilidade desta reforma, em parte continuada após a revolução liberal, só é acessível aos estudantes desde que conheçam o contexto em que emergiram as formas jurídicas orientadas por projetos de mudança social próprias da cultura jurídica europeia moderna, que em boa medida se refletiram no consulado pombalino.

Sendo este o esquema fundamental que explica porque é que os primeiros pontos do programa de história do Direito, que leciono no primeiro ano da licenciatura em direito, consistem, exatamente, na descrição dos paradigmas ou imaginários sociais da "pré-modernidade" e da "modernidade", esse esquema dá origem a outras perguntas, que suscitam outras respostas, que continuamente remetem para a procura de variáveis que, situando-se fora do nível estritamente jurídico, o condicionam de forma irredutível. Assim, outra pergunta nuclear que não pode deixar de ser feita e respondida diz respeito à mudança social, à tentativa de encontrar variáveis que expliquem a mudança das crenças, na longa duração, durante a qual um paradigma é substituído/se transforma noutro. Mudaram, acreditam alguns historiadores (penso que a maioria), porque também mudaram as formas de conhecer e a natureza do conhecimento. Fenómenos que ocorreram ao longo destes séculos e que são familiares aos estudantes – o Renascimento, a Revolução científica – introduziram alterações nas estruturas mentais e nos mapas cognitivos da humanidade europeia. O desenvolvimento do conhecimento científico e ocasionou uma perceção da capacidade humana de intervir na ordem da natureza de um modo até aí desconhecido. Este fenómeno, por sua vez, articulou-se com um outro, o do registo antropocêntrico da nova cultura científica e moral, o da crença na capacidade da Razão humana para repensar a ordem do mundo, para introduzir nela a variável progresso, esta última, por sua vez, associada a uma nova forma de pensar a categoria tempo. A estas novas crenças se pode associar o desejo de moldar o mundo à luz do resultado do ato humano (e individual) de pensar e de o transformar num sentido sempre progressivo. O racionalismo cartesiano (que os estudantes do primeiro ano também já conhecem pelo contacto que tiveram com a filosofia) é um dos exemplos a que recorro para ilustrar este novo paradigma do ponto de vistas da relação dos homens com o conhecimento: se antes o conhecimento era procurado no exterior da mente, nos livros da tradição, no saber multissecular que dava acesso ao conhecimento do mundo (a Bíblia, o Corpus Iuris), com Descartes é esse saber que se suspende, na dúvida metódica; para, em vez dele, talvez mesmo contra ele, se encontrarem outras bases para fundar o conhecimento. Este foi o momento em que o Corpus Iuris Civilis deixou de ser a "Razão escrita", facto a assinalar, novamente, o modo como o que se passa no exterior do nível estritamente jurídico da realidade social tem impactos determinantes no mundo do jurídico, das suas fontes, do seu modo de conhecer. É para o mostrar que o modelo cartesiano surge no programa associado ao jusracionalismo moderno.

As mudanças que ocorreram e a sua explicação não se esgotam, naturalmente, nestas respostas. Nem provavelmente a nossa capacidade de conhecer nos permite reconstitui-las de forma completa e complexa. Pois todas as respostas dão origem a novas e infinitas perguntas. Mas sabemos pelo menos que outras variáveis estiveram presentes, e delas também devem estar conscientes os estudantes de direito que aprendem história. Nomeadamente, aquelas que se relacionam com mudanças no equilíbrio de forças entre os agentes que atuam no interior do campo jurídico, muitas vezes resultando da luta que continuamente aí se desenvolve pela capacidade de "dizer o direito", como também ensinou Pierre Bourdieu quando descreveu o "campo jurídico". Os juristas académicos, os magistrados, os advogados, o legislador histórico (reis, príncipes, assembleias de toda a natureza e âmbito). E se nas questões atrás abordadas nos situámos num plano da *histórica cultural do Direito*, agora a história do direito transforma-se também em *história do poder*. Essa luta explica, por exemplo, a transição da imagem dos juízes como "sábios", capazes de interpretar as fontes da tradição e de achar nelas soluções equitativas para os problemas jurídicos do seu tempo, como no mundo pré-moderno, para a imagem dos juízes como a "longa mão da lei", na célebre e muito citada frase atribuída a Montesquieu (1689-1755). Uma transição que nos recorda que a Revolução francesa e as que lhe sucederam também se fizeram contra os juristas e o seu (então considerado excessivo) poder nas sociedades de Antigo Regime. Um poder que de qualquer modo recuperaram historicamente (se alguma vez chegaram a perdê-lo) como mostra ainda a história das escolas jurídicas contemporâneas. O percurso que vai da mítica escola francesa da Exegese (dos Códigos) à Escola histórica alemã, às escolas sociologistas e marxistas, é um percurso que pode ser contado com recurso às crenças e pré-compreensões, mas também à descrição da luta dos juristas e dos vários subgrupos em que se podem subdividir (desde juristas académicos/juristas "práticos", juízes, advogados, ...) pela recuperação e preservação desse poder antigo de dizer o direito. Poder que, muitos juristas faziam remontar ao dos jurisprudentes do direito romano clássico, encontrando aí mais um argumento para a sua conservação. Ou seja, usando a história para legitimar as sua posições, outra operação que os estudantes beneficiam em aprender a desmontar. Na ótica do autor do livro que serve de orientação à disciplina de história do direito que leciono, esta foi também uma história da des-democratização do direito europeu. Interpretação muito crítica de quase toda a história contemporânea do direito, que não deixo de discutir com os alunos, problematizando-a em alguns dos seus registos mais radicais. A natureza construída do saber histórico é também um elemento que os estudantes de direito devem aprender, pois favorece o distanciamento relativamente a métodos ingénuos de aceder à realidade e de lidar com ela. Apesar de ser, juntamente com todas as questões teóricas introdutórias, um dos conteúdos do programa que mais dificilmente acolhe a adesão dos estudantes.

Outra dimensão importante para explicar a mudança é, sem dúvida, a relação de forças entre os interesses e os grupos que se confrontam nas sociedades em geral. Cada um destes grupos usa e usou o direito de modo diferente, e em diversos graus. E aqui o registo, agora mais salientado na disciplina de História das instituições, que leciono em regime de opção livre no segundo ciclo, não tem que ser necessariamente o registo marxista do direito como discurso que exprime o ponto de vista dos grupos dominantes (perspetiva que, naturalmente, nunca deixará de estar presente como questão). É mais a de chamar a atenção para o direito como fenómeno social e para os usos do direito feito por entidades coletivas (como os " grupos sociais") e pelas pessoas comuns. Nesta disciplina, que leciono em regime de seminário, envolvendo a leitura, apresentação e discussão de textos previamente agendadas com grupos de alunos e que tem como sub-título "perspetivas históricas sobre a cidadania", o enfoque é novamente o direito como fenómeno social. Mas, agora, a focalização faz-se mais intensamente no uso que dele fizeram (e fazem), historicamente, grupos sociais e pessoas comuns, quando prosseguiram os seus interesses. Nomeadamente os grupos historicamente subordinados, sem poder, como algumas classes de camponeses, as mulheres ou, de forma ainda mais radical, os escravos, na Europa ou em territórios extra-europeus. E, nestes últimos casos, a pergunta que está subjacente é a de indagar sobre as potencialidades emancipadoras do direito; ou, até, sobre a possibilidade de olhar o direito aproximando-o, em alguns aspetos, do grupo daqueles recursos a que os mais fracos podem recorrer para resistir. Ou porque os seus princípios encerrem algum potencial libertador suscetível de se refletir nas práticas humanas; ou porque são interpretados desse modo por juristas que se colocam, mesmo, em que muitos casos, por motivos e de forma interesseira ou dissimulada, do lado dos grupos e indivíduos subalternizados.

Esta foi uma questão que orientou alguns textos que eu própria escrevi e publiquei, e que comento com os meus alunos. A ela tive o privilégio de obter uma resposta, direta e taxativa (e previsível), de, James Scott, que num Encontro científico organizado no ISCTE (Instituto Universitário de Lisboa), me recordou que o direito, por definição, não é uma das "weapons of the weak". Não o é, no sentido scottiano, porque os subordinados não podem manipular diretamente o direito. Tratar-se-ia de um recurso formal ao qual não têm acesso direto, cujos efeitos não podem controlar nem prever. Se recorrem a ele, colocam-se na dependência de um sem número de intermediários (até para decifrar a linguagem específica do direito), além de correrem riscos que os fracos (weaks) que a obra de Scott tem estudado preferem não correr. É com o objetivo de suscitar alguma reflexão em torno destas questões que introduzo nas aulas de seminário textos sobre os processos judiciais nos quais os escravos, em Lisboa, no século XVIII, na América Portuguesa dos séculos XVI-XVIII e, depois, no Brasil independente (como em muitos outros lugares do mundo), usaram as normas que regulavam a prática da manumissão individual ou as leis de sentido parcialmente abolicionista para conseguirem a liberdade. E que não deixaram de recorrer aos tribunais quando (raramente) o podiam fazer, para defenderem, de várias formas, as variadíssimas modalidades de liberdade a que achavam ter direito a usufruir. Naquelas sociedades esclavagistas os escravos e os negros livre usaram o direito, facto desde logo interessante para um estudante de direito. Mas fizeram-no sempre na dependência de advogados, oficiais da administração, irmandades, que conseguiam produzir aqueles efeitos jurídicos de liberdade para, em muitos casos, submeter os que deles beneficiavam a novas formas de submissão e tutela (transformando os antigos escravos em dependentes seus, ou em seus criados, por exemplo). Por esta via ou por outros motivos, em outros casos, e apesar do sucesso das suas iniciativas, escravos e negros livres mantinham-se em situações próximas das que tinham vivido no cativeiro. Permanecendo, por exemplo, criados de antigos senhores, na falta óbvia de alternativas para as suas vidas; como sucedeu em Lisboa com muitos dos escravos que a legislação pombalina libertou. O mesmo sucesso não afastou, em muitos casos, a precariedade da liberdade dos que conseguiam ser declarados livres pelos tribunais, porque muitas vezes o direito se encarregou de tornar juridicamente incerta essa liberdade. Outras vezes os processos arrastaram-se, com implicações negativas na vida dos que litigavam contra quem era ainda seu senhor. Ou os seus resultados foram inconclusivos. Tudo isto sugerindo que o direito favoreceu alguma melhoria na vivência quotidiana dos libertados (apenas de alguns, de uma "elite" restrita, diria eu), mas sem lhes dar uma liberdade plena. A qual, dizem os historiadores que estudaram estes processos, na sua generalidade não queriam. Talvez por ser inalcançável. Ou, para a maioria, impensável.

O direito colonial, a área do direito em que mais tenho investigado, por acreditar que a lógica do espaço global em que vivemos torna a categoria *Império* numa categoria de análise mais interessante, e talvez até mais útil, dos que a categoria Estado, ou Estado nação, é outro dos tópicos do programa da disciplina de história das instituições. Trata-se, com no caso anterior, de tentar uma articulação tão próxima quanto possível entre investigação e ensino. O direito colonial – ou o direito na colonização dos povos não europeus – é um bom exemplo de uma outra dimensão do direito da qual os juristas em formação podem ganhar consciência através da história: a força performativo do direito, da sua capacidade de criar realidades sociais – por exemplo, quando classifica as pessoas em função do fenotipo e/ou das suas práticas culturais, dando origem a um multiplicidade de categorias jurídicas e semi-jurídicas (indígena/súbdito/assimilado/cidadão colonial/destribalizado/cidadão indo-português...). É também um exemplo impar da complexidade dos fenómenos jurídicos. Nos territórios do Império, se calhar mais do que em quaisquer outros, o direito assumiu múltiplos papéis, por vezes também contraditórios – ou aparentemente contraditórios, como no caso atrás referido das sociedades esclavagistas. Foi um dispositivo direto de coerção dirigida para o controlo das populações, da sua classificação, como atrás referi, e de disciplina social dirigida para o sucesso das finalidades materiais da colonização. Foi também um instrumento de apoio ao uso indiscriminado da força e da arbitrariedade. Mas foi, ao mesmo tempo, pensado como um dispositivo capaz de racionalizar a violência inscrita na relação colonial, introduzindo limites formais à quantidade de violência que se admitia ver exercida. Limites que, por sua vez, foram negociados (e ultrapassados), por grupos europeus e grupos nativos, num terreno onde o direito vigorou de forma descontínua e se revelou frágil, vulnerável e sempre sujeito a fenómenos de hibridização. Esta fragilidade funcionou como fator de negociação e de aproximação – quando os colonizadores aceitaram as práticas jurídicas dos colonizados e até submeter-se a elas, como no caso relatado por António Francisco Nogueira no seu conhecido livro intitulado *A Raça negra sob o ponto de vista da civilização da África* (1880), onde descreve uma queixa por ele mesmo apresentada, em 1855, junto de um chefe indígena contra um outro chefe indígena, que permitira aos seus familiares roubar peças de fazenda da casa de um comerciante branco. O direito europeu nas colónias foi, ainda, um recurso ao qual as populações coloniais recorreram em seu benefício: os escravos, por exemplo em Angola, nos séculos XVII e XVIII; as mulheres nativas, para se subtraírem ao poder patriarcal nas suas comunidades. Os jovens, para escapar ao poder dos anciãos nas mesmas comunidades. Mas também os Índios no atual espaço da América latina, quando, na primeira metade do século XIX, fizeram do art. 22 da Constituição de Cádis, onde se permitia o acesso dos "originários de África" à cidadania, mas apenas por mérito (desde que fizessem "serviços qualificados à Pátria, ou aos que se distinguirem por seus talentos"), uma oportunidade para adquirir plenos direitos de cidadania, que nem sempre lhes eram reconhecido nas constituições dos países recém formados que tinham resultado das independências do início do século. Ou ainda aquela Índia que, na América ainda portuguesa, fingia, junto dos missionários, não saber que o casamento católico era, necessariamente, um casamento monogâmico, para usufruir dos benefícios do contrato europeu de casamento e perpetuar, ao mesmo tempo, práticas poligâmicas com ele incompatíveis (a dissimulação é tanto uma "arma dos fracos" quanto dos poderosos). Ou também, já mais tarde, no contexto da África portuguesa do início do século XX, para denunciar a própria situação colonial, quando o direito constitucional não era cumprido nas colónias. Não o era por definição, mas este apelo não deixa de nos fazer voltar a colocar a questão do uso emancipador do direito do "colonizador" pelo "colonizado".

O direito desempenhou, no colonialismo, estes vários papéis, de se constituir simultaneamente em agente de racionalização da violência, instância de recurso para os que se sentiram vítimas ou queriam beneficiar da sua presença e instrumento da violência colonial. A natureza destes usos do direito e a sua influência variou de acordo com as populações coloniais envolvidas. Nem todas estiveram igualmente sujeitas aos impactos do direito. Nem todas tiveram oportunidades iguais de criar situações jurídicas híbridas ou inovadoras relativamente ao direito da metrópole ou imposto pela administração colonial. Tudo isso são sinais da complexidade do mundo jurídico – no qual entram também os que, não sendo juristas, usam o direito – que importa discutir com os estudantes de direito.

Finalmente, é também interessante dar aos estudantes exemplos de como o direito foi, historicamente, um discurso de ocultação e de mistificação. É possível descrevê-lo dessa forma quando se estuda o modo como se silenciou, nos manuais jurídicos do século XVIII e XIX, o fenómeno da escravidão na metrópole portuguesa, ou a natureza ambígua da legislação pombalina, que aqueles manuais converteram na legislação inequívoca e definitivamente abolicionista que ela nunca foi. No momento em que Paschoal de Melo e Freire, conhecido jurista do século XVIII, afirmava, em 1779, nas suas *Instituições de Direito Civil Português*, que "Actualmente não existem escravos entre nós[...]"(p. 18 da versão que está na bibliografia), por causa da legislação pombalina, era ainda grande o número de escravos que a metrópole albergava. Em rigor, a escravatura só seria legalmente abolida no território português em 1869. E ainda que nesse momento a "liberdade de ventre" da legislação pombalina já tivesse produzido os seus efeitos na metrópole, no resto do território português o regime legal da escravidão tinha sido mantido até esse ano. Neles não vigorando aquela legislação, de acordo com a vontade explícita dos seus autores [D. José e Marques de Pombal].

A lecionação da história nos cursos de direito é finalmente, uma oportunidade de testar a maior ou menor permeabilidade dos juristas a outros discursos, não jurídicos, sobre a realidade, o risco que podem correr de se transformar em apoiantes acríticos (um risco maior, se a sua formação não for crítica) de práticas, discursivas e não discursivas que, no limite, até contrariaram princípios fundamentais estabelecidos pelo direito. Pois as Faculdades de direito portuguesas foram, pelo menos até aos anos '30, os lugares onde se aprendeu aqueles princípios e, simultaneamente, o conjunto de argumentos que permitiam a sua não observação nos territórios coloniais, deixando aqueles territórios juridicamente desprotegidos. A adesão dos professores de direito às formas (não) jurídicas do colonialismo foi uma constante, que desde logo se manifestou na criação da disciplina de direito e administração coloniais, em Coimbra, em 1905 e que continuou, não se encontrando registos críticos nos manuais que foram sendo produzidos. Pelo contrário, nesses manuais chegou-se a recorrer a imagens e argumentos recolhidos até em relatórios militares e político-administrativos, escritos por militares e administradores que tinham estado "no terreno", a combater e a administrar as populações africanas, e que pareciam ser insuscetíveis de penetrar no universo do raciocínio jurídico. Esses manuais são um sinal do papel desempenhado pelo direito num dos fenómenos mais violentos da história do século XX. A consciência de que essa possibilidade, de colocar direito ao serviço da violência e da opressão, existe, e que se verificou no passado de forma tão completa, é outra aquisição a que os futuros juristas podem aceder estudando a história.

Bibliografia mínima:

ANDRADE, Mário Pinto de, *Origens do nacionalismo africano*, Lisboa, Pub. D. Quixote.
BENTON, Lauren (2002), *Law and Colonial Cultures, Legal Regimes in World History*, 1400--1900, Cambridge, Cambridge University Press.
BOURDIEU, Pierre (1986), "La Force du Droit. Éléments pour une sociologie du champ juridique", *Actes de la Recherche en Sciences Sociales*, 64: 1-22, Paris.
CHANOCK, Martin (1991), «Paradigms, Policies and Property: a review of the costumary law of land tenure", in Mann, Kristin, Roberts, Richard (eds.), *Law in colonial Africa*, Portsmouth, Heineman.
CONKLIN, Alice C. (1997), *A Mission to Civilize, The republican idea of Empire in France and West África, 1895-1930*, Stanford, Stanford University Press.
COOPER, Frederick (2005), *Colonialism in Question, Theory, Knowledge, History*, Berkeley, Los Angeles/London, University of California Press
GRINBERG, Keila, SILVA, Cristina Nogueira da (2011) "Soil Free from Slaves: Slave Law in late 18th – early 19th century Portugal", *Slavery & Abolition*, 32/3.
GRINBERG, Keila (2008), "Re-escravização, direitos e justiças no Brasil do século XIX", em Sílvia Lara e Joseli Mendonça (org.), *Direitos e Justiças no Brasil: ensaios de história social*, Campinas, Editora da Unicamp.
HESPANHA, António Manuel (2012), *Cultura Jurídica Europeia. Síntese de um Milénio*, Lisboa, Almedina.
HESPANHA, António Manuel (2004), *Guiando a mão invisível. Direito, Estado e Lei no Liberalismo Monárquico Português*, Coimbra, Almedina.
MELLO E FREIRE, Pascoal José de (1789), *Instituições de Direito Civil Português, tanto público como particular*, Boletim do Ministério da Justiça (versão portuguesa consultada em http://www.fd.unl.pt/Default_1024.asp, "Biblioteca Digital").

MERRY, Sally Engle (2010), «Colonial Law and its uncertainties», *Law and History Review*, 28,/4:1067-1071.
MERRY, Sally Engle (2007), "Colonial and postcolonial Law", in Austin Sarat, *The Blackwell Companion to Law and Sociology*, Oxford, Victoria, Blackwell Publishing
NOGUEIRA, António Francisco (1880), *A raça negra sob o ponto de vista da civilização da África, usos e costumes de alguns povos gentílicos do interior de Mossamedes e colónias portuguesas*, Lisboa, Typographia Nova Minerva.
SILVA, Cristina Nogueira da (2009), *Constitucionalismo e Império. A cidadania no Ultramar português*, Coimbra, Almedina.

ÍNDICE GERAL

NOTA PRÉVIA	5
III CONDILP – Programa	7
III CONDILP – *Call for papers*	13
CONDILP – Apresentação	15
JORGE BACELAR GOUVEIA, *Abertura do III CONDILP*	17
LUZIA BEBIANA DE ALMEIDA SEBASTIÃO, *A Reforma Penal e o Direito da Anti Discriminação*	25
ZAMIRA DE ASSIS, *Violência Contra a Mulher: do discurso legal à prática social – o estado da questão no Brasil*	59
ELISA RANGEL NUNES, *O Imaginário dos Direitos Sociais e do Estado de Bem-Estar Social*	81
LUÍS SALGADO DE MATOS, *A Crise do Estado Social afetará os Países Emergentes?*	93
JIANG YI WA, *A Revisão da Lei da Protecção Ambiental Chinesa e (in)Justiça Ambiental na República Popular da China*	151
JOSÉ JOÃO ABRANTES, *Protecção dos direitos sociais e crise do Estado Social*	171
HAMILTON SARTO SERRA DE CARVALHO, *A proteção dos direitos sociais e a crise do Estado Social*	183
HERMENEGILDO CACHIMBOMBO, *A Arbitragem em Angola 1975/2013 – Evolução Legislativa e Aplicação Prática*	191

Fernando Horta Tavares, *Autocomposição de Litígios no Brasil e Reformas Processuais*   203

Abdul Carimo Mahomed Issá, *Reformas Processuais Civis e Resolução Alternativa de Litígios*   227

Gildo Espada, *O Direito Humano à Água*   235

Carlos Teixeira, *O Ensino do Direito e Profissões Forenses no Contexto do Processo de Bolonha – o caso de Angola*   251

José Levi Mello do Amaral Júnior, *Ensino do Direito e Profissões Forenses no Contexto do Processo de Bolonha*   267

Cristina Nogueira da Silva, *Ensino do Direito, interdisciplinaridade e história (cultural) do Direito*   275

ÍNDICE GERAL   291